고라파덕 90이 추천하는

2022년 수도권 유망 아파텔 단지 21선

★★★★★
초판 한정 부록
★★★★★

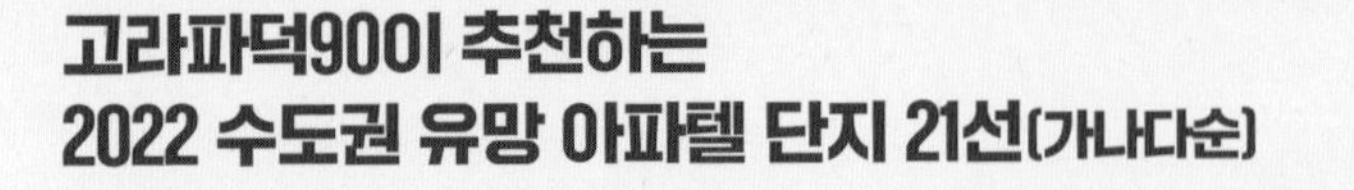

고라파덕90이 추천하는 2022 수도권 유망 아파텔 단지 21선(가나다순)

지역	위치	사업(단지)명	입주일	세대수(호)	전용 면적(m²)	건설사	가격(억 원)		상승률(2년간)
							분양가	실거래가*	
서울	강남구	힐스테이트삼성	2026년 4월	165	50~84	현대건설	15.2~32.6	–	–
	구로구	신도림대우푸르지오1차	2007년 8월	664	27~117	대우건설	–	• 2룸: 5.8 • 3룸: 10.3	• 38% • 78%
	동대문구	힐스테이트청량리더퍼스트	2023년 11월	486	38~85	현대엔지니어링	5.1~11.8	–	–
	마포구	마포트라팰리스	2006년 4월	648	50~106	삼성물산	–	• 2룸 : 7.5 • 3룸: 10.8	• 60% • 59%
	송파구	송파파크하비오푸르지오	2016년 9월	3,636	21~74	대우건설	–	2룸: 6.6	54%
	영등포구	브라이튼여의도	2023년 4월	849	30~60	GS건설	3.8~8.5	–	–
	중구	힐스테이트청계센트럴	2024년 3월	522	35~51	현대건설	4.3~6.7	–	–
	중랑구	신내역시티프라디움	2023년 11월	943	40~84	시티건설	3.7~6.9	–	–
경기	고양시	e편한세상시티삼송1~3차	2018 ~2019년	2,930	54~83	DL이앤씨	–	• 2룸: 6.4 • 3룸: 8.0	• 121% • 113%
	고양시	킨텍스꿈에그린	2019년 2월	780	84~85	한화건설	–	3룸: 9.2	109%
	과천시	e편한세상시티과천	2022년 10월	549	26~82	DL이앤씨	2.5~8.0	–	–
	성남시	힐스테이트판교역	2022년 8월	577	53~85	현대엔지니어링	7.5~11.9	–	–
	성남시	힐스테이트판교모비우스	2018년 8월	280	44~85	현대건설	–	3룸: 9.0	53%
	수원시	화서역푸르지오브리시엘	2023년 9월	460	85	대우건설	5.3~5.9	–	–
	수원시	포레나광교	2020년 10월	759	84~175	한화건설	–	3룸: 10.2	28% (1년)

	안양시	힐스테이트에코평촌	2019년 2월	944	68~80	현대엔지니어링	–	3룸: 8.0	86%
	하남시	힐스테이트미사역그랑파사쥬	2020년 7월	2,024	22~85	현대엔지니어링	–	3룸: 10.6	104%
	하남시	위례지웰푸르지오	2018년 3월	784	69~85	대우건설	–	3룸: 13.8	58%
인천	미추홀구	시티오씨엘3~4단지	2024년 12월~2025년 1월	1,238	28~85	현대건설, 포스코건설, 현대산업개발	1.2~4.2	–	–
	서구	청라한양수자인디에스틴	2026년 3월	702	85	(주)한양	7.5~7.6	–	–
	연수구	힐스테이트송도더테라스	2020년 10월	2,784	84~85	현대건설	–	3룸: 5.0	43% (1년)

*실거래가는 2022년 3~4월 기준으로, 2룸은 50~58㎡, 3룸은 80~85㎡

일러두기

본문에 삽입된 평점표는 네이버 지도 및 네이버 부동산 자료를 기준으로 작성되었으며 주관적인 판단이 포함되어 있으므로 참고용으로만 활용하시기 바랍니다. 모든 투자의 책임은 투자자 본인에게 있습니다.

01 힐스테이트 삼성

강남구

서울특별시 강남구 테헤란로77길 12(삼성동)

❶ 입지

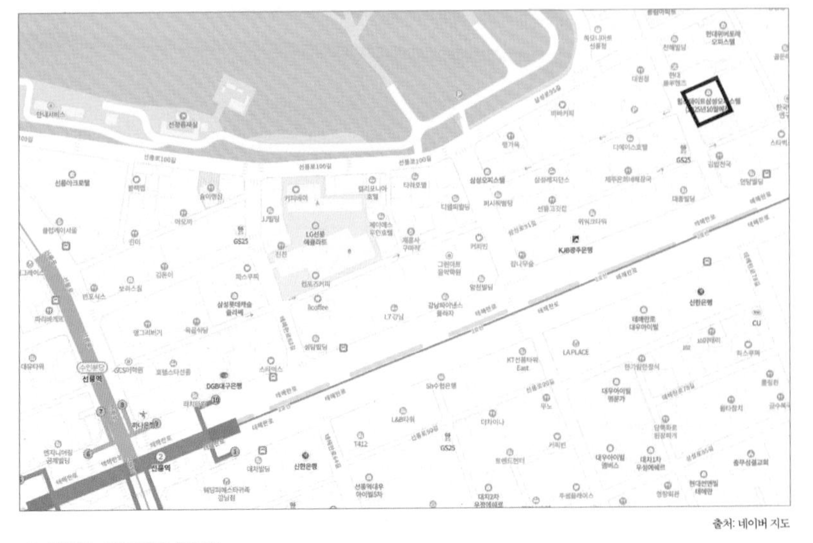

출처: 네이버 지도

❷ 주변 아파트 시세

단지명(입주년도)	시세
대치동 테헤란로대우아이빌(2020년)	2021년 12월 전용면적 60m²(24평) 8.5억 원
삼성동 삼성힐스테이트 2단지(2008년)	2021년 12월 전용면적 84~85m²(33평) 29.9억 원

❸ 입지 분석

총 평점	교통망	브랜드	연식	세대수	주차	전용 면적	직주 근접	교통 호재	분양가	청약 경쟁률
7.7+α/10	9/10	10/10	10/10	6/10	7/10	10/10	10/10	10/10	5/10	–/10

구분	분석	구분	분석
추천 이유	• 강남구에 희귀한 2룸, 3룸 신축 역세권 브랜드 아파텔 • 강남구 아파트 입주량 2021년 대비 83% 감소 • 100% 자주식 주차	준공	2026년 4월 입주 예정
브랜드(건설사)	힐스테이트(현대건설)	주차	세대당 1.1대
세대수	165세대(2룸, 3룸) 총 2개 동	전용면적	50m²(48세대), 60m²(12세대), 64m²(6세대), 70m²(15세대), 74m²(3세대), 76m²(24세대), 80m²(42세대), 84m²(6세대), 이외 펜트하우스(9세대)
직주근접	지하철로 CBD 24분, YBD 23분, GBD 4분	청약 경쟁률	–
지하철	• 2호선 삼성역, 선릉역 도보 10분 • 9호선 삼성중앙역 도보 7분	분양가 (2022년 7월)	• 2룸: 15.2~27.8억 원 • 3룸: 27.3~32.6억 원(펜트하우스 제외)
교통호재	• GTX-A, C 삼성역 개통 예정 • 위례~신사선 삼성역 개통 예정	기타 호재	• 영동대로 복합환승센터 개발 • 국제교류 복합지구 설립
인근 아파트 대비 강점	• 인근 유사 평형대(20~25평) 아파트 부족 • 현대백화점 도보 7분, 스타필드 코엑스몰 도보 9분 • 다양한 커뮤니티(다이닝룸, 게스트룸, 골프룸, 프라이빗 짐 등)	단점	• 적은 세대수 • 번화가 인접

❹ 고라파덕90의 주목 Point!

힐스테이트 삼성은 강남구 테헤란로의 핵심지에 분양하면서도 2룸, 3룸의 흔치 않은 구조를 갖고 있는 것이 특징이다. GTX-A, C 예정지로의 삼성역은 그 가치가 어느 때보다 높을 수밖에 없는데 이 시점에 가족 단위 거주가 가능한 아파텔을 분양한다는 것은 특히 주목해볼 필요가 있다. 계약금 10%에 중도금 50%(자납 미정)는 이자 후불제 방식으로 진행하므로 일단 청약을 넣고 그 뒤에 계약 여부를 결정해도 될 만큼 놓쳐선 안될 단지다. 다만, 높은 대지가격의 영향으로 세대수가 적을 수 밖에 없으며 분양가 역시 평당 1~1.2억 원에 달할 만큼 주변 어느 아파트보다도 높은 수준이다. 번화가가 인접해있고 마땅한 뷰가 없는 점도 아쉽다. 그럼에도 힐스테이트 삼성은 아파텔 또한 '입지가 최우선'이라는 명제 하에 가장 주목해야 할 곳임에는 틀림없다. 특히 투자처로서 한동안 이보다 더 우월한 단지는 찾기 어려울 것이다.

02 신도림 대우푸르지오 1차

구로구

서울시 구로구 경인로 661

❶ 입지

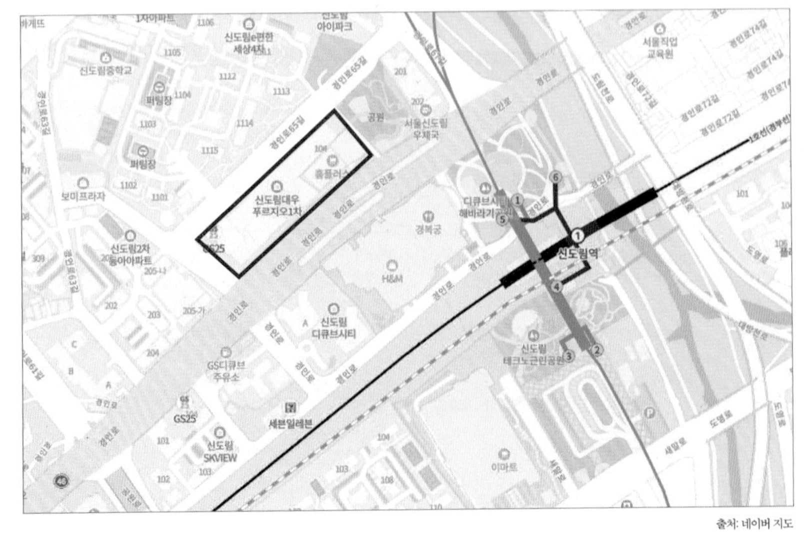

출처: 네이버 지도

❷ 주변 아파트 시세

단지명(입주년도)	시세
신도림동 디큐브시티(2011년)	2022년 4월 전용면적 59~60m²(25평) 10.7억 원
신도림동 신도림푸르지오 2차(2008년)	2021년 11월 전용면적 85m²(31평) 14.3억 원

❸ 입지 분석

총 평점	교통망	브랜드	연식	세대수	주차	전용 면적	직주 근접	교통 호재	실거 래가	청약 경쟁률
8.4/10	9/10	10/10	6/10	9/10	10/10	6/10	10/10	10/10	6/10	8/10

구분	분석	구분	분석
추천 이유	• 몰세권(현대백화점, 디큐브시티, 홈플러스) • 서울 3대 업무지구 30분 이내 도착	준공	2007년 8월 입주
브랜드(건설사)	푸르지오(대우건설)	주차	세대당 1.8대
세대수	664세대(1룸, 2룸, 3룸) 총 3개 동	전용면적	• 1룸: 27m²(15세대), 37m²(65세대), 47m²(15세대), 51m²(100세대), 53m²(100세대), 60m²(15세대) • 2룸: 71m²(100세대), 78m²(50세대), 87m²(115세대) • 3룸: 117m²(89세대)
직주근접	지하철로 CBD 23분, YBD 12분, GBD 28분	청약 경쟁률	10:1
지하철	1 · 2호선 신도림역 도보 3분	실거래가	2룸 5.8억 원(2022년 1월), 3룸 10.3억 원(2021년 9월)
교통호재	• GTX-B 신도림역 개통 예정 • 신안산선 영등포역 개통 예정(2024년)	기타 호재	신도림 정비사업 활성화
인근 아파트 대비 강점	• 인근 유사 평형대(25평) 아파트 부족 • 더블 역세권 인접	단점	• 복도식 구축 단지 • 인근 초등학교 부재

❹ 고라파덕90의 주목 Point!

신도림 대우푸르지오 1차는 서울 1, 2호선에 GTX-B가 예정된 신도림역과 인접한 16년 차 단지이다. 지하로는 홈플러스와 연결되며 디큐브시티와 현대백화점과도 가까워 생활편의성 또한 뛰어나다. 서울 3대 업무지구와도 모두 30분 이내에 출퇴근이 가능하므로 가족 단위의 입주민들에게 특히 인기가 높고, 우월한 입지는 지속적으로 시세상승을 견인할 동력이 될 것이다.

입지가 빼어나고 단지 관리가 잘 되고 있지만 결국 복도식 구축 오피스텔이다. 구조나 편의성이 최근 10년 내에 지어진 아파텔보다 떨어질 수 밖에 없다. 또한 초등학교에 가려면 큰길을 건너야 하므로 취학아동이 있다면 건너편의 신도림 SK뷰 아파텔도 대안이 될 수 있다.

03 힐스테이트 청량리 더 퍼스트

동대문구 서울시 동대문구 전농동 620-56번지(A블럭), 620-60번지(B블럭)

❶ 입지

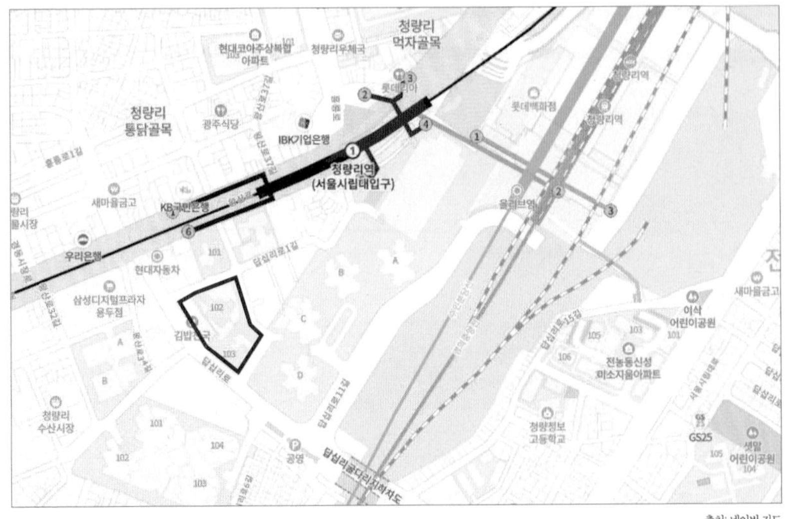

출처: 네이버 지도

❷ 주변 아파트 시세

단지명(입주년도)	시세
전농동 신성미소지움(2005년)	2021년 12월 전용면적 55m²(23평) 10.9억 원
전농동 동대문롯데캐슬노블레스(2018년)	2022년 4월 전용면적 60m²(26평) 12.7억 원

❸ 입지 분석

총 평점	교통망	브랜드	연식	세대수	주차	전용 면적	직주 근접	교통 호재	분양가	청약 경쟁률
8.9/10	10/10	10/10	10/10	8/10	6/10	10/10	10/10	10/10	7/10	8/10

구분	분석	구분	분석
추천 이유	총 9개 노선 예정지 청량리역 인접	준공	2023년 11월 입주 예정
브랜드(건설사)	힐스테이트(현대엔지니어링)	주차	세대당 1대
세대수	486세대(2룸, 3룸) 총 3개 동	전용면적	• 1룸: 38m²(57세대) • 2룸: 54m²(76세대), 57m²(19세대), 59m²(19세대), 71m²(1세대) • 3룸: 85m²(314세대)
직주근접	지하철로 CBD 14분, YBD 34분, GBD 25분	청약 경쟁률	14.1:1
지하철	1호선, 수인분당선, 경의중앙선, 경춘선, KTX 청량리역 도보 1분	분양가 (2020년 5월)	1룸 5.1억 원, 2룸 7.8억 원, 3룸 11.8억 원
교통호재	• GTX-B, C 청량리역 개통 예정 • GTX 환승센터 구축 • 면목선, 강북횡단선 개통 예정	기타 호재	청량리 정비사업 활성화
인근 아파트 대비 강점	• 인근 유사 평형대(20~25평) 아파트 부족 • 청량리역 인접	단점	인근 초등학교 없음

❹ 고라파덕90의 주목 Point!

힐스테이트 청량리 더 퍼스트는 GTX-B, C 예정지인 청량리역 초역세권 아파텔 단지로 분양 당시부터 큰 인기를 구가했던 곳이다. 또한 청량리역은 면목선과 강북횡단선 등이 들어오면 총 9개 노선이 지나가게 됨에 따라 서울의 교통 핵심지로 발돋움할 전망이다. 교통만 보면 서울에서 이보다 더 좋은 입지는 한동안 나오기 어려울 것이며 입주 이후에는 더 빠르게 시세상승이 이뤄질 것이다.

다만 청량리 주변 정비사업이 진행 중이라 환경이 정돈되지 않은 상황이며 초등학교 역시 도보 10분 이상 떨어져있어 아이를 키우기에 적합한 환경은 아니다. 그러나 GTX-C가 완공되는 약 5년 후라면 지금과는 완전히 환경이 판이할 것이므로 현재가 아닌 미래를 내다볼 수 있는 혜안이 필요한 시점이다.

04 마포 트라팰리스

마포구 서울시 마포구 마포대로 53

❶ 입지

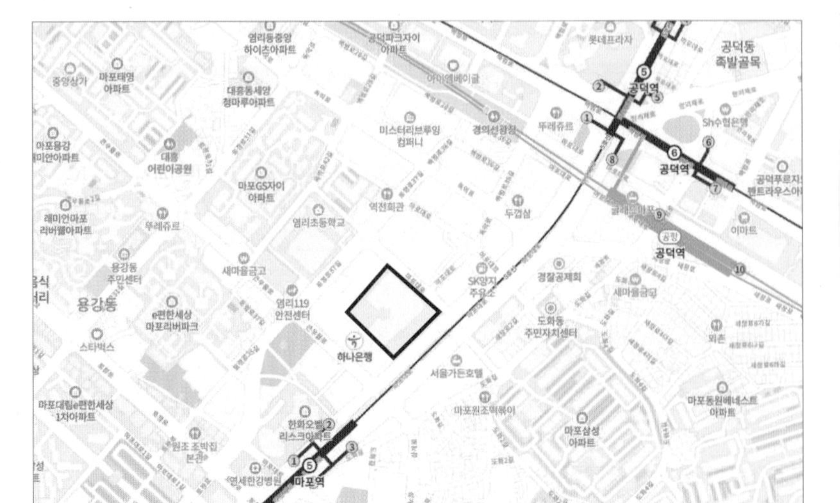

출처: 네이버 지도

❷ 주변 아파트 시세

단지명(입주년도)	시세
용강동 e편한세상마포리버파크(2016년)	2021년 6월 전용면적 60m²(25평) 15.9억 원
도화동 마포삼성(1997년)	2021년 9월 전용면적 72m²(27평) 15억 원

❸ 입지 분석

총 평점	교통망	브랜드	연식	세대수	주차	전용 면적	직주 근접	교통 호재	실거 래가	청약 경쟁률
9/10	9/10	10/10	6/10	8/10	7/10	10/10	10/10	10/10	10/10	10/10

구분	분석	구분	분석
추천 이유	도보 더블 역세권(5호선 마포역, 5 · 6호선, 경의중앙선, 공항철도 공덕역)	준공	2006년 4월 입주
브랜드(건설사)	트라팰리스(삼성물산)	주차	세대당 1.1대
세대수	648세대(1.5룸, 2룸, 3룸) 총 2개 동	전용면적	50~106m²(1.5룸 77세대, 2룸 149세대, 3룸 422세대)
직주근접	지하철로 CBD 9분, YBD 4분, GBD 26분	청약 경쟁률	40:1
지하철	• 5호선 마포역 도보 4분 • 5 · 6호선, 경의중앙선, 공항철도 공덕역 도보 6분	실거래가 (2022년 3~4월)	2룸 7.5억 원, 3룸 10.8억 원
교통호재	신안산선 공덕역 개통 예정	기타 호재	• 역세권 재개발 • 아현 뉴타운 사업
인근 아파트 대비 강점	• 초등학교 인접 • 도보권 내 더블 역세권	단점	복도식 구축 단지

❹ 고라파덕90의 주목 Point!

마포 트라팰리스는 마포구에서 보기 힘든 더블 역세권 아파텔 단지이다. 서울 3대 업무지구 중 CBD와 YBD는 각각 10분 이내, GBD도 30분 이내에 이동이 가능하다. 또한 인접한 공덕역은 신안산선이 개통되면 총 5개의 노선이 지나는 만큼 수도권 어디든 자유롭게 이동할 수 있으며 인기 학군지인 염리초등학교와도 가까워 자녀를 키우기에도 적합하다. 단지 내에 3룸 세대가 65%를 차지하는 만큼 실거주 수요 또한 지속될 것이므로 마포 거주를 고민 중이라면 더할 나위 없는 선택이 될 것이다.

생활여건은 충분히 우수하지만 구축 오피스텔의 한계는 있다. 복도식 구조여서 보안이나 소음에 취약할 수 있고 환기가 자유롭지 않을 수 있다.

05 송파 파크하비오 푸르지오

송파구 서울시 송파구 송파대로 111

❶ 입지

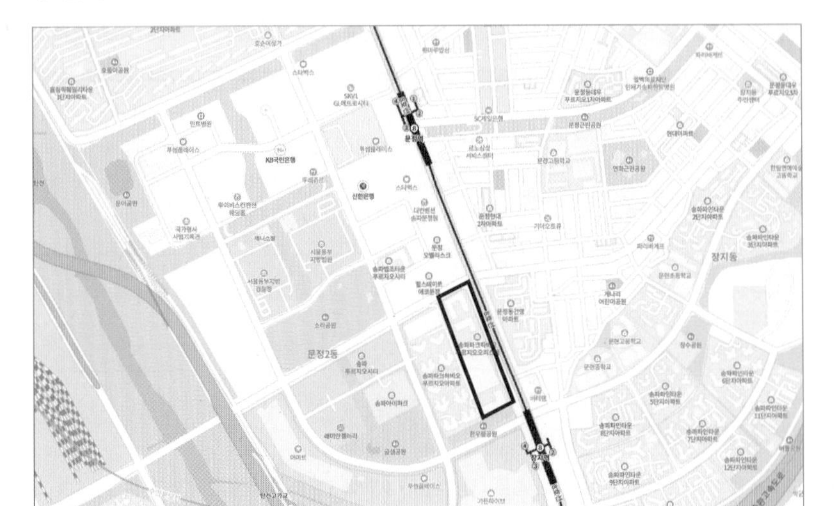

출처: 네이버 지도

❷ 주변 아파트 시세

단지명(입주년도)	시세
문정동 송파파크하비오 푸르지오(2016년)	2021년 11월 전용면적 85m²(35평) 16.9억 원
문정동 건영(1996년)	2021년 3월 전용면적 78m²(28평) 12.6억 원

❸ 입지 분석

총 평점	교통망	브랜드	연식	세대수	주차	전용 면적	직주 근접	교통 호재	실거 래가	청약 경쟁률
7.9/10	8/10	10/10	7/10	10/10	6/10	6/10	8/10	9/10	8/10	7/10

구분	분석	구분	분석
추천 이유	송파구 아파텔 역세권 신축 대단지	준공	2016년 9월 입주
브랜드(건설사)	푸르지오(대우건설)	주차	세대당 1대
세대수	3,636세대(1룸, 1.5룸, 2룸, 3룸) 총 5개동	전용면적	21~74m²(1~1.5룸 1,685세대, 2룸 1,947세대, 3룸 4세대)
직주근접	지하철로 CBD 41분, YBD 36분, GBD 27분	청약 경쟁률	7.3:1
지하철	8호선 장지역 도보 5분, 문정역 도보 9분	실거래가 (2022년 3~4월)	2룸 6.6억 원
교통호재	• 위례~신사선 동남권유통단지역 개통 예정 • 위례~과천선 복정역 정부 검토 중	기타 호재	복정 위례 스마트시티 개발
인근 아파트 대비 강점	• 지하철 인접 • 신축 대단지	단점	단지 간격 좁음

❹ 고라파덕90의 주목 Point!

송파 파크하비오 푸르지오는 송파대로에 자리한 서울의 최다 세대 아파텔 단지이다. 장지역과 문정역을 한번에 누리는 더블 역세권이자 법조타운과 가든파이브, NC백화점이 인접하여 생활편의성이 높은 것이 특징이다. 또한 내부에는 세탁기, 시스템에어컨, 냉장고 등의 기본 옵션을 탑재하여 2인 가정 특히 신혼부부에게 적합한 단지라 할 수 있다.

다만 1룸 및 1.5룸 세대가 절반 가까이를 차지해 임차인의 비율이 높아서 장기적으로는 관리단의 역할을 통한 단지의 유지보수가 관건이 될 것이다. 또한 무조건 오르는 8가지 조건을 두루 갖춘 아파텔이라기보다는 2인 가구에 특화되어있다. 그래서 단지 내에 어린이집이 있음에도 3인 이상 가족이 실거주하기에는 무리가 있으며 이에 따라 수요가 제한적이라는 한계가 있다.

06 브라이튼 여의도

영등포구 서울시 영등포구 여의도동 31

❶ 입지

출처: 네이버 지도

❷ 주변 아파트 시세

단지명(입주년도)	시세
여의도동 롯데캐슬엠파이어(2005년)	2021년 8월 전용면적 108m²(41평) 18억 원
여의도동 롯데캐슬아이비(2005년)	2022년 3월 전용면적 114m²(43평) 20억 원

❸ 입지 분석

총 평점	교통망	브랜드	연식	세대수	주차	전용 면적	직주 근접	교통 호재	분양가	청약 경쟁률
8.5/10	9/10	10/10	10/10	9/10	5/10	5/10	10/10	10/10	8/10	9/10

구분	분석	구분	분석
추천 이유	여의도 더블 역세권 신축 2룸 단지	준공	2023년 4월 입주 예정
브랜드(건설사)	브라이튼(GS건설)	주차	세대당 0.62대
세대수	849세대(1.5룸, 2룸) 총 1개 동	전용면적	• 1.5룸: 30m²(632세대), 45m²(90세대) • 2룸: 60m²(127세대)
직주근접	• 지하철로 CBD 11분, GBD 25분 • 도보로 YBD 5분	청약 경쟁률	26:1
지하철	5호선 여의나루역 도보 5분, 여의도역 도보 9분	분양가 (2020년 5월)	1.5룸 3.8억~6억 원, 2룸 8.5억 원
교통호재	• 신안산선 여의도역 개통 예정 • GTX-B 여의도역 개통 예정 • 서부선 경전철 예정	기타 호재	• 국회대로 지하화 및 선형공원 조성사업 • 2030/2040 서울도시기본계획 • 여의도 정비사업 활성화
인근 아파트 대비 강점	역세권 신축 및 유사 평형대(18평) 아파트 부족	단점	• 2룸 구성비 낮음(15%) • 주차 대수 부족

❹ 고라파덕90의 주목 Point!

브라이튼 여의도는 여의도역과 여의나루역을 낀 더블 역세권이자 여의도 공원과 한강공원 그리고 IFC몰, 여의도 더 현대로 대표되는 생활편의시설이 밀집해있는 대표적인 단지이다. 여의도에는 40년이 지난 아파트가 많고 오피스텔도 15년 이상인 곳이 대부분이며 2룸 이상의 대단지 아파텔을 찾아보기가 매우 어렵다. 따라서 더블 역세권의 신축 2룸 아파텔이라면 충분히 경쟁력이 있으며 신안산선과 GTX-B의 교통호재를 발판삼아 가파른 가치상승 또한 기대된다.

반드시 2룸 이상을 선택해야만 시세상승을 기대해 볼 수 있으나 세대수가 적어서 매물이 거의 나오지 않을 것이며, 입주 후 2년간은 이러한 현상이 더욱 심해질 것이다. 기회가 온다면 층이나 전망에 연연하지 말고 과감하게 진입하기를 추천한다.

07 중구 힐스테이트 청계 센트럴

서울시 중구 황학동 1229번지 일대

❶ 입지

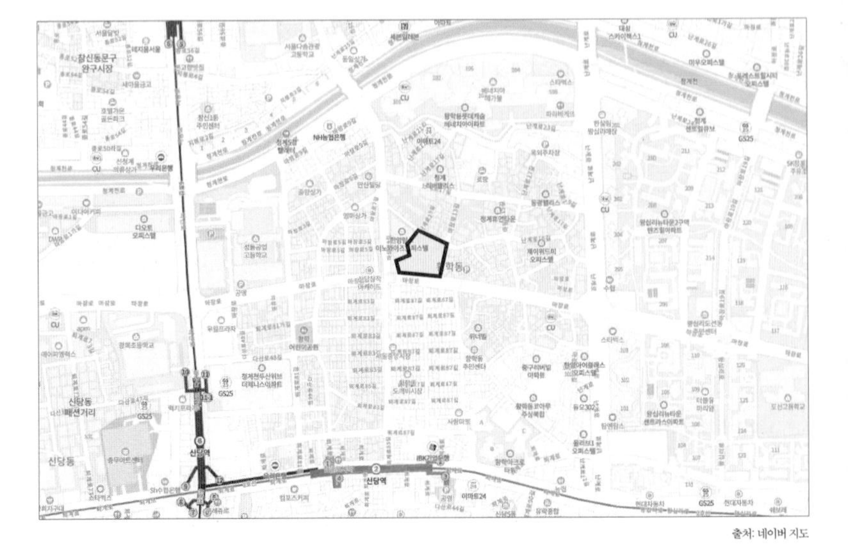

출처: 네이버 지도

❷ 주변 아파트 시세

단지명(입주년도)	시세
황학동 롯데캐슬베네치아(2008년)	2022년 4월 전용면적 60m²(24평) 9.2억 원
상왕십리동 텐즈힐 2단지(2014년)	2021년 9월 전용면적 55m²(24평) 12억 원
하왕십리동 센트라스(2016년)	2021년 10월 전용면적 41m²(17평) 9.9억 원

❸ 입지 분석

총 평점	교통망	브랜드	연식	세대수	주차	전용 면적	직주 근접	교통 호재	분양가	청약 경쟁률
8.2/10	10/10	10/10	10/10	9/10	5/10	5/10	10/10	7/10	8/10	8/10

구분	분석	구분	분석
추천 이유	직주근접 및 신혼부부 생활 여건 충족	준공	2024년 3월 입주 예정
브랜드(건설사)	힐스테이트(현대건설)	주차	세대당 0.83대
세대수	522세대(1.5룸, 2룸) 총 1개 동	전용면적	• 1.5룸: 35m²(306세대) • 2룸: 49m²(198세대), 51m²(18세대)
직주근접	지하철로 CBD 6분, YBD 24분, GBD 24분	청약 경쟁률	12:1
지하철	• 2 · 6호선 신당역 도보 5분 • 1 · 6호선 동묘앞역 도보 10분 • 1 · 2호선, 우이신설선 신설동역 도보 12분	분양가 (2021년 2월)	1.5룸 4.3억 원, 2룸 6.7억 원
교통호재	• GTX-B, C 청량리역 예정 • GTX-C 왕십리역 예정 • GTX-B 동대문역사문화공원역 추진 중	기타 호재	• 신당역 지하통로 연결 공사 중 • 중구청 신청사 건립(2025년) • 패션혁신허브 조성
인근 아파트 대비 강점	• 1 · 2 · 6호선, 우이신설선 지하철 4개 노선 인접 • 신축(중구에서 5년 이내 새 아파트 비율 11%)	단점	• 주차 대수 부족 • 서울중앙시장과 인접한 주변 환경

❹ 고라파덕90의 주목 Point!

힐스테이트 청계 센트럴은 내부 구조와 기본 옵션, 개별 공간의 분류가 부부 단위의 실거주자에게 특화되어 있는 것이 특징이다. 인근에 신당역과 동묘앞역, 신설동역이 자리하여 서울 3대 업무지구를 모두 30분 이내에 갈 수 있으며 내부순환도로, 동부간선도로, 강변북로와도 인접해 자유로운 이동이 가능하다. 현재 중구에 5년 이내의 신축 아파트가 11%에 불과한 만큼 희소성이 높으며, 왕십리 뉴타운(센트라스, 텐즈힐)과 바로 맞닿아 있다는 점도 키 맞추기에 대한 기대감을 높이고 있다. 또한 동대문 및 중앙시장과도 인접하여 임대 수익을 내면서 차익도 함께 노릴 수 있는 드문 형태의 단지라 판단된다.

서울 중앙시장과 주방용품 판매점이 근처에 있어 주변이 번잡한 편이다. 다만, 입주 시점의 환경이 지금과 동일하지는 않을 것이므로 주변의 개발 계획을 지속해서 참고해볼 필요가 있다.

08 신내역 시티 프라디움

중랑구

서울시 중랑구 망우동 양원지구주상복합용지

❶ 입지

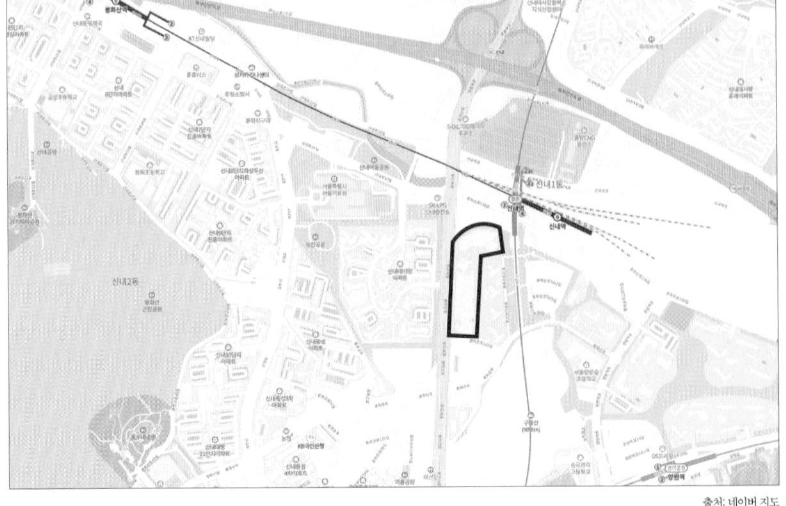

출처: 네이버 지도

❷ 주변 아파트 시세

단지명(입주년도)	시세
신내동 신내데시앙 1단지(2010년)	2021년 12월 전용면적 60m²(24평) 6.9억 원
신내동 신내우디안 1단지(2014년)	2022년 4월 전용면적 85m²(36평) 8.8억 원

❸ 입지 분석

총 평점	교통망	브랜드	연식	세대수	주차	전용 면적	직주 근접	교통 호재	분양가	청약 경쟁률
8/10	9/10	6/10	10/10	9/10	7/10	10/10	8/10	8/10	7/10	6/10

구분	분석	구분	분석
추천 이유	• 서울 내 3룸 대단지 아파텔의 희소성 • 서울 공공택지지구 내의 아파텔	준공	2023년 11월 입주 예정
브랜드(건설사)	시티 프라디움(시티건설)	주차	세대당 1.1대
세대수	943세대(1.5룸, 2룸, 3룸) 총 8개 동	전용면적	• 1.5룸: 40m²(23세대), 42m²(69세대), 43m²(46세대), 47m²(46세대) • 2룸: 59m²(46세대) • 3룸: 84m²(713세대)
직주근접	지하철로 CBD 38분, YBD 50분, GBD 43분	청약 경쟁률	3.6:1
지하철	• 6호선, 경춘선 신내역 도보 2분 • 경의중앙선 양원역 도보 10분	분양가 (2020년 5월)	2룸 5억 원, 3룸 6.9억 원
교통호재	• GTX-B 망우역 예정 • 면목선 신내역 개통 예정	기타 호재	• 양원 공공주택지구 개발 • 신내 컴팩트 시티 • SH본사 이전
인근 아파트 대비 강점	트리플 역세권 인접	단점	중랑구의 인지도 및 선호도

❹ 고라파덕90의 주목 Point!

신내역 시티 프라디움은 서울에서 보기 어려운 3룸 위주의 대단지 아파텔이며 트리플 역세권이 되는 신내역은 많은 개발호재가 있다. 현재 중랑구의 인지도와 선호도는 걸림돌이지만 양원 공공주택지구 개발이 계획대로만 진행된다면 천지개벽을 할 지역이다. 서울의 마지막 공공택지지구인 만큼 그 발전상을 지켜보는 것은 상당히 유의미한 과정이 될 것이다.

다만, 시티 프라디움 아파트와 입주시점이 동일함에 따라 커뮤니티나 놀이터 제한과 같은 차별이 없는지 확인해볼 필요가 있다. 아파텔만의 단독 커뮤니티를 운영하지 않는다면 아파트 입주민과 지속적인 갈등이 예상되므로 매수를 고려한다면 이를 사전에 점검해야 한다.

09 e편한세상시티 삼송 1~3차

고양시

경기도 고양시 덕양구 동송로33, 동송로23-28, 덕수천2로 150

❶ 입지

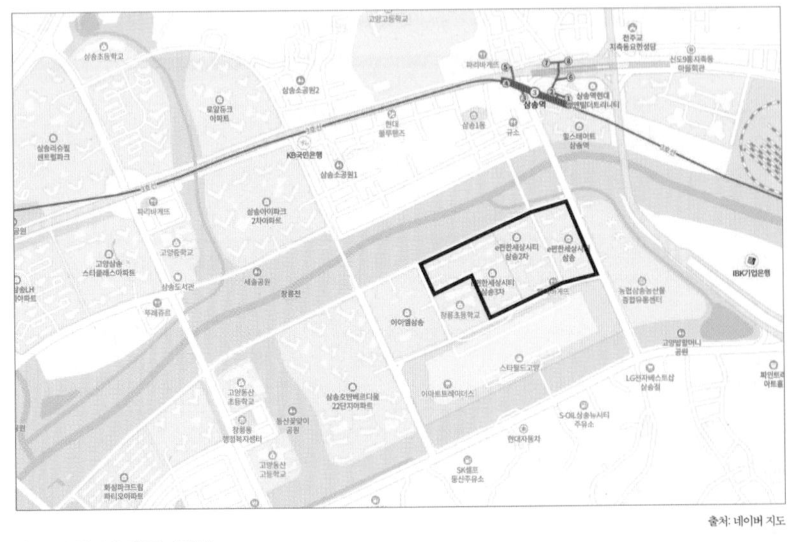

출처: 네이버 지도

❷ 주변 아파트 시세

단지명(입주년도)	시세
삼송동 삼송 2차 아이파크(2015년)	2022년 3월 전용면적 85m²(33평) 9.5억 원
동산동 동산마을 호반베르디움 22단지(2012년)	2022년 3월 전용면적 85m²(34평) 8.8억 원

❸ 입지 분석

총 평점	교통망	브랜드	연식	세대수	주차	전용 면적	직주 근접	교통 호재	실거 래가	청약 경쟁률
8.6/10	8/10	10/10	8/10	10/10	8/10	8/10	8/10	10/10	7/10	9/10

구분	분석	구분	분석
추천 이유	• 용적률, 건폐율 낮은 아파트형 대단지 • 삼송지구에 아파트, 아파텔 추가 공급 계획 없음 • 신분당선 교통호재 및 3기 신도시(창릉) 개발호재	준공	2018년 3월~2019년 5월
브랜드(건설사)	e편한세상(DL이앤씨)	주차	세대당 1.2대
세대수	2,930세대(2룸 927세대, 3룸 2,003세대), 총 24개 동	전용면적	• 2룸: 54m²(172세대), 58m²(755세대) • 3룸: 70m²(72세대), 74m²(72세대), 76m²(805세대), 78m²(272세대), 83m²(782세대)
직주근접	지하철로 CBD 25분, YBD 46분, GBD 48분	청약 경쟁률	23:1
지하철	3호선 삼송역 도보 5~10분	실거래가 (2022년 3~4월)	2룸 6.4억 원, 3룸 8억 원
교통호재	• 신분당선 서북부 연장 예비타당성 조사 진행 중 • GTX 창릉역 BRT 예정	기타 호재	• MBN 미디어센터 입주 • 3기 신도시(창릉) 개발
인근 아파트 대비 강점	• 3호선 삼송역 역세권 • 단지 내 초등학교 • 스타필드 고양, 농협 하나로마트 등 대형 쇼핑몰 인접 • 인근 유사 평형대(20~25평) 아파트 없음	단점	전면 동과 후면 동을 제외하면 동간 간격 좁음

❹ 고라파덕90의 주목 Point!

e편한세상시티 삼송 1~3차는 2룸 이상 아파텔 단지로는 수도권 최대인 총 2,930세대의 대단지로 인근 아파트 대비 역세권과 몰세권, 초품아(초등학교를 품은 아파텔)라는 확실한 강점을 갖고 있다. 상대적으로 용적률과 건폐율이 낮아 오피스텔이라기보다는 주상복합 및 아파트 단지의 형태를 띠고 있으며, 택지지구라서 더 이상 공급이 없다는 점도 주목할 만하다. 이러한 특성을 고려할 때 지속적인 수요 창출이 예상되며 현재 진행 중인 신분당선 서북부 연장 예비타당성 조사까지 통과한다면 더할 나위없는 거주지나 투자처가 될 것이다.

다만 지난 2년간 시세가 가파르게 상승한 만큼 신분당선 서북부 연장에 대한 기대치가 상당 부분 반영되어 있다고 볼 수 있다. 따라서 교통정책 및 수요의 흐름을 잘 살펴보면서 진입 시점을 조율하는 것이 좋다.

10 고양시

킨텍스 꿈에그린

경기도 고양시 일산서구 킨텍스로 240

❶ 입지

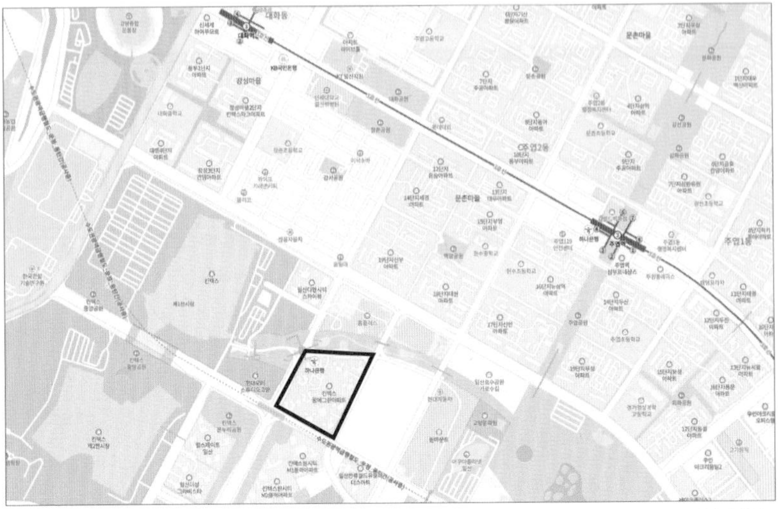

출처: 네이버 지도

❷ 주변 아파트 시세

단지명(입주년도)	시세
킨텍스 원시티 M2블럭(2019년)	2022년 3월 전용면적 84~85m²(35평) 16.5억 원
킨텍스 꿈에그린(2019년)	2022년 3월 전용면적 84m²(35평) 13.9억 원
문촌마을 19단지 신우(1994년)	2022년 3월 전용면적 85m²(31평) 8.4억 원

❸ 입지 분석

총 평점	교통망	브랜드	연식	세대수	주차	전용 면적	직주 근접	교통 호재	실거 래가	청약 경쟁률
8.1/10	6/10	9/10	8/10	9/10	8/10	10/10	7/10	10/10	5/10	9/10

구분	분석	구분	분석
추천 이유	• GTX-A 교통호재 및 킨텍스 지구 추가 공급 없음 • 아파트와 아파텔 커뮤니티 별도 운영	준공	2019년 2월
브랜드(건설사)	꿈에그린(한화건설)	주차	세대당 1.2대
세대수	780세대(전 세대 3룸), 총 3개 동	전용면적	3룸: 84~85m²(780세대)
직주근접	• CBD 47분(GTX-A 개통 시 15분) • YDB 52분(GTX-A 개통 시 30분) • GBD 77분(GTX-A 삼성역 개통 시 25분)	청약 경쟁률	28.4:1
지하철	3호선 대화역 도보 15분	실거래가 (2022년 3~4월)	3룸 9.2억 원
교통호재	GTX-A 킨텍스역 개통 예정(2024년)	기타 호재	• 방송영상밸리 • CJ라이브시티
인근 아파트 대비 강점	• GTX-A 킨텍스역 역세권 • 이마트타운, 원마운트 등 대형 쇼핑몰 인접 • 인근 유사 평형대 아파트 부족	단점	• 동간 간격 좁음 • 용적률, 건폐율 높음

❹ 고라파덕90의 주목 Point!

킨텍스 꿈에그린은 GTX-A 킨텍스 예정역과 인접하여 인근 부동산 시세를 선도하는 단지이다. 실제로 평당 가격이 주변 구축 아파트보다 40%가량 높게 유지되고 있다. 이마트타운, 현대백화점, 홈플러스와 같은 쇼핑시설과 원마운트, 일산 아쿠아플라넷과 같은 문화시설이 지척이고 일산 호수공원도 도보로 이용 가능하다. 대표 택지지구 특성상 주변에 오피스텔이 과잉 공급될 가능성도 낮으며 후곡 학원가를 셔틀버스로 이용 가능하다는 점도 큰 장점이다. GTX-A 이외에도 방송영상밸리, CJ라이브시티, 테크노밸리와 같은 대규모 개발호재가 일정에 맞게 추진된다면 향후 대표 아파텔 단지로 자리매김할 것이다.

하지만 용적률과 건폐율이 높아서 단지 간격이 좁고 초등학교가 도보 15분 이상 떨어져 있어 아이를 키우기에는 다소 불편할 수 있다. 또한 2028년에 예정된 GTX-A 삼성역 개통이 지연된다면 시세에 악영향을 끼칠 소지가 있다.

11 e편한세상시티 과천

과천시

경기도 과천시 코오롱로 13

❶ 입지

출처: 네이버 지도

❷ 주변 아파트 시세

단지명(입주년도)	시세
별양동 래미안슈르(2008년)	2022년 4월 전용면적 60m²(25평) 13억 원
원문동 과천위버필드(2021년)	2022년 5월 전용면적 60m²(26평) 15억 원

❸ 입지 분석

총 평점	교통망	브랜드	연식	세대수	주차	전용 면적	직주 근접	교통 호재	분양가	청약 경쟁률
8.1/10	8/10	10/10	10/10	9/10	5/10	6/10	8/10	10/10	9/10	6/10

구분	분석	구분	분석
추천 이유	• 과천에서 보기 드문 역세권 신축 브랜드 아파텔 • 자연환경, 교육환경 우수 • GTX-C 교통호재	준공	2022년 10월 입주 예정
브랜드(건설사)	e편한세상(DL이앤씨)	주차	세대당 0.95대
세대수	549세대(1룸, 2룸, 3룸), 총 1개 동	전용면적	• 1룸: 26m²(350세대) • 2룸: 59m²(74세대) • 3룸: 82m²(125세대)
직주근접	• 정부 과천청사 도보권 • 지하철로 CBD 43분, YBD 38분, GBD 26분	청약 경쟁률	3.2:1
지하철	4호선 과천청사역 도보 2분	분양가 (2019년 6월)	1룸 2.5억 원, 2룸 5.8억 원, 3룸 8억 원
교통호재	• GTX-C 과천역 개통 예정 • 위례~과천선 정부 검토 중	기타 호재	지식정보타운 조성
인근 아파트 대비 강점	• 정부 과천청사 근접 • 지하철 및 생활편의시설 인접(이마트)	단점	1룸이 전체의 64%를 차지

❹ 고라파덕90의 주목 Point!

e편한세상시티 과천은 인근에서 찾아보기 어려운 아파텔 대단지이다. 초등학교나 지하철과도 가깝고 이마트나 중앙공원과 같은 생활편의시설과도 인접해있다. 게다가 2022년 9월에 입주하는 비슷한 입지의 힐스테이트 과천중앙 아파텔 85m² 분양가가 9.8억 원인 반면, 이 단지는 8억 원 수준이므로 충분히 저평가되었다고 볼 수 있다.

입지가 뛰어나지만 1개 동이며 1룸이 전 세대의 64%를 차지하는 만큼 소유주 중심의 관리단이 제대로 구성되는지 확인해야 한다. 이들이 단지 관리나 관리비 산정에 적극 개입하여 활동하는지에 따라 실거주 만족도가 높은 아파텔로서의 역할을 할 수 있을지가 결정될 것이다.

12 힐스테이트 판교역

성남시 경기도 성남시 분당구 판교역로 136

❶ 입지

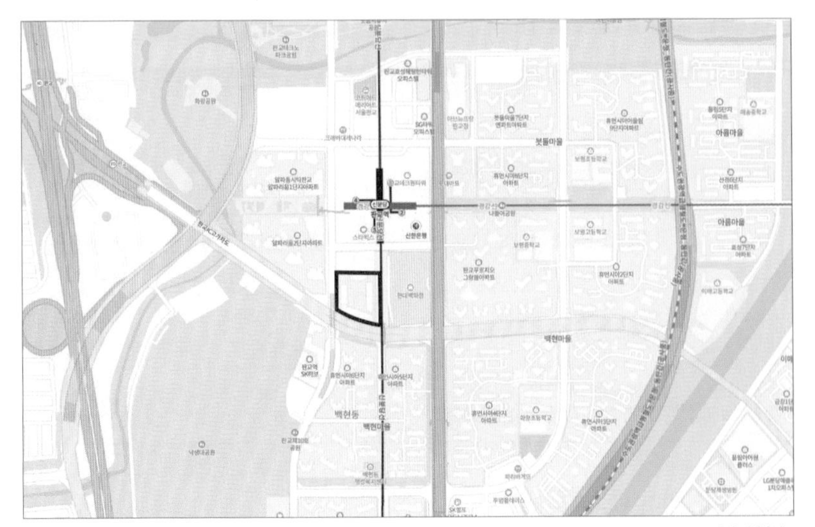

출처: 네이버 지도

❷ 주변 아파트 시세

단지명(입주년도)	시세
백현동 판교푸르지오그랑블(2011년)	2022년 4월 전용면적 104~105m²(39평) 27.3억 원
백현동 알파리움 2단지(2015년)	2022년 4월 전용면적 97m²(37평) 22.4억 원

❸ 입지 분석

총 평점	교통망	브랜드	연식	세대수	주차	전용 면적	직주 근접	교통 호재	분양가	청약 경쟁률
9/10	9/10	10/10	10/10	9/10	7/10	9/10	10/10	10/10	6/10	10/10

구분	분석	구분	분석
추천 이유	• 판교 테크노밸리 직주근접 • 판교역, 현대백화점 지하 연결	준공	2022년 8월 입주 예정
브랜드(건설사)	힐스테이트(현대엔지니어링)	주차	세대당 1.1대
세대수	577세대(2룸, 3룸), 총 3개 동	전용면적	• 2룸: 53~54m²(65세대) • 3룸: 84~85m²(512세대)
직주근접	• 판교 테크노밸리 도보권 • 지하철로 CBD 36분, YBD 37분, GBD 15분	청약 경쟁률	54:1
지하철	신분당선, 경강선 판교역 지하 연결	분양가 (2018년 11월)	2룸 7.5억 원, 3룸 11.9억 원
교통호재	• 신분당선 연장(남부 호매실~봉담, 서북부 용산~삼송) • GTX-A 성남역 개통	기타 호재	제3판교 테크노밸리 2024년 준공 예정
인근 아파트 대비 강점	• 직주근접 • 지하철 연결 • 생활편의시설 인접(현대백화점, 알파돔시티, 크래프톤 타워)	단점	용적률, 건폐율 높음

❹ 고라파덕90의 주목 Point!

힐스테이트 판교역은 명실상부한 대한민국 최고의 아파텔이라 해도 과언이 아니다. 판교 테크노밸리를 끼고 있는 판교역과 현대백화점, 알파돔시티와 지하로 연결되어 직주근접일 뿐만 아니라 생활편의성도 뛰어나며 신분당선 연장과 GTX-A 등의 교통호재도 집중되어 있다. 무조건 오르는 8가지 조건에 모두 부합하면서도 이만한 입지를 갖춘 아파텔은 향후 최소 몇 년간 찾아보기 어려울 것이다.

최고의 입지인 만큼 고평가에 대한 우려는 피하기 어렵다. 실제로 2018년 11월 당시 분양가는 인접한 A아파트의 평당 실거래가 대비 128% 수준이었으며 입주 이후 간극은 더 크게 벌어질 것이다. 또한 상업지에 지어져 용적률과 건폐율이 높은 것이 옥의 티라고 할 수 있다.

13 힐스테이트 판교모비우스

성남시 경기도 성남시 분당구 석운로 440

❶ 입지

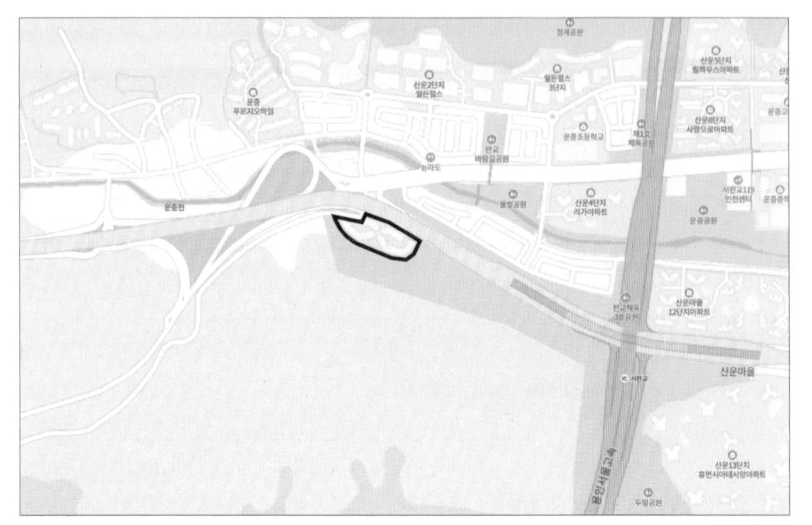

출처: 네이버 지도

❷ 주변 아파트 시세

단지명(입주년도)	시세
운중동 산운마을 8단지 사랑으로(2008년)	2022년 2월 전용면적 81m²(32평) 14억 원
운중동 산운마을 12단지(2009년)	2021년 8월 전용면적 60m²(25평) 12.4억 원

❸ 입지 분석

총 평점	교통망	브랜드	연식	세대수	주차	전용 면적	직주 근접	교통 호재	실거 래가	청약 경쟁률
7.9/10	5/10	10/10	8/10	7/10	7/10	9/10	7/10	8/10	10/10	8/10

구분	분석	구분	분석
추천 이유	• 판교에 부족한 브랜드 신축 아파텔 • 트램, 월곶~판교선 등 교통호재 • 다양한 커뮤니티 시설	준공	2018년 8월
브랜드(건설사)	힐스테이트(현대건설)	주차	세대당 1.1대
세대수	280세대(2룸, 3룸), 총 4개 동	전용면적	44~85m²
직주근접	판교 테크노밸리 차량 15분	청약 경쟁률	12:1
지하철	–	실거래가 (2022년 3~4월)	3룸 9억 원
교통호재	• 월곶판교선 서판교역 개통 예정 • 성남 2호선 트램 추진 중	기타 호재	제3판교 테크노밸리 2024년 준공 예정
인근 아파트 대비 강점	• 트램 개통 시 인접단지 • 다양한 커뮤니티 시설	단점	• 적은 세대수 • 생활편의시설 부족 • 주변 아파트에 동일 평형대 다수

❹ 고라파덕90의 주목 Point!

힐스테이트 판교모비우스는 뫼비우스의 띠를 형상화한 단지 설계와 판교에 드문 브랜드 신축 단지로 많은 인기를 끌고 있다. 상업지역이 아니라서 실거주하기 좋은 조용한 단지이지만 그만큼 생활편의시설은 아직 부족하다. 이를 보완하기 위해 스크린골프장, 당구장, 미디어실, 바비큐장, 옥상 텃밭 등 다양한 커뮤니티를 운영하고 있다. 2022년 4월 기준 약 9억 원의 실거래가를 형성하고 있으나 제3판교 테크노밸리와 월곶~판교선이 완공되는 시점에는 다시 볼 수 없는 가격대가 될 것이라 판단된다.

판교 트램 101역이 2019년 기재부 예비타당성 조사를 통과하지 못해 자체재원 조달방식을 검토 중이다. 또한 인근 산운마을에 유사한 25평형대의 아파트가 다수 있어 아파텔로서의 경쟁력이 약화된 점도 유의해야 한다.

14 화서역 푸르지오브리시엘

수원시

경기도 수원시 장안구 정자동 111

❶ 입지

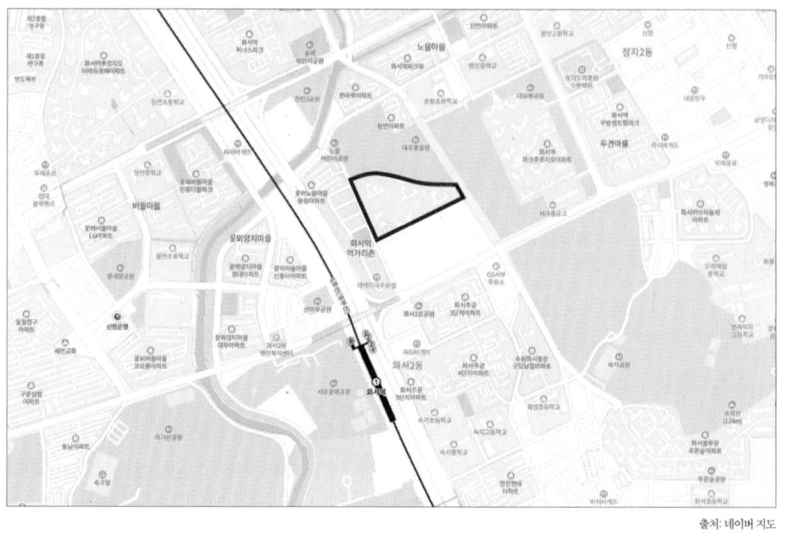

출처: 네이버 지도

❷ 주변 아파트 시세

단지명(입주년도)	시세
화서동 꽃뫼버들마을신동아(1999년)	2022년 2월 전용면적 60m²(24평) 5.7억 원
화서동 꽃뫼노을마을풍림(1999년)	2021년 12월 전용면적 60m²(24평) 5.5억 원

❸ 입지 분석

총 평점	교통망	브랜드	연식	세대수	주차	전용 면적	직주 근접	교통 호재	분양가	청약 경쟁률
8.5/10	8/10	10/10	10/10	8/10	7/10	10/10	7/10	10/10	5/10	10/10

구분	분석	구분	분석
추천 이유	• 스타필드 효과 • 신분당선, GTX-C 등 광역교통망 호재	준공	2023년 9월 입주 예정
브랜드(건설사)	푸르지오(대우건설)	주차	세대당 1.1대
세대수	460세대(3룸), 총 2개 동	전용면적	3룸: 85m²(460세대)
직주근접	지하철로 CBD 66분, YBD 52분, GBD 57분	청약 경쟁률	31.4:1
지하철	1호선 화서역 도보 8분	분양가 (2020년 6월)	3룸 5.3억~5.9억 원
교통호재	• 신분당선 화서역 예정 • GTX-C 수원역 예정	기타 호재	스타필드 수원 오픈 예정(2023년 12월)
인근 아파트 대비 강점	• 스타필드 수원과 인접 • 화서역 도보 역세권	단점	인근 아파트 동일 평형대 다수

❹ 고라파덕90의 주목 Point!

화서 푸르지오브리시엘은 신분당선 연장으로 곧 더블 역세권이 될 화서역 인근에 위치해 있다. 따라서 연장 즉시 서울 3대 업무지구와의 거리가 획기적으로 단축되며 이를 통해 빠른 시세상승이 예상되는 곳이다. 또한 2023년 12월 스타필드 수원이 들어섬에 따라 기존 스타필드 하남, 고양의 사례를 볼 때 현재의 5억 원대의 분양가가 입주시점에는 훨씬 더 저렴해 보일 것이다. 수원역으로 대표되는 서수원 지역의 개발과 함께 해당 단지는 지금과는 비교되지 않을 만큼 주목받을 것이다.

꽃뫼마을과 주공아파트를 중심으로 20~25평형대의 단지가 많다. 이들과 차별화되는 경쟁력은 스타필드와 신분당선 화서역까지의 거리다. 따라서 스타필드 수원과 단지가 바로 연결되는지와 신분당선 출구가 어느 쪽으로 나오는지를 주의 깊게 살펴볼 필요가 있다.

15 포레나 광교

수원시 경기도 수원시 영통구 광교호수공원로 300

❶ 입지

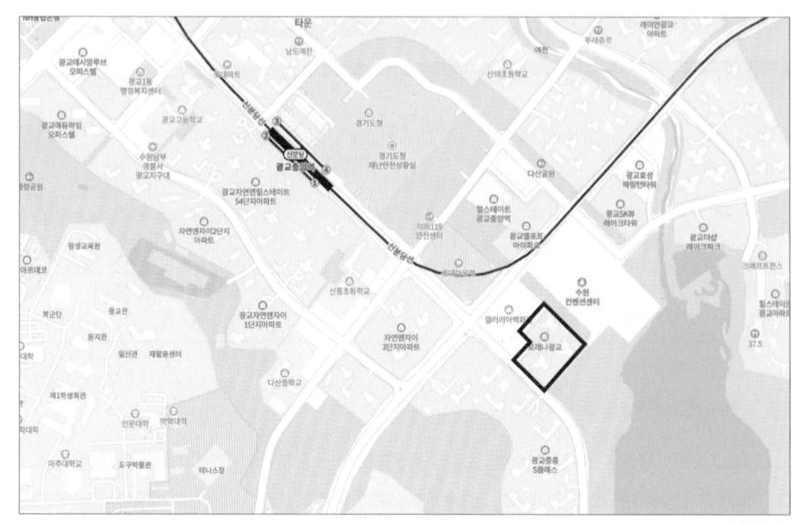

출처: 네이버 지도

❷ 주변 아파트 시세

단지명(입주년도)	시세
광교 원천동 광교중흥S클래스(2019년)	2021년 12월 전용면적 85m²(35평) 15억 원
광교 이의동 광교센트럴타운 60단지(2013년)	2022년 3월 전용면적 75m²(30평) 11.9억 원

❸ 입지 분석

총 평점	교통망	브랜드	연식	세대수	주차	전용 면적	직주 근접	교통 호재	실거 래가	청약 경쟁률
8.6/10	7/10	9/10	9/10	9/10	7/10	10/10	8/10	9/10	8/10	10/10

구분	분석	구분	분석
추천 이유	• 광교 내 지하철 도보권 • 호수뷰, 몰세권이 모두 가능한 단지	준공	2020년 10월 입주
브랜드(건설사)	포레나(한화건설)	주차	세대당 1.1대
세대수	759세대(3룸), 총 3개 동	전용면적	3룸: 84~85m^2(756세대), 175m^2(3세대)
직주근접	지하철로 CBD 57분, YBD 65분, GBD 35분	청약 경쟁률	87:1
지하철	신분당선 광교중앙역 도보 10분	실거래가 (2022년 3~4월)	3룸 10.2억 원
교통호재	신분당선 연장(남부 호매실~봉담, 서북부 용산~삼송)	기타 호재	경기융합타운 준공(도청, 교육청, 도서관 등) 2024년 완공 예정
인근 아파트 대비 강점	• 생활편의시설 인접(갤러리아 백화점 지하 연결, 롯데아울렛 등) • 지하철 도보권 내 유사 평형대 아파트 없음	단점	• 호수초등학교 도보 10분 • 단지 내 놀이터 없음

❹ 고라파덕90의 주목 Point!

포레나 광교는 특별한 단점을 찾기 어려울 만큼 실거주 만족도가 높은 아파텔로 평가받고 있다. 광교 호수공원으로 대표되는 주변 자연환경과 지하로 연결되는 쇼핑몰, 신분당선 광역교통망 등 어느 것 하나 빠뜨릴 수 없을 만큼 팔방미인형 단지라 할 수 있다. 특히 영구조망이 가능한 호수뷰는 호불호 없이 지속해서 인기가 높을 것이며 경기 융합타운 준공에 따라 수요 또한 가파르게 늘어날 것이다.

하지만 단지 내 놀이터가 없고 배정된 호수초등학교까지 도보로 약 10분가량 소요되는 점은 가족 단위 입주민들에게는 아쉬움으로 남을 가능성이 높다.

16 안양시 힐스테이트 에코평촌

경기도 안양시 동안구 부림로169번길 41

❶ 입지

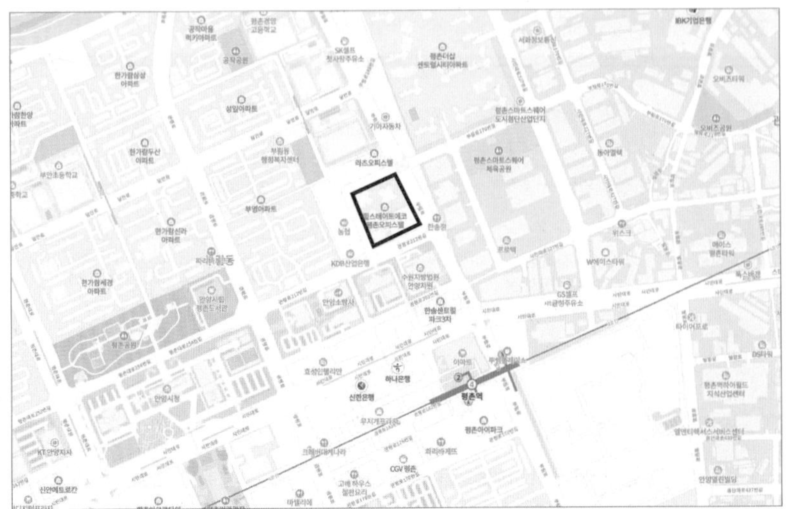

출처: 네이버 지도

❷ 주변 아파트 시세

단지명(입주년도)	시세
평촌동 초원 7단지 부영(1992년)	2022년 3월 전용면적 60m²(24평) 7.9억 원
관양동 공작부영(1993년)	2021년 10월 전용면적 60m²(25평) 8억 원

❸ 입지 분석

총 평점	교통망	브랜드	연식	세대수	주차	전용 면적	직주 근접	교통 호재	실거 래가	청약 경쟁률
8.2/10	8/10	10/10	8/10	9/10	7/10	9/10	8/10	7/10	7/10	9/10

구분	분석	구분	분석
추천 이유	• 평촌 인근에 드문 대단지 브랜드 신축 아파텔 • 부안중학교 배정 단지 • 학원 인접 및 평촌 학원가 셔틀 이용	준공	2019년 2월 입주
브랜드(건설사)	힐스테이트(현대엔지니어링)	주차	세대당 1.1대
세대수	944세대(2룸, 3룸), 총 4개 동	전용면적	• 2룸: 68~69m²(292세대) • 3룸: 68m² 일부(62세대), 78~79m²(462세대), 80m²(128세대)
직주근접	지하철로 CBD 52분, YBD 38분, GBD 34분	청약 경쟁률	20:1
지하철	4호선 평촌역 도보 5분	실거래가 (2022년 3~4월)	3룸 8억 원
교통호재	• GTX–C 과천역 예정(지하철 2정거장) • 인덕원~동탄선 예정(2026년)	기타 호재	평촌 정비사업 활성화
인근 아파트 대비 강점	• 행정타운, 관공서, 도서관, 공원, 이마트 등 생활편의시설 인접 • 평촌 더샵을 제외하면 평촌역, 범계역 부근 신축 아파트 없음	단점	인근 아파트 동일 평형대 다수

❹ 고라파덕90의 주목 Point!

힐스테이트 에코평촌은 행정타운과 관공서에 둘러싸여 인근에 유흥가가 없으며 학군으로 선호도가 높은 부안중학교 배정지여서 특히 주목을 받고 있다. 이에 따라 분양 당시에도 3룸의 인기가 높았으며 실거주나 투자처로서도 해당 평형을 선택하는 것이 좋다. 주변 아파트 단지가 모두 30년 가까이 된 구축이어서 역세권 신축단지에 거주하고자 하는 수요 역시 지속되고 있으므로 장기간 쉽게 인기가 떨어지지 않을 것이라 판단된다.

반면 인근 아파트가 모두 해당 단지와 유사한 20~25평형을 보유하고 있으므로 신축 이외의 조건에서는 아파트 대비 큰 경쟁력이 있다고 보기는 어렵다. 따라서 평촌역 인근 아파트 단지의 정비사업 흐름을 보고 매수 시기를 판단하는 것이 무엇보다 중요하다. 재건축 및 리모델링이 지연될 경우 시세를 단독으로 치고 나가기는 어려우며, 순차적으로 진행된다면 충분히 신축 아파트와 가격 갭을 두면서 가치가 상승할 것이다.

17 힐스테이트 미사역 그랑파사쥬

하남시 경기도 하남시 미사강변동로 95

❶ 입지

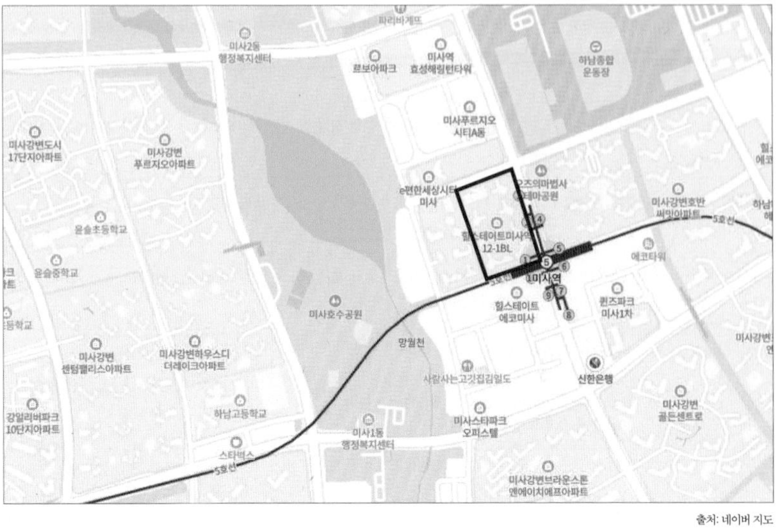

출처: 네이버 지도

❷ 주변 아파트 시세

단지명(입주년도)	시세
망월동 미사역파라곤(2021년)	2022년 4월 전용면적 103m²(39평) 14억 원
망월동 미사강변골든센트로(2014년)	2022년 4월 전용면적 60m²(25평) 8.8억 원

❸ 입지 분석

총 평점	교통망	브랜드	연식	세대수	주차	전용 면적	직주 근접	교통 호재	실거 래가	청약 경쟁률
8.2/10	8/10	10/10	9/10	10/10	7/10	7/10	8/10	7/10	6/10	10/10

구분	분석	구분	분석
추천 이유	하남시 대단지 브랜드 신축 초역세권 아파텔	준공	2020년 7월 입주
브랜드(건설사)	힐스테이트(현대엔지니어링)	주차	세대당 1.1대
세대수	2,024세대(1룸, 2룸, 3룸), 총 12개 동 (11-1BL, 12-1BL 합산)	전용면적	• 1룸: 22m²(1,024세대) • 2룸: 47m²(24세대) • 3룸: 73m²(155세대), 84~85m²(821세대)
직주근접	지하철로 CBD 47분, YBD 60분, GBD 45분	청약 경쟁률	45.6:1
지하철	5호선 미사역 지하 연결	실거래가 (2022년 3~4월)	3룸 10.6억 원
교통호재	3·9호선 하남 연장 예정	기타 호재	3기 신도시(교산) 개발
인근 아파트 대비 강점	• 미사 호수공원 및 생활편의시설(영화관, 병원 등) 인접 • 미사역 지하 연결	단점	단지 내 소음

❹ 고라파덕90의 주목 Point!

힐스테이트 미사역 그랑파사쥬는 영화관, 식당, 병원 등이 단지 내에 모두 밀집해있는 주상복합형 대단지 아파텔이다. 5호선 미사역과 지하로 바로 연결되어 날씨의 영향을 받지 않고 자유롭게 승·하차가 가능하며 미사 호수공원과도 인접하여 자연친화적인 환경을 누릴 수 있다. 하남에서 찾기 어려운 대단지 브랜드 신축 초역세권 아파텔인 만큼 꾸준히 수요가 창출되리라는 전망이다.

반면 주상복합으로 주변 상권과 함께 이뤄진 대형 단지인 만큼 다소 생활소음이 있어 동 위치에 따라 아파트만큼의 조용한 환경을 기대하기는 어려울 수 있다. 또한 초등학교가 떨어져 있어 도보권 통학이 어려운 점도 유의해야 한다.

18 위례 지웰푸르지오

하남시 | 경기도 하남시 위례대로 220

❶ 입지

출처: 네이버 지도

❷ 주변 아파트 시세

단지명(입주년도)	시세
장지동 위례 2차 아이파크(2016년)	2022년 4월 전용면적 91m²(35평) 17.2억 원
장지동 송파더센트레(2013년)	2022년 3월 전용면적 60m²(25평) 12.3억 원

❸ 입지 분석

총 평점	교통망	브랜드	연식	세대수	주차	전용 면적	직주 근접	교통 호재	실거 래가	청약 경쟁률
7.6/10	5/10	10/10	8/10	9/10	7/10	9/10	6/10	7/10	7/10	8/10

구분	분석	구분	분석
추천 이유	• 수도권에서 가장 아파트에 가까운 아파텔 • 상대적으로 낮은 용적률과 건폐율	준공	2018년 3월 입주
브랜드(건설사)	푸르지오(대우건설)	주차	세대당 1.1대
세대수	784세대(2룸, 3룸), 총 7개 동	전용면적	• 2룸: 69m²(8세대), 75m²(86세대) • 3룸: 84~85m²(690세대)
직주근접	차량으로 GBD 35분	청약 경쟁률	13.9:1
지하철	–	실거래가 (2022년 3~4월)	3룸 13.8억 원
교통호재	• 위례~신사선 예정(개통 시 도보 15~20분) • 위례~과천선 정부 검토 중 • 위례 트램 예정	기타 호재	–
인근 아파트 대비 강점	스타필드 시티 인접	단점	도보권 지하철 없음

❹ 고라파덕90의 주목 Point!

위례 지웰푸르지오는 수도권에서 가장 아파트에 근접한 형태의 아파텔이다. 단지 1층에 키즈 스테이션과 어린이집은 물론 조경까지 잘 갖추고 있으며 외관 및 문주 또한 아파트와 완전히 동일한 모습이다. 단지에서 위례도서관, 수변공원과도 바로 연결된다. 스타필드 시티 인근이 준주거지여서 분양가 상한제 적용을 받는 아파트 대신, 아파텔을 분양한 만큼 교통문제만 조기에 해결한다면 수도권 최상급지라고 불러도 손색이 없을 것이다.

아파트와 가장 유사한 만큼 가격대 역시 현재 수도권에서 가장 높다. 2022년 3~4월 기준 실거래가는 13.8억 원이며 지하철 호재가 확정되기 전까지는 한동안 조정을 받을 것으로 보인다. 따라서 성급하게 매매하기보다 정책흐름을 지켜보고서 매수시점을 고민하는 것이 좋다.

19 시티오씨엘 3~4단지

미추홀구 인천시 미추홀구 학익동 595-28번지, 용현 · 학익지구 업무1블록

❶ 입지

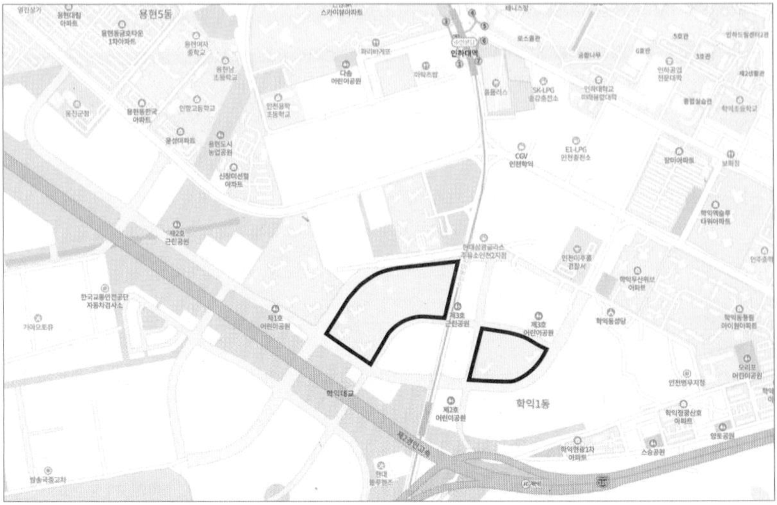

출처: 네이버 지도

❷ 주변 아파트 시세

단지명(입주년도)	시세
용현동 인천SK스카이뷰(2016년)	2022년 4월 전용면적 60m²(25평) 5억 원
용현동 용현성원상떼빌(2009년)	2022년 5월 전용면적 85m²(32평) 5.1억 원

❸ 입지 분석

총 평점	교통망	브랜드	연식	세대수	주차	전용 면적	직주 근접	교통 호재	분양가	청약 경쟁률
8.2/10	6/10	10/10	10/10	10/10	8/10	6/10	5/10	7/10	10/10	10/10

구분	분석	구분	분석
추천 이유	미니 신도시급 사업 규모(총 13,000가구)로 진행하는 브랜드 대단지 아파텔	준공	2024년 12월, 2025년 1월 입주 예정
브랜드(건설사)	시티오씨엘(현대산업개발, 현대건설, 포스코건설)	주차	세대당 1.1대(3단지), 1.25대(4단지)
세대수	1,238세대(1.5룸, 2룸, 3룸), 총 4개 동	전용면적	• 1.5룸: 28m²(246세대), 53m²(164세대) • 2룸: 67m²(246세대) • 3룸: 76m²(168세대), 85m²(414세대)
직주근접	지하철로 CBD 87분, YBD 73분, GBD 93분	청약 경쟁률	11.9:1(3단지), 75.1:1(4단지)
지하철	수인분당선 인하대역 도보 12분, 학익역(예정) 도보 2분	분양가 (2021년 3월, 10월)	3룸 3.9억~4.2억 원
교통호재	• 수인분당선 학익역 개통 예정(2024년) • KTX 직결사업 2024년 예정(수인선 송도역~경부고속철도)	기타 호재	• 3기 신도시(계양) 개발 • 인천 뮤지엄파크 시티오씨엘 내 건립 예정
인근 아파트 대비 강점	• 신축 브랜드 대단지 • 학익역 인접 • 복합문화시설 다수 건립 예정	단점	인근 아파트 유사 평형대 다수

❹ 고라파덕90의 주목 Point!

시티오씨엘은 2025년까지 미추홀구에 주택 총 13,000가구와 학교, 공원, 업무, 상업, 문화시설을 미니 신도시급으로 조성 중인 단지이다. 이미 아파트와 오피스텔로 나눠서 총 3,774세대를 분양했으며 지역 전체의 분위기를 바꿔줄 곳으로 기대를 한 몸에 받고 있다. 대단지가 들어설 예정인 만큼 수인선 학익역 개통이나 KTX 직결 등 교통호재가 줄이어 기다리고 있으므로 2021년 당시의 4억 원 초반대 분양가는 앞으로도 충분히 합리적인 가격으로 남을 것이다.

미추홀구는 이제 더 이상 과거의 그 동네가 아니건만 여전히 인천 내에서도 송도나 청라, 검단에 비해서는 그 가치에 대한 의혹의 눈초리가 많다. 결국 시티오씨엘 대단지에 수요가 들어오려면 용현 · 학익 정비사업은 물론 2024년 완공 예정인 수인선 학익역과 경부고속철도를 연결하는 KTX 직결사업이 차질 없이 진행되어야만 할 것이다.

20 청라 한양수자인 디에스틴

서구

인천시 서구 청라동 94-1

❶ 입지

출처: 네이버 지도

❷ 주변 아파트 시세

단지명(입주년도)	시세
청라동 청라한양수자인레이크블루(2019년)	2021년 10월 전용면적 60m²(26평) 7.7억 원
청라동 청라푸르지오(2013년)	2021년 8월 전용면적 95m²(38평) 10억 원

❸ 입지 분석

총 평점	교통망	브랜드	연식	세대수	주차	전용 면적	직주 근접	교통 호재	분양가	청약 경쟁률
8.2/10	5/10	7/10	10/10	9/10	8/10	10/10	7/10	9/10	7/10	10/10

구분	분석	구분	분석
추천 이유	7호선 연장 및 각종 개발호재	준공	2026년 3월 입주 예정
브랜드(건설사)	한양수자인((주) 한양)	주차	세대당 1.2대
세대수	702세대(3룸) 총 3개 동	전용면적	3룸: 85m²
직주근접	공항철도 청라국제도시역 기준 CBD 48분, YBD 40분, GBD 79분	청약 경쟁률	39:1
지하철	–	분양가 (2021년 12월)	3룸 7.5억~7.6억 원
교통호재	• 7호선 청라시티타워역, 국제금융단지역 개통 예정(2027년) • 서울 2호선 청라 연장 추진 중	기타 호재	• 하나금융그룹 본사 이전 • 서울 아산병원 개원 • 청라시티타워 건설 중(2027년 완공 예정) • 스타필드, 코스트코 입점 예정
인근 아파트 대비 강점	• 인근 유사 평형대(25평) 아파트 부족 • 7호선 예정역 인접	단점	인천 공급물량 우려

❹ 고라파덕90의 주목 Point!

청라 한양수자인 디에스틴은 많은 교통 및 개발호재를 앞두고 있는 인천 청라지구의 대표적인 아파텔 단지이다. 청라지구는 하나금융그룹 이전과 서울 아산병원의 개원이 확정되어 대규모 인력 이동이 예상되며, 코스트코나 스타필드와 같은 대형 쇼핑몰도 입점을 앞두고 있다. 투자는 현재가 아닌 미래를 내다봐야 한다. 현재 청라지구의 교통이 불편하고 직장과 멀다고 해서 완전히 배제하기보다 인프라가 갖춰지기 전에 선점하려는 노력이 필요한 시점이다. 약 5년 뒤의 청라는 지금과는 완전히 달라져 있을 것이다.

다만, 2022년 서울과 경기도의 아파트 입주물량은 전년 대비 각각 35%, 4.5% 감소하지만 인천지역의 공급은 오히려 2배 가까이 증가한다. 상당 부분이 검단신도시의 입주물량이지만 결국 인천시가 이를 언제까지 소화할 수 있을지에 대해서는 의문이 남을 수 밖에 없다. 따라서 청라 한양수자인 디에스틴이 입주하는 2026년까지도 물량 이슈가 이어진다면 아무리 큰 호재도 도움이 되지 않는다는 점을 유의할 필요가 있다.

21 힐스테이트 송도 더 테라스

연수구 인천시 연수구 센트럴로 415

❶ 입지

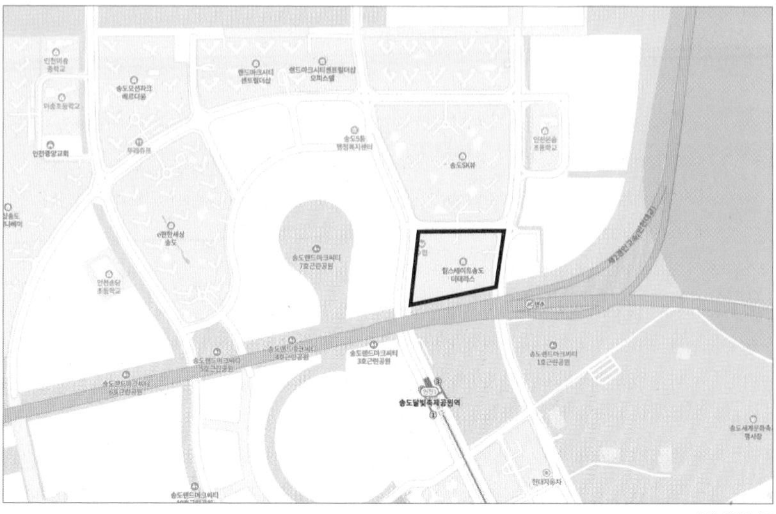

출처: 네이버 지도

❷ 주변 아파트 시세

단지명(입주년도)	시세
송도동 송도SK뷰(2019년)	2022년 4월 전용면적 85m²(34평) 9.1억 원
송도동 e편한세상송도(2018년)	2022년 4월 전용면적 70~71m²(28평) 8.8억 원

❸ 입지 분석

총 평점	교통망	브랜드	연식	세대수	주차	전용 면적	직주 근접	교통 호재	실거 래가	청약 경쟁률
8.5/10	7/10	10/10	9/10	10/10	8/10	10/10	5/10	6/10	10/10	10/10

구분	분석	구분	분석
추천 이유	• 초등학교 및 지하철 인접 • 전 세대 테라스 구조	준공	2020년 10월 입주
브랜드(건설사)	힐스테이트(현대건설)	주차	세대당 1.2대
세대수	2,784세대(3룸) 총 9개 동	전용면적	3룸: 84~85m^2(2,784세대)
직주근접	지하철로 CBD 88분, YBD 74분, GBD 95분	청약 경쟁률	35.5:1
지하철	인천 1호선 송도달빛축제공원역 도보 5분	실거래가 (2021년 12월)	3룸 5억 원
교통호재	GTX-B 인천대입구역 개통 예정	기타 호재	• 송도 6공구, 8공구 개발 • 롯데 송도몰 입점 예정(2025년) • 송도 바이오클러스터
인근 아파트 대비 강점	• 인근 유사 평형대(25평) 아파트 부족 • 지하철 인접	단점	높은 투자자 비중에 따른 가격 안정성 저하

❹ 고라파덕90의 주목 Point!

힐스테이트 송도 더 테라스는 송도 8공구 내 유일한 단독 오피스텔 대단지이며 지하철역과도 가장 가까워 분양 및 입주 당시에 많은 이슈가 되었던 곳이다. 또한 전 세대에 포함된 테라스는 폭은 다소 좁지만 바다나 호수, 공원 전망이 우수하고 프라이빗한 공간으로 사용하기에 유용하다.

그러나 입주장에서 실거주자보다 투자자가 월등히 많았고 이에 따라 조정장에서 매도압력이 강해질 수밖에 없었다. 실제로 3억~3.9억 원 수준이었던 분양가는 입주 후 단 7개월 만에 7.8억 원까지 급등했으나 다시 5억 원 미만으로 떨어졌으며 이러한 분위기는 한동안 지속될 수밖에 없을 것이다. 따라서 해당 단지의 매수를 고려한다면 입주 2년이 지나고 실거주 비과세 매물이 나오는 2022년 9월 이후를 노리는 것이 좋다.

무조건 오르는 아파텔 투자공식

무조건 오르는
아파텔 투자 공식

초판 발행 · 2022년 7월 29일

지은이 · 고라파덕90(공휘용)
발행인 · 이종원
발행처 · (주)도서출판 길벗
출판사 등록일 · 1990년 12월 24일
주소 · 서울시 마포구 월드컵로 10길 56(서교동)
대표 전화 · 02)332-0931 | **팩스** · 02)323-0586
홈페이지 · www.gilbut.co.kr | **이메일** · gilbut@gilbut.co.kr

책임편집 · 이재인(jlee@gilbut.co.kr)
마케팅 · 정경원, 김진영, 장세진, 김도현, 이승기
제작 · 이준호, 손일순, 이진혁 | **영업관리** · 김명자, 심선숙, 정경화
독자지원 · 윤정아, 최희창

교정교열 · 김동화 | **디자인 및 전산편집** · 섬세한 곰 김미성 | **CTP 출력 및 인쇄** · 예림인쇄 | **제본** · 예림바인딩

ISBN 979-11-407-0049-3 13320
(길벗도서번호 070489)

정가 18,000원

독자의 1초까지 아껴주는 정성 길벗출판사

길벗 | IT실용서, IT/일반 수험서, IT전문서, 경제실용서, 취미실용서, 건강실용서, 자녀교육서
더퀘스트 | 인문교양서, 비즈니스서
길벗이지톡 | 어학단행본, 어학수험서
길벗스쿨 | 국어학습서, 수학학습서, 유아학습서, 어학학습서, 어린이교양서, 교과서

고라파덕90
(공휘용)
지음

길벗

치열한 부동산 시장, 그 틈새를 찾아서

어린 시절 나는 덩치도 크지 않고 운동 신경도 뛰어나지 않아 반 대항 축구 시합을 할 때면 후보에도 끼지 못했다. 축구를 좋아했지만 실력이 부족해 어떻게 하면 내 경쟁력을 높일 수 있을지 고민했다. 나는 국민학생(당시에는 이렇게 불렀다) 때 점심시간이면 철봉 옆에 있던 모래 놀이터로 가 남몰래 '태클' 연습을 했다. 당시엔 태클을 전문으로 하는 수비수가 없었기에 나만의 가치를 높일 수 있는 매우 영리한 방법이었다. 우연히 후보 선수로 교체되어 친구들에게 처음 태클을 선보였던 날, 그들은 나를 정규멤버로 받아주었다. 친구들의 눈에는 태클을 하는 내가 특별해 보였으리라. 그렇게 나는 당당히 주전이 되었다.

내가 중학생이었을 때는 야구 열기가 한창이었다. 키는 조금 자랐지만 운동신경은 그대로였던 내게 또다시 시련이 찾아왔다. 중학교 2학년 때 반 대항 야구 시합이 열렸고, 역시 특별한 경쟁력이 없던 나는 후보를 면치 못했다. 나는 다른 사람들보다 1루를 더 많이 밟아야 기회가 찾아올 것이라 판단했고, 오랜 고민 끝에 해답을 찾았다. 바로 '번트'였다. 취미로 야구를 하는 중학생들이 수비를 제대로 할 리 만무했고, 매번 번트를 대고 1루에 나가는 나를 친구들은 기꺼이 1번 타자로 받아주었다. 심지어 이 기회를 통해 학교 대표로 나갈 만큼 여기서도 내 경쟁력을 찾을 수 있었다.

이렇듯 틈새시장은 어디에나 있다. 그리고 그 시장을 제대로 파악하면 남들과는 다른 경쟁력을 누구보다 먼저 확보할 수 있다. 나는 부동산 시장에서도 내 경쟁력을 발휘할 수 있는 곳을 찾았다. 바로 '아파텔'이다. 아파텔은 아파트에 비해 생소하게 느껴질 수도 있지만, 그 가치는 충분하다.

이 책은 신혼부부, 사회초년생, 1주택자, 무주택자 가릴 것 없이 아파텔 투자에 관심이 있는 이들에게 도움을 주고자 만들어졌다. 이 책을 통해 내가 처음 아파텔 매수를 결심했을 때 느꼈던 막막함과 조언을 구할 곳이 없어 동네 공인중개사를 찾아다녔던 답답함이 누군가에게는 되풀이되지 않길 바란다.

아파텔 시장은 아직 불모지나 다름없다. 어느 서점에서든 '아파텔'이라는 키워드로 검색되는 도서는 찾아볼 수 없다. '오피스텔'로 검색한 도서는 임대 수익만 언급할 뿐, 차익을 내는 부동산으로 거론하지 않는다. 그럼에도 시장이 이 정도로 성장했다는 것은 투자처로서 충분히 유망하다는 방증이 아닐까?

그런데 여전히 많은 사람이 아파텔 시장에 의혹의 눈초리를 보내고 있다. 아직도 오피스텔에 대한 각종 편견과 쉽게 마주한다. 오피스텔은 단순히 임대 수익을 내는 곳이고, 하락장이 오면 가장 먼저 영향을 받을 것이라 여긴다. 그러나 그들 중 대부분은 오피스텔과 아파텔의 차이를 명확히 알지 못한다.

《무조건 오르는 아파텔 투자 공식》은 아파텔 투자를 강요하거나 선동하기 위한 책이 아니다. 거주 및 투자 만족도가 높은 새로운 선택지로서의 아파텔을 자세히 알리고자 함이다.

이 책은 국내 최초의 아파텔 투자 서적이다. 따라서 이미 당신은 치열한 부동산 시장에서 낡고 고루한 편견과 작별하고 아파텔이라는 틈새시장을 새롭게 조망할 수 있는 기회를 얻은 것이다. 반드시 이 기회를 인생의 반전 포인트로 삼길 진심으로 바란다.

2022년 어느 날

고라파덕90(공휘용)

차례

PART 2

아파텔의 시대가 온다

PART 3

무조건 오르는 아파텔 투자의 8가지 필수 조건

PART 4

자산을 불리는 아파텔 투자의 정석

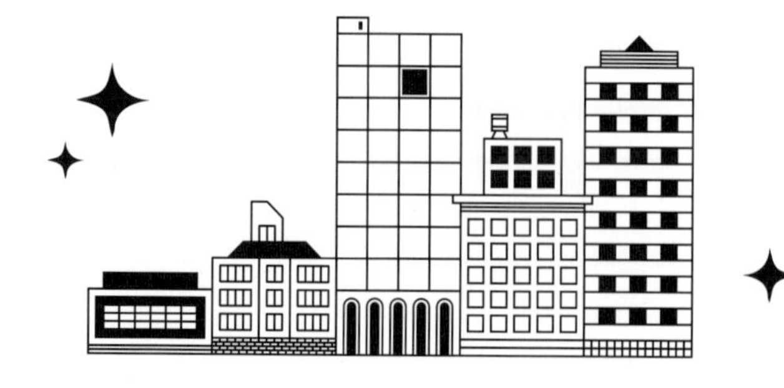

PART 5

부동산 전망과 아파텔의 미래

PART
1

아파텔로 2년 만에 순자산 10억 원을 만들다

01

신혼부부 전세난민

전세, 그 불행의 시작

신혼의 단꿈에 빠져 있던 2013년 초여름, 주말에 늦잠을 즐기다 막 깨어난 내게 아내가 이렇게 물었다.

"우리, 이대로 살아도 괜찮을까?"

그때 뭐라고 대답했는지 정확하게 기억나지 않는 걸 보면 그 순간을 그리 중요하게 생각하지 않았던 모양이다. 아마도 '우리가 뭐 어때서? 이 정도면 충분히 행복한 거 아닌가?'라고 생각하며 느긋하게 점심 식사를 즐기고 금주의 영화 개봉작을 검색했으리라.

적어도 그때의 나는 그랬다. 취업을 하기 위해 약 120개의 기업에 이력서를 넣었고, 당당하게 대기업에 입사해 8년 차 대리로 직장 생활을 하며 최소한 불행하다고 생각하지는 않았다. 게다가 나는 아내와 퇴근길에 들른 빵집에서 1개 남은 단팥빵을 보았을 때와 같이 작은 것에 느끼는 행복을 삶의 최우선 가치로 여겼다.

우리 부부는 2011년에 서울 끄트머리에서 신혼생활을 시작했다. 두 사람 모두 서울에서 쭉 살아왔던지라 다른 곳은 생각도 하지 않았다. 특히 본가가 송파구였기에 그 인근에서 신혼집을 물색했다. 양가 부모님의 도움 없이 예산에 맞는 집을 찾기란 결코 쉽지 않았다. 두 사람이 모아둔 돈에 대출을 받아 보태야 하는데, 그런 과정이 익숙하지 않아 매수는 아예 꿈도 꾸지 못했다.

결국 우리 부부는 거실 하나, 방 하나로 이루어진 17평 아파트를 전세로 계약했다. 공간은 협소했지만 대단지에 지하주차장도 갖추고 있었고 무엇보다 초역세권이어서 살기에 편리했다. 비록 전세였지만 도배, 페인트칠, 시트지 작업 등으로 정성껏 집을 꾸미고 달달한 신혼생활을 즐겼다. 그 작은 집에 10명이 넘는 손님을 초대해 여러 차례 집들이를 하기도 했다. 우리는 정해진 수입 내에서 알뜰하게 생활하며 매달 조금씩 대출 원금을 갚아나가는 것에 행복을 느끼는 지극히 순수하고 사랑스러운(?) 신혼부부였다.

그런데 그렇게 마냥 행복할 것만 같았던 우리의 신혼생활은 전세 재계약을 앞둔 2013년에 무참히 흔들렸다. 1억 5,000만 원의 전세 보증금을 2년 만에 2억 원으로 올려달라는 집주인의 연락을 받은 것이다. 2년 동안 조금씩 대출 원금을 줄여왔는데, 추가 대출을 받아 전세 보증금을 내야 한다니 한없이 답답했다. 그렇게까지하면서 이 집에서 살아야 하는지 회의감이 든 우리는 결국 이사를 결심했다.

곧 죽어도 국평, 84㎡

우리가 생각한 이사는 그리 진취적이거나 획기적인 방향은 아니었다. 우리의 목표는 추가 대출 없이 들어갈 수 있는 전셋집 구하기였으니까. 다만, 한 가지 옵션이 붙었다. '이왕 하는 이사! 우리도 국민 평수(84m^2)에 살아보자!'라는 것!

그날부터 우리 부부는 1억 5,000만 원으로 계약할 수 있는 국민 평수, 이른바 국평[1] 전세 검색에 몰두했다. 20평대로 적당히 넓혀 가는 방법도 있었지만 우리는 국평에 완전히 꽂혀 있었다. 거실 하나, 방 하나였던 첫 번째 신혼집에서 공간에 대한 갈증이 폭발하면서 생긴 부작용이 아니었나 싶다. 아이를 계획 중이던 우리 부부에게 큰 거실과 방 3개, 화장실 2개로 이루어진 30평대 집은 절대 깨지지 않을 행복을 보장해줄 것만 같았다.

물론 그 행복을 서울에서 누리는 것은 불가능했다. 하지만 전혀 개의치 않았다. 돌이켜 생각해보면 서울에서 나고 자라 그 소중함을 완전히 망각했던 것 같다. 나는 막무가내로 당시 회사가 있던 여

---

1 국평: '국민 평수'의 줄임말. 아파트 기준 33~34평(전용면적 81~85m^2)을 의미한다. 부양가족 수가 감소하고 85m^2 이상에 부과되는 농어촌 특별세를 피하기 위해 해당 평형의 수요가 증가함에 따라 국민 평수로 불리게 되었다.

의도와 멀지 않으면서 전세가가 저렴한 곳을 검색했고, 그 과정에서 1기 신도시 경기도 고양시 일산이 눈에 들어왔다. 아무런 연고도 없고, 한 번도 가본 적 없는 그곳이 그렇게 우리의 두 번째 보금자리 후보지가 되었다.

주말을 이용해 서울 외곽순환도로를 타고 일산 곳곳에 임장[2]을 다녔다. 하지만 전세 보증금이 1억 5,000만 원인 30평대 아파트를 찾기란 생각처럼 쉽지 않았다. 평수를 조금만 타협하면 다양한 선택지가 있었지만 우리 부부의 국평에 대한 열망은 쉽게 사그라들지 않았다.

결국 일산에서도 서울에서 거리가 더 먼 곳까지 알아보게 되었고, 마침내 일산서구 탄현동에서 그리 오래되지 않은, 10년 차 아파트를 찾아냈다. 역세권은 아니었지만 500만 원만 더 보태면 꿈에 그리던 국평 아파트에서 생활할 수 있다는 사실이 우리 부부를 흥분시켰다. 그 하나만으로도 다른 단점들은 모두 용서가 되었다.

그렇게 우리 부부는 한 치의 미련도 없이 서울을 떠나왔다. 어쩜 그렇게 뒤도 한 번 돌아보지 않았을까? 나는 주로 자가용으로 출근했고, 아내는 재택 프리랜서였기 때문에 서울과 조금 먼 입지는 사실 큰 문제가 되지 않았다. 우리는 이사를 하는 동시에 집 단장에 열을 올렸다. 첫 신혼집에는 놓지 못했던 식탁을 구입했고, 큰 거실에 어울리는 푹신한 카우치 소파도 들였다. 첫 번째 방은 드레스룸을

---

2 임장: 현장에 직접 가보는 부동산 활동. 부동산은 지역성과 부동성이라는 특성이 있으므로 직접 대상 부동산 혹은 그 인근 지역·유사 지역에 나가 조사·확인 등을 하는 활동이 필수적이다.

겸비한 침실로, 두 번째 방은 나의 웨이트 트레이닝룸으로 꾸몄다. 그리고 마지막 세 번째 방은 나중에 아이 방으로 쓸 생각에 푸릇한 연두색으로 도배해놓고, 아이가 태어나기 전까지 손님방 겸 창고로 사용했다.

이듬해 봄, 마침내 기다리던 아이가 찾아왔다. 우리 부부는 아이에게 '봄'이라는 태명을 지어주었고, 그해 겨울의 행복을 기다리며 설레는 시간을 보냈다. 그러나 그 행복은 오래 가지 않았다. 이번에도 재계약을 앞둔 시점에 집주인의 전화를 받게 된 것이다. 집주인은 사정이 있어 반전세로 돌릴 것이니 조건이 맞지 않으면 다른 집을 알아보라고 말했다. 당시 아이가 갓 100일을 넘긴 때여서 이사는 아예 생각조차 하지 않았고, 인근 전세 시세 또한 딱히 오르지 않았던 터라 당연히 재계약만 바라보고 있었기에 집주인의 전화는 그야말로 청천벽력과도 같았다. 집주인에게 사정도 해보고 월세를 조정하는 타협안을 제안하기도 했지만, 그쪽도 대안이 없었는지 너무나도 완고했다.

결국 그렇게 우리 가족은 두 번째 집과도 단 2년 만에 작별을 고해야 했다. 그토록 바라던 예산에 맞는 국평 아파트였기에 다른 조건들은 모두 포기하더라도 꽤 오래 행복하게 살 줄 알았는데, 전세살이의 현실은 생각과 너무나 달랐다. 아이를 위한 연두색 벽지가 무색해지는 순간이었다.

손익공유형 모기지론의 함정

우리 가족은 다시 부동산 시장에 내던져졌다. 아이가 있는 만큼 이제는 더 이상 전셋집을 떠돌고 싶지 않았다. 계약 때와 2년 뒤가 다른 집주인들을 믿을 수 없었다. 이왕 이렇게 되었으니 아이를 키우기 좋고 오래 거주할 수 있는 안정적인 내 집이 필요하다는 생각이 들었고, 집과 지하주차장이 바로 연결되는 신축 아파트가 마음을 끌어당겼다. 나는 아내를 졸라 주변 동네를 샅샅이 뒤지기 시작했다.

그리 멀지 않은 곳에 내가 찾던 아파트가 있었다. 2기 신도시 파주 운정지구 초입의 아파트였는데, 주말에도 문을 여는 소아과가 가까이에 있는 것이 마음에 들었다. 아내가 좋아하는 스타벅스와 대형 할인점도 가까이에 있었다. 무엇보다 지은 지 2년밖에 안 된 새 아파트라는 점이 가장 마음에 들었다. 지하철역은 멀었지만 단지에서 바로 제2자유로를 탈 수 있어 출퇴근도 용이했다. 역세권 아파트보다 시세가 낮아 더할 나위 없이 좋은 조건이었다.

다만, 여전히 대출이 문제였다. 그 당시 나는 빚지는 것을 끔찍하게 싫어했는데, 전세가 아닌 매매였기에 금리가 낮은 상품을 찾는 것이 더욱 어려웠다. 그러던 중 수소문 끝에 겨우 찾은 상품이 바로 정부에서 보조하는 '손익공유형 모기지론'[3]이었다.

---

3 공유형 모기지론: 주택 구입 자금을 지원하는 정부의 대출 상품 중 하나. 금리가 1~2% 대로 낮으며 수익공유형과 손익공유형으로 나뉜다. 주택을 팔거나 대출 만기 때 주택가격의 등락에 따른 손실이나 이익을 금융기관이나 국민주택기금과 나누기 때문에 '공유형'이란 이름이 붙었다.

손익공유형 모기지론은 참 신기한 상품이었다. LTV[4] 60%가 가능했음에도 거치식이어서 원금을 갚지 않아도 됐고, 1%의 고정금리로 최대 5년(5~30년까지는 고정금리 2%)을 보장받을 수 있었으며 만기도 30년으로 충분히 길었다. 또한 매도 시점에 집값이 떨어지더라도 해당 LTV 비중만큼 은행이 손해를 보전해주는 방식이어서 부담도 없었다. 물론 손해뿐 아니라 수익을 내는 경우에도 은행과 공유해야 했지만 그런 조항은 눈에 들어오지도 않았다. 빚지는 것을 끔찍하게도 싫어했던 나에게 구세주와 같은 존재였다고 할까?

허무하게도 나는 이렇게 신축 아파트를 덜컥 매수함으로써 신혼부부 특별공급의 기회를 날려버렸다. 부동산 정책에 무지했을 뿐만 아니라 알아볼 생각도 없었다. 진급과 동시에 바빠진 회사 일에 집중하고 퇴근 후에는 어린 아들과 놀아주기에도 하루라는 시간은 턱없이 짧았다.

결과적으로 이 아파트는 이른바 경기도 수용성(수원 · 용인 · 성남) 지역이 가파르게 상승한 5년 동안 겨우 3,000만 원의 수익만을 가져다주었다. 그마저도 매도 시점에 은행에서 LTV 40%만큼인 1,200만 원을 가져갔고, 취득세와 중개수수료를 빼니 사실상 남는 것이 없었다. 그렇게 나의 결혼 후 10년은 허무하게 흘러갔다.

여러분은 지금까지 이야기한 나의 부동산 투자담에서 몇 가지 실수를 눈치 챘는가? 일련의 과정에서 모든 문제점을 발견했다면

---

4 LTVLoan To Value ratio: 주택을 담보로 돈을 빌릴 때 인정되는 자산가치의 비율. 즉 4억 원의 주택을 담보로 돈을 빌릴 때 LTV가 40%이면 최대 대출액은 1억 6,000만 원(4억 원×0.4)이 된다.

부동산 투자의 승자가 되기 위한 기본 소양을 이미 갖추었다고 할 수 있다. 나의 투자담에는 부동산 초보자가 흔히 저지르는 실패 요소가 모두 녹아 있다. 전세로 살았고, 계속해서 상대적인 하급지로 이동했다. 또한 기껏 매수를 한 아파트는 특별공급 기회를 날려버렸을 뿐만 아니라 대기 수요도 없었다. 정말 실소를 금하기 어렵다.

투자에 익숙해진 지금에야 보이는 몇 가지 사실들이 있다. 우선 전세로 산 것은 내 돈을 집주인의 레버리지[5]를 위해 갖다 바친 셈이고, 자연스러운 인플레이션 방어조차 되지 않는 최악의 선택이었다. 게다가 당장 살기 편한 곳이 아니라 나중에 더 좋아질 곳, 수요가 끊이지 않는 곳을 매수해야 한다는 것을 뼈아픈 경험을 통해 체득할 수 있었다. 지금은 너무나 당연하게 여겨지는 사실들이 그때는 왜 보이지 않았을까?

5 레버리지Leverage: 지렛대라는 뜻으로, 모자란 돈을 빌려 투자해 수익률을 극대화시키는 투자 방법을 말한다. 차입금 등 타인자본을 지렛대 삼아 자기자본 이익률을 높이는 것을 레버리지 효과(지렛대 효과)라 한다.

02

MBA와 외벌이 육아휴직

MBA가 가져다준 것

10년은 참 긴 시간이다. 그 긴 시간을 허투루 날려버린 내가 단 2년 만에 2억 원이 채 되지 않는 돈으로 순자산 10억 원을 만들었다. 어떻게 이게 가능했을까?

당시 나는 파주 운정지구 아파트를 매수하고 장기간 거주하기로 결정한 만큼 이제 우리 가족의 행복을 깰 사건은 없으리라 생각했다. 마침 그 시점에 회사에서 경영대학원(MBA) 과정에 대한 제의가 있었고, 일 욕심이 많았던 나는 조금의 망설임도 없이 그 제의를 받아들였다. 매주 금요일과 주말에 걸쳐 약 1년간 진행되는 과정이었기에 깊이 고민해야 했지만 내 가치를 높이는 일이라 생각했고, 다른 선택지가 없을 것 같았다. 나의 성공이 우리 가족에게 행복을 가져다줄 것이라고 믿었으니까.

그렇게 회사와 집 그리고 100km 이상 떨어진 연수원을 넘나들다보니 개인 시간은 고사하고 아이 얼굴도 보기 어려웠다. 밀린 일 때문에 월요일부터 목요일까지 하루도 빠짐없이 야근을 해야 했고, 목요일 퇴근과 동시에 바로 연수원으로 이동해 과제를 하고 금요일과 토요일에는 수업을 들었다. 토요일 밤에 집으로 돌아오면 월요일 출근 전까지 시험 준비를 하는 일상이 반복되었다.

하지만 무엇이 문제겠는가! 그 당시 나는 충분히 잘살고 있다고 생각했다. 아내 혼자 아이를 돌보는 시간이 길어졌지만 내가 성공해야 가족이 행복할 수 있고, 그러려면 내가 더 바빠져야 한다고 생각했다. 하지만 이 모든 게 나만의 착각이었다는 사실을 깨닫기까지는 오랜 시간이 걸리지 않았다.

아내는 이 시기에 스트레스와 소화 불량을 자주 호소했다. 아이가 어려 보육시설에 보내지 않았기에 온종일 아이를 돌보는 것이 너무 힘들다고 토로했다. 하지만 나는 몇 개월만 더 고생하자며 고집을 꺾지 않았다. 그런 아내와 아이에게 내가 해줄 수 있는 것이라고는 눈이 내리던 날 연수원에서 만든 작은 눈사람을 사진으로 찍어 보내고 그것을 배경으로 영상통화를 하는 것뿐이었다. 그마저도 쉬는 시간에 급하게 만든 것인데, 이제와 밝히지만 사실 누군가가 만들어놓은 눈사람에 내가 눈과 팔 그리고 낙엽으로 머리카락만 붙인 것이었다. 이 작은 노력에도 가족들은 환하게 웃어주었다.

하지만 안타깝게도 아내는 빠르게 지쳐갔고 눈에 띄게 핼쑥해졌다. 특히 속이 불편하다는 말을 자주 했는데, 잠시 아이를 돌봐줄 사람이 없어 마음 편히 병원 한 번 가지 못했다. 나 또한 아이를 봐줄 수 없는 상황이어서 별 대책 없이 빨리 병원부터 가보라는 말만 수차례 반복했다.

아내는 몇 개월이 지나 방문한 병원에서 '장상피화생'이라는 병을 진단받았다. 위벽이 위암 직전 상태로 딱딱해져 심각한 수준이었다. 가족력도 있었지만 무엇보다 지속적인 스트레스가 원인이었다. 제대로 챙기지 못한 내 잘못이 컸다. 하루라도 휴가를 내 아내가 병원에 다녀올 수 있게 해야 했건만, 그 당시 나에겐 밀린 일보다 더 중요한 건 없었다.

왜 내 집만 빼고 오르는 걸까

2017~2018년 부동산 시장은 각종 규제에도 불구하고 가파른 상승세를 보였다. 특히 수용성 지역의 집값이 빠르게 올랐다. 아내의 친구들은 대부분 그 동네에 살았는데, 다들 비슷한 시기에 집을 매수했지만 우리 집값만 제자리걸음이었다. 당연히 상대적 박탈감이 생길 수밖에 없었다. 아내는 이 상황에 대해 나와 대화를 나누고 싶어 했지만 나는 그런 아내의 태도가 늘 불만이었다. 마치 우리의 행복을 부정당하는 기분이었다.

사실 아내가 나와 대화를 하고 싶었던 것은 단지 불만을 털어놓고자 함이 아니었다. 우리도 장기적인 계획을 세워 재테크를 해보자는 의도였는데, MBA 수업을 듣고 있던 나는 내가 경제 분야에서는 한 수 위라고 생각했다. 또한 이미 고정금리 1%의 대출을 받은 상태라 더 빚을 지는 것이 탐탁지 않았다. 기껏 시간을 내 만든 자리에서도 대화는 길게 이어지지 못했고, 갈등은 아내의 병과 함께 점점 더 깊어져만 갔다.

최근 집값 상승으로 부부간 불화를 호소하는 가정이 많다. 많은 분이 개인사라 그런지 답글보다는 쪽지로 어려움을 털어놓곤 한다. 남편이 주로 생계를 책임지는 경우가 많은데 부동산 투자에는 관심이 없어 아내들이 답답한 마음에 사연을 보내는 경우가 대부분이다. 혼자 집을 알아볼까 하다가도 어차피 회사를 다니는 남편의 명의로 대출을 받아야 하기 때문에 함께 다녀야 하는데 그게 잘 안 된다는 것이다.

우선 이 분야의 선배(?)로서 해주고 싶은 말이 있다. 남편 입장에서 생각한다면 회사생활도 힘든데 주말에 또 다른 분야를 챙긴다는 것이 쉽지만은 않다. 게다가 회사에 익숙해지면 매달 나오는 월급에 물들어 큰돈을 투자하는 게 부담스러운 것이 사실이다. 한편으로는 '아내가 투자를 도맡아 해주고 어느 날 수익을 떡하니 가져다주면 얼마나 좋을까?' 하고 생각하는 남편들도 있을 것이다.

게다가 부동산 상승기라면 모를까, 하락기나 보합세에 이르면 부동산에 부정적일 수밖에 없다. 상승기에는 한 번씩 알아볼까 하다가도 잠깐 오른 주식장의 빨간 불에 '그래! 주식이나 하자!' 하며 잊어버리고, 하락장이 오면 "내가 이럴 줄 알았어! 내가 집 사지 말라고 했잖아"라고 말하는 선배들의 말에 그저 고개를 끄덕인다.

한편, 아내 입장에서도 부동산 투자는 참 어렵다. 전문가가 아니고서야 매수와 매도를 진행해본 경험이 많지 않을 것이고 평소 식비, 학원비, 여행비 정도의 지출만 하다 부동산 투자라는 큰 지출 앞에서 선뜻 용기를 내기가 쉽지 않다. '지금 샀다가 떨어지면 어떡하지?'라는 불안감도 엄청날 테고, 주변에서도 지금은 때가 아니라며 사지 말라고 만류하는 경우가 많다.

그래서 부동산 투자는 항상 부부가 함께 결정해야 한다. 그래야 잘되든 못되든 싸울 일이 줄어든다. 어차피 부동산 시장은 영원한 상승도, 하락도 없다. 장기적인 우상향을 예상한다면 그 굴곡 때마다 다투기보다 한 배를 탄 선원의 마음으로 동참해보는 것이 어떨까?

집을 매수하기로 하고 계약서에 도장을 찍기 직전에 배우자가 멱살을 잡고 본인을 끌어낸 게 아니라면 절대 상대를 원망해서는 안 된다. 당시 매수하지 못한 것은 자신의 의지와 확신이 부족했기 때문이지 배우자가 반대해서가 아님을 명심해야 한다.

은퇴를 체험하다

길었던 MBA 과정이 끝난 뒤 나는 비로소 일상으로 돌아올 수 있었다. 하지만 살림살이는 나아지지 않았다. 제대로 돌봐주지 못한 동안 불쑥 커버린 아들에게 들어가는 돈은 갈수록 늘어났고, 외벌이로 저축을 하는 것도 한계가 있었다. MBA 수료와 동시에 가치가 급상승해 여기저기에서 나를 애타게 찾을 것이란 생각은 나만의 착각이었다. 업무는 잔뜩 밀려 있었고 아내의 치료도 신경 써야 했다.

그러던 2019년 늦여름, 개인적인 일로 육아휴직을 선택해야만 하는 상황까지 발생했다. 나 아니면 생계를 유지할 방법이 없었는데, 무슨 용기가 난 건지 과감하게 휴직을 신청했다. 다행히 회사에서는 내 사정을 이해해주었다. 하지만 수입 없이 1년을 버텨야 하는 고난이 기다리고 있다는 사실을 생각하면 머리가 지끈거렸다. 자산이라고는 운정의 아파트 한 채가 전부였던 나는 어떻게든 돈을 벌 방법을 찾아야만 했다.

여러분은 은퇴 후 자신의 모습을 상상해본 적 있는가? 노후 준비를 철저하게 해두었다면 느지막이 일어나 커피 한잔에 잘 데운 크루아상을 먹고, 1시간 정도 러닝을 한 뒤 조간신문을 읽는 모습을 떠올렸을지도 모른다. 하지만 대부분의 직장인은 그러한 현실이 와닿지 않을 것이다. 나는 은퇴 후 일상을 무일푼 외벌이 육아휴직을 통해 미리 경험해보았다. 한마디로 말하면 '지옥'이었다.

당장 아이의 유치원 학비를 내야 했기에 중고장터 당근마켓에 아내가 아끼는 식기 세트부터 옷, 아이의 동화책, 장난감 등 돈이 되는 것이라면 닥치는 대로 내다 팔았다. 리클라이너 소파를 판매할 때는 용달비가 아까워 포터 트럭에 직접 실어 구매자에게 배달해주기도 했다. 택배로 발송한 1만 원짜리 미니 뚝배기가 파손되어 환불 처리를 해주었을 때는 세상이 무너지는 듯한 기분이었다. 이 과정에서 상품의 가치를 높이기 위해 묵은 때를 제거해주는 매직블럭을 몇 개나 구매했는지 기억도 나지 않는다. 우습고 슬프게도 당근마켓

애플리케이션에서 지역 판매왕이라는 타이틀을 받기도 했다. 그만큼 나는 매일 집 안의 세간을 판매하는 데 여념이 없었다.

하지만 계속 물건들을 내다 팔 수는 없었다. 팔 수 있는 물건은 한계가 있었고, 아무리 허리띠를 졸라매봤자 매달 써야 하는 돈은 정해져 있었다. 아내가 일을 할 수 없는 상황이었기에 나는 아르바이트로 학원버스 기사 일을 하기도 했다. 육아휴직 기간에는 한 주간 일할 수 있는 시간이 법적으로 제한되어 있어 적합한 일자리를 찾는 것이 결코 쉽지 않았다. 대부분 장기간 일할 사람을 구해 퇴짜를 맞기 일쑤였다. 다행히 오랜 기간 운전한 경력을 인정받아 짧게 일할 수 있는 곳을 찾았지만, 그마저도 얼마 지나지 않아 코로나19 사태로 문을 닫아 다시 수입 없는 삶이 시작되었다. 살아도 사는 게 아닌, 지옥 같은 날들이 이어졌다.

그 당시 동물을 소재로 한 유튜브 크리에이터가 인기여서 사막여우를 입양해볼까 하는 생각에 곳곳을 수소문해보기도 했고, 아이와 함께하는 외벌이 짠돌이 육아휴직을 콘텐츠로 활동을 해보면 어떨까 싶어 인근의 무료 양궁 체험장을 찾아 영상을 찍어보기도 했다. 부족한 돈을 메우고자 당시에 의미 없던 청약통장을 해지할까 고민하기도 했고, 결혼 예물을 조금이라도 비싼 값에 팔기 위해 10군데가 넘는 금은방을 방문하기도 했다. 하지만 그 어떤 노력도 막막한 1년을 채우기에는 역부족이었다.

2020년 3월에는 코로나19로 전국이 뒤숭숭했고 대출로만 살아가기에는 미래가 보이지 않았다. 주가는 폭락했고 이러다 나라가 망할 것이라는 흉흉한 소문도 돌았다. 중간에 복직을 할 수도 없는 막막한 상황에서 뉴스 하나가 눈에 들어왔다. 바로 미국의 코로나19 팬데믹 사태에 대한 대응 관련 뉴스였는데, 경기부양을 위해 약 1,000조 달러를 시중에 유통시킨다는 내용이었다. 나는 뉴스를 본 뒤 마치 무언가에 홀린 사람처럼 아내에게 이렇게 말했다.

"돈을 빌려서라도 당장 투자해야겠어. 지금이 바로 이사갈 타이밍이야."

우리 가족을 괴롭혔던 MBA 과정에서 익혔던 '유동성이 증가하면 자산의 가치가 빠르게 오른다'라는 경제 지식이 빛을 발하는 순간이었다.

궁해야 보인다

그동안 여러 상황에 매몰되어 알지 못했던 것들을 갑자기 발견하기라도 한 듯 나는 급속도로 재테크 공부에 빠져들었다. 미국의 경기부양 기사를 샅샅이 뒤졌고, 도서관에서 부동산 관련 책을 빌려와 하루에 3권씩 꼬박꼬박 읽었다. 로버트 기요사키의 《부자 아빠 가난한 아빠》와 같은 베스트셀러부터 알려지지 않은 작가가 쓴 책은 물론, 재테크 관련 용어 서적까지 분야를 가리지 않고 읽고 또 읽었다. 이해가 되지 않는 내용은 유튜브나 인터넷 검색을 통해 즉시 확인했다. 시간이 흐를수록 백지와 같았던 내 머리에 부동산 용어, 유망 투자 지역, 교통호재와 같은 정보들이 차곡차곡 쌓이는 기분이 들었다.

나는 운정 아파트를 매물로 내놓은 뒤 교통호재가 있는 인근 지역을 찾아다니기 시작했다. 하지만 부동산 시장은 불황이었고, 코로나19 이슈까지 겹쳐 매물이 거의 없었을 뿐만 아니라 대부분의 사람이 누군가를 집 안에 들이는 것을 끔찍하게 싫어했다. 경기도 고양시의 한 아파트를 임장하러 방문했을 때 인터폰으로 세입자의 심한 욕설을 들은 적도 있다. 모르는 사람은 바이러스 덩어리로 여겼던 시절이었기에 이해가 되지 않는 것은 아니었지만, 그럴수록 내 오기는 더욱 커졌다. 시중에 화폐가 급격히 늘어나는 만큼 이 시기를 놓치면 내겐 더 이상 기회가 없을 것이라는 판단 때문이었다.

책을 읽고 뉴스를 찾아보면서 전세가 더 이상 대안이 아님을 알게 되었다. 나는 오를 만한 부동산을 사면서도 3기 신도시 청약을 함께 고려하고 싶었다. 그러려면 무주택 자격이 필수였다. 도저히 한 번에 잡을 수 없을 것 같았던 두 마리 토끼를 이번 기회에 반드시 잡고 싶었고, 이 과정에서 처음 오피스텔 투자에 대한 정보를 얻게 되었다.

아파트 청약 시 오피스텔은 몇 채를 보유하고 있어도 무주택으로 간주되어 가점을 쌓을 수 있다는 사실을 알고 있는가? 신혼부부들이 특별공급을 위해 불편을 감수하고 전세나 월세를 전전하고 있지만 오피스텔은 얼마든지 매수하더라도 청약 점수를 그대로 유지할 수 있다는 사실을 알려주는 곳은 많지 않다.

실제로 내가 한창 집을 알아보러 다닐 때, 오피스텔 대단지 1층에 있는 공인중개사조차 이러한 사실을 모르고 있는 경우가 허다했다. 검색한 내용을 직접 보여드려도 돌아오는 답은 대부분 "그럴 리

없어요", "잘못 알고 계신 것 같아요"였다.

이에 대한 내용은 멀리서 찾아볼 필요도 없다. 청약홈 홈페이지(www.applyhome.co.kr)에 접속해 '자주 묻는 질문'에 '오피스텔'이라는 키워드를 검색해보면 '오피스텔은 소유하더라도 주택을 소유한 것으로 보지 않습니다. 따라서 오피스텔(주거용 또는 업무용을 구분하지 아니함)을 여러 채 가지고 있더라도 무주택자로 간주합니다'라는 문구를 확인할 수 있다. 몰라서 투자를 하지 못하는 사례라 더욱 안타깝다.

청약홈 검색 내용

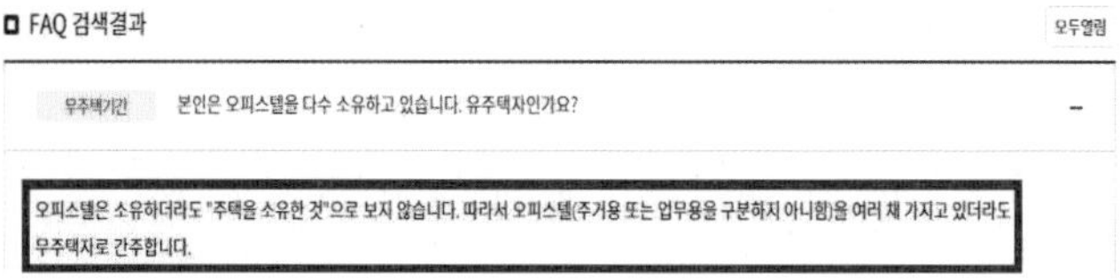

FAQ 검색결과 오두열림

무주택기간 본인은 오피스텔을 다수 소유하고 있습니다. 유주택자인가요? –

오피스텔은 소유하더라도 "주택을 소유한 것"으로 보지 않습니다. 따라서 오피스텔(주거용 또는 업무용을 구분하지 아니함)을 여러 채 가지고 있더라도 무주택자로 간주합니다.

출처: 청약홈

오피스텔은 아파트와 달리 '주택법'이 아닌 '건축법'의 영향을 받기 때문인데, 이러한 차이가 이후 내 투자의 근간을 마련해주었다. 지금은 여기저기에서 오피스텔의 장단점과 투자 방안을 알려주는 정보를 손쉽게 얻을 수 있지만, 그 당시에는 일목요연하게 정리된 정보를 쉽게 찾을 수 없었다.

나는 어릴 때부터 틈새시장, 소위 블루오션에 관심이 많았다. 초등학생 때는 점심시간에 신문 배달을 해 용돈을 벌었고, 고등학생 때는 가격 비교 사이트가 없던 당시의 상황을 고려해 대량으로 워

크맨과 CD플레이어를 사들인 뒤 PC통신을 통해 더 비싼 값에 되팔기도 했다. 대학생 때는 공연 초대권을 구입해 동아리 친구들에게 판매한 적도 있다. 이런 기질이 부동산 투자에서도 발휘된 것이 아닐까?

3기 신도시 청약을 위해 오피스텔을 다음 행선지로 굳힌 만큼 입지를 중요하게 생각해야 했다. 5년간 수익이 거의 없었던 운정 아파트의 사례를 반복하지 않으려면 저평가되어 있고 오를 만한 곳을 선택해야 했다. 아이를 마음 편히 키울 수 있도록 최소한 방 3개, 화장실 2개가 갖추어져 있어야 했고 초등학교가 가까이에 있어야 했다.

우선 아이 손을 잡고 동네를 가리지 않고 수도권 전역을 돌아다녔다. 공인중개사와 약속을 잡고 일정을 수정하고 방문 후에 리스트를 지우는 일상이 반복되었다. 지겨워서 보채는 아이를 달래고자 산 젤리가 몇 개인지 셀 수조차 없다. 그렇게 시간을 보내는 동안 나도 모르게 오피스텔을 보는 눈이 길러지고 있었다.

03

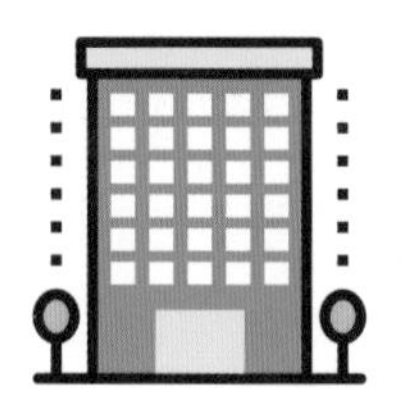

2년 만에 순자산 10억 원

나의 첫 번째 아파텔

그럼에도 불구하고 나의 투자 경험은 여전히 일천했기에 막상 매수를 할 생각을 하니 참으로 막막했다. 시세 차익을 낼 수 있는 오피스텔 관련 서적은 아무리 뒤져도 찾을 수가 없었다. 그래서 몇 가지 리스트에서 나만의 조건을 선별하기 시작했다.

첫째는 서울 중심부로 가는 지하철역이 가까울 것, 둘째는 초등학교가 가까울 것, 셋째는 대형 병원과 쇼핑몰 등 생활 편의성이 뛰어날 것이었다. 처음으로 내가 필요한 조건보다 다수의 수요가 몰릴 곳을 고민한 결과였다.

그렇게 고심 끝에 선별한 곳은 서울과 인접한 경기도 인근의 한 아파텔이었다. 대규모 신축 브랜드 단지이면서 지하철역이 매우 가까웠고, 초등학교가 근처에 있어 아이를 등교시키기에도 용이했다. 대형 병원과 쇼핑몰도 지척이어서 생활 편의성 역시 높았다. 교통 호재도 예정되어 있었고, 곧 방송국도 들어설 예정이었다. 그럼에도 시세는 생각만큼 높지 않았다. 인근 아파트와 비교했을 때 매우 저평가되어 있었다. 무엇보다 공급이 크게 늘어날 수 없는 부지라는 점이 마음에 들었다.

나는 그곳을 처음 본 날 가계약금을 입금했다. 운정 아파트를 매도하지도 않은 채 과감하게 매수부터 서두른 것인데, 순서가 이게 맞는지 한참을 고민했던 기억이 난다. 이제 이사를 하려면 3개월밖에 남지 않았기에 원래 집을 서둘러 매도해야 했다.

동네 공인중개사에 집을 내놓는 동시에 지역 카페와 각종 애플리케이션에 직거래 글을 올렸다. 하지만 코로나19로 인해 거래량이 급감해 집을 보러오는 사람은 극히 드물었고, 시간이 흐를수록 불안감이 점점 커져갔다. 피가 바짝바짝 마르는 아찔한 경험이었다.

집을 빨리 팔고 싶으면 신발장에 가위를 넣어두라는 미신이 있다. 그 당시 나는 지푸라기라도 잡고 싶은 심정이었기에 제초할 때 쓰는 초대형 가위를 구입해 신발장에 몰래 넣어두었다. 지역 카페에 올린 직거래 글을 보고 방문한 부부가 조금만 깎아달라고 요청했을 때 마음이 흔들리기도 했지만 손익공유형 모기지론을 통해 대출을 받은 터라 손해를 보고 싶지는 않아 거절했다.

대출은 새로운 걸림돌이었다. 다행히 기존에 아파트담보대출이 있어도 오피스텔은 추가로 담보대출이 가능했고, 규제지역이더라도 LTV 70%가 적용됐기 때문에 한도가 높은 편이었다. 다만, 금리가 낮았던 시절이어서 금융사마다 차이가 컸고 변동형이냐 고정형이냐에 따른 편차가 있었다. 만기나 중도 상환 수수료 등도 상품별로 다양해 꼼꼼하게 비교해야 했다.

오랜 고민 끝에 삼성생명의 변동형 금리 거치식 대출을 신청한 뒤 승인을 기다렸다. 그러던 중 동일 보험사의 대출 상품 소개 전화를 오해해 너무 놀란 나머지 당장 끊으라고 소리를 질렀던 적도 있다. 회사만 같을 뿐 단순히 대출을 홍보하는 전화였는데, 당연히 대출 승인 여부를 공지하는 전화인 줄 알고 개인정보를 알려줬다가 대출이 불가하다는 회신을 받고 크게 당황한 것이다. 하필 그날 대출 상담사를 통해 승인 연락이 갈 테니 삼성생명에서 오는 전화는 꼭 받으라는 이야기를 들었던 터라 발생한 에피소드였다. 그 당시에는 그만큼 절박한 심정이었다.

다행히 얼마 지나지 않아 운정 아파트는 갓 결혼한 신혼부부와 매수 계약을 했고, 편한 마음으로 6월의 이사를 기다릴 수 있었다. 다만, 평수를 좁혀 가는 것인 만큼 가전, 가구 등을 정리해야 했는데 다량의 중고 물품을 판매했던 경험을 살려 김치냉장고와 수납장의 묵은 때를 잘 닦아 내놓았더니 시세보다 비싼 값에 판매되었다.

6월 마지막 날의 이사는 아침부터 더없이 분주했다. 새로 입주할 오피스텔에 시스템 에어컨이 설치되어 있어 그동안 사용했던 에어컨을 이삿날에 떼자마자 팔아야 했고, 블라인드가 이 단지가 아니면 맞지 않는 사이즈여서 해당 평형의 입주민을 급하게 찾느라 정신이 하나도 없었다.

또한 손익공유형 모기지론 상환도 챙겨야 했다. 아파트 잔금을 마무리짓고 떠나기 전에 법무사를 대동하고 은행에 방문해 현재 가치와 매수가를 비교한 뒤 수익을 6:4로 나누는 과정을 진행했는데, 5년간 기껏 오른 3,000만 원을 분배하는 과정에서 나오는 한숨을 참기 어려웠다. 다음번 계약에서는 반드시 크게 웃으리라 다짐했다.

이제 이사 갈 곳의 집주인이 나오는 시간에 맞춰 잔금을 치르는 일만 남았는데 매수자에게 넘겨줄 안방 열쇠와 인계 품목 등을 찾지 못해 시간이 지연되었다. 공인중개사가 미리 언급해줬으면 더 좋았을 테지만 무엇보다 경험이 없었던 내 잘못이 컸다. 그야말로 총체적 난국이었다.

겨우 시간에 맞춰 오피스텔 잔금을 치르고 전입신고까지 완료한 뒤 근처 대형 쇼핑몰에서 급하게 늦은 점심을 먹었다. 신경 쓸 것이 많아 배가 고픈 줄도 모르고 있다가 아이가 건네준 순대 한 조각을 먹자 비로소 제대로 된 내 집이 생겼다는 안도감이 들었다. 이제야 누구나 원하는 곳에 집을 구했다는 생각에 자신감도 생겼다.

매일매일 '줍줍'

그때부터 본격적으로 투자를 시작했다. 어차피 아파트를 매수한 적이 있어 무주택자 점수도 사라졌고, 아이도 하나여서 청약 점수는 턱없이 낮았다. 되지도 않을 아파트 청약에 계속 도전하는 것보다 입지가 좋은 오피스텔을 더 찾아보는 것이 훨씬 유리하다고 생각했다.

아이를 유치원에 보낸 뒤 낮에는 주로 임장을 다녔고, 저녁에는 관련 서적을 읽고 대출 상품을 검색하고 네이버 부동산 카페에 글을 올렸다. 임장 타깃은 코로나19가 잠시 잠잠해진 시점에 분양을 시작한 오피스텔이었는데, 수도권 광역교통망에 관심이 많던 나는 특히 GTX 인근 지역을 눈여겨보았다. GTX-A가 성공적인 결과를 가져온 만큼 B와 C에도 분명 훈풍이 불어올 것이라 생각했다. 당시 GTX-A는 대체 언제 개통되느냐는 부정적인 여론이 서서히 잦아드는 분위기였지만 여전히 경제 상황과 사회 분위기는 순탄치 않았고, 주식시장도 신통치 않았다. 그럼에도 나는 몸을 사리는 분위기가 결국 기회가 되리라는 확신이 들었다.

다만, 수익이 없던 내게 추가 대출은 필수였다. 다행히 코로나19의 영향으로 경기 활성화를 위한 저금리 기조가 본격적으로 진행 중이었고, 은행에서도 개인 신용대출에 적극적이었다. 하지만 이 과정도 순조롭지만은 않았는데, 육아휴직 중인 내 상태가 문제였다. 다행히 재직 중일 때의 근로소득 원천징수 영수증을 통해 소득을 증명한 뒤 추가로 약 1억 원의 현금을 확보할 수 있었다.

처음 추가로 투자한 곳은 GTX-B 예정역에 위치한 도보권 2룸 오피스텔이었다. 전매가 무제한이었고 대단지에 테라스가 있는 브랜드 오피스텔이어서 충분히 투자가치가 있다고 판단했다. 유동 인구가 많고 직주근접한 부분도 강점이었다. 하지만 비슷한 생각을 한 경쟁자들이 몰려서인지 내 이름과 아내의 이름으로 넣었던 청약에서 보기 좋게 떨어졌다. 미계약분에 대한 이른바 '줍줍'[6] 기회만 남아 있는 상황이었다.

줍줍은 오전 8시 입금분부터 선착순으로 진행되었는데 육아휴직 중인 나는 다행히도 남는 시간에 미리 마음과 몸의 준비를 해둔 덕에 2룸과 2룸+테라스 세대를 내 이름과 아내의 이름으로 얻을 수 있었다. 해당 물건은 계약금 10%만 있으면 중도금대출을 통해 계약을 진행할 수 있어 큰 부담 없이 투자했고, 결국 1년 반 정도가 지난 현재 시점에 충분히 프리미엄이 붙어 우리 가족에게 든든한 안식처가 되었다.

신분당선 연장도 좋은 기회였다. 당시 광교중앙역 인근에 위치한 브랜드 오피스텔 분양이 있었는데, 이곳 역시 서서히 자산가치가 높아지는 분위기에 편승해 경쟁률이 상당히 높았다. 입지는 더 볼 것도 없었다. 각 정부기관이 이전할 예정이었고 대형 쇼핑몰도 가까이에 있었다. 주변 단지들보다 분양가가 높다는 평가가 지배적이었지만 현재가 아닌 입주 시점에 집중한다면 고평가된 것이라 생각되지 않았다.

이번에도 나는 청약에 당첨되지 못했고, 또다시 줍줍 기회를 기대해야 했다. 이 단지는 특이하게도 오프라인 줍줍을 진행했는데, 오전 9시부터 줄을 선 순서대로 미계약분에 대해 신청을 받는 방식이었다. 이런 적이 처음이었던 나는 새벽 2시쯤에 도착해 줄을 설

---

6 줍줍: 정식 명칭은 아니다. 아파트 등에서 입주자를 모집한 이후 미계약분이나 부적격 등의 이유로 발생한 잔여 가구의 물량을 새롭게 분양 신청을 받는 것을 의미한다.

생각으로 초저녁에 잠을 청했다. 하지만 좀처럼 잠이 오지 않았다. 그래서 결국 당당하게 1등으로 계약하겠다는 마음으로 자정쯤 모델하우스에 도착했다. 그런데 이게 대체 무슨 일이란 말인가! 이미 15팀 이상이 모여 텐트를 치고 긴 밤을 준비하고 있었다. 입이 다물어지지 않았다. 예상보다 빨리 자산시장에 훈풍이 불어올 것이라는 확신이 들었다.

9월에 막 접어든 시기였는데 비가 내려서인지 밤공기가 으슬으슬했다. 바람막이 정도만 준비했던 나는 텐트족이 나눠준 믹스커피 한 잔의 온기에 의지해 몇 시간을 버텼다. 그렇게 지쳐 간이의자에서 몇 차례 졸다보니 어느새 오프라인 줍줍을 진행할 시간이 되었다.

자기 차례까지 물량이 남아 있을 것이라는 확신이 없었고, 원하는 평형이 있다는 보장도 없었기에 주최 측과 대기자 간의 가벼운 실랑이도 있었다. 줄을 선 순서대로 들어가서 동과 호수를 호명하자마자 바로 계약 여부를 결정해야 하는 부분도 난관이었다. 1.5룸과 2룸으로 구성된 단지였고 방향 등도 천차만별이었다. 그야말로 찰나의 선택이 향후 몇 년을 좌우할 만큼 중요한 순간이었다.

나는 결국 계약을 하지 못했다. 2룸은 만족스러운 동, 호수가 없었고 다른 곳은 성에 차지 않았다. 그럼에도 모델하우스를 나서는 마음은 더없이 편안했다. 졸리고 배도 고팠지만 다음 투자처를 물색하고 찾아가는 과정이 그저 즐거웠다.

부동산 투자를 불로소득이라고 폄하하는 사람이 많다. 아무것도 하지 않고 편하게 돈을 번다는 부정적인 시선 때문에 나 역시 한동안은 그 의견에 일부 동조했다. 그런데 정말 그럴까?

많은 사람이 비난하는 투자금의 대부분은 그들이 고생해 모은 것이다. 물론 금수저로 태어나 아무렇지 않게 돈을 써대는 사람도 더러 있지만, 대부분은 본인이 피땀 흘려 모아둔 종잣돈에서 비롯된 것이다. 어렵게 모은 종잣돈을 투자를 통해 불리고자 하는 것은 당연한 욕심이며 정당한 수순이므로 오히려 그들이 어떤 자세로 투자에 임하는지 더 관심을 갖고 지켜볼 필요가 있다. 그래야 돈이 보인다.

내가 모델하우스에서 느꼈던 것도 비슷하다. 청약에 떨어졌다 해도 좋은 단지가 있다면, 기회가 있다면 반드시 도전해야 한다. 노력의 방식이 다를 뿐, 많은 사람이 보이지 않는 곳에서 모두 무언가를 하고 있다. 해본 적도 없으면서 누군가를 비난하는 것은 너무나도 쉽다. 하지만 그러는 동안 기회는 서서히 멀어져간다.

서울, 서울, 서울

나의 세 번째 투자처는 바로 서울이었다. 자산가치의 상승세가 뚜렷해진 만큼 이제 서울에 투자를 해야 할 시점이었다. 다행히 기존에 매수했던 오피스텔에 임대사업자를 낸 덕에 부가세 환급금이 지속적인 수익으로 돌아오고 있었고, 기존 실거주 중인 오피스텔의 후순위담보대출[7]을 통해 다시 한 번 투자금을 확보할 수 있었다. 이 시점

7 후순위담보대출: 이미 담보대출을 받은 상태에서 시세 상승이나 기타 이유로 추가로 담보대출을 받는 것을 의미한다.

에 복직을 하게 되어 월급이 안정적으로 들어오게 된 것도 나름의 호재였다.

이미 몇 군데 투자를 진행한 덕에 '어떤 단지가 유망할 것이다' 정도는 파악이 된 상태였다. 또한 2020년 말부터 분양한 서울 오피스텔 3곳은 건설사도 동일하고 역세권 대단지라는 점도 유사했다. 세밀한 분석이 필요한 시점이었다. 그래서 3곳의 모델하우스를 지겨울 정도로 방문해 둘러보았다. 임장 후에는 거주와 관련된 요소를 점수화하는 작업을 했다. 요소라 함은 준공 시점, 단지 수, 주차 대수, 서울 3대 업무지구[8]와의 거리, 호재와 같은 것들이었는데, 이런 과정은 이후 오피스텔 투자의 큰 밑거름이 되었다.

모델하우스를 두 차례 이상 방문하자 FCU[9], 시스템 에어컨, 환기 여부, 팬트리와 같은 부가 요소들이 더 잘 보이기 시작했다. 단순히 구조뿐 아니라 동네 주변도 살펴야 하기에 싫다는 아이의 손을 잡고 어두운 밤길을 여러 차례 걷기도 했다. 모델하우스만 방문해서는 판단하기 어려웠던 요소들을 입주민 시점으로 바라보니 고민이 말끔하게 해결되었다. '이래서 임장이 중요하구나'라는 사실을 그때서야 명확하게 깨달았다.

---

8 서울 3대 업무지구: 출퇴근이 집중되는 3대 업무지구로서 CBD**Central Business District**(서울 도심권역. 중심 업무 지구로 서울 중구, 종로구 일대), GBD**Gangnam Business District**(강남권역. 강남역과 삼성역, 강남대로, 테헤란로 일대), YBD**Yeouido Business District**(여의도권역. 금융 중심지로 마포와 공덕 일대까지 포함)로 나뉜다.

9 FCU**Fan Coil Unit**: 수냉식 천장형 에어컨. 중앙 관리식으로, 일반적인 에어컨보다 관리비가 저렴하고 에어컨을 따로 구입하지 않아도 된다는 장점이 있지만 기계실에서 물을 올려 주기 때문에 사용하지 않아도 공동 전기료가 발생한다는 단점이 있다.

장고 끝에 투자를 결정한 곳은 CBD라 불리는 도심권역 내 역세권에 위치한 오피스텔이었다. 대형 시장이 인접해 정비가 덜 되어 있는 탓에 상대적으로 가치를 덜 인정받고 있었다. 아파텔 투자는 주변 아파트보다 입지에서 우위를 차지해야만 하는데, 지하철 도보권에는 아파트가 없어 해당 오피스텔이 가장 직주근접의 강점이 있었다. 서울 3대 업무지구를 30분 이내에 갈 수 있는 곳이라는 게 주효했고, 이외에도 개발호재가 많았으며 신축 재개발 단지들과도 인접해 갭 메우기[10] 부분에서도 유망한 단지라 판단되었다.

비교했던 3곳의 오피스텔 중 이곳이 가장 경쟁률이 높은 것을 보고 '역시 사람 눈은 모두 비슷하구나'라는 생각을 했다. 그리고 '이런 곳이야말로 수요와 연결되겠구나' 하는 생각에 이런 단지들이 가지고 있는 공통 요소들을 잘 정리해두면 이후에 요긴하게 쓸 수 있겠다는 확신이 섰다. 이러한 요소들에 대해서는 3장에서 자세히 설명하도록 하겠다.

하지만 청약 당첨은 나와는 인연이 없는 것인지 이번에도 보기 좋게 낙방(?)했고 여느 때와 마찬가지로 줍줍을 기다렸다. 이번 줍줍은 기존 방식과 달랐다. 정해진 날 저녁부터 미계약분 물량이 나올 때까지 각자 전화를 기다리는 방식이었는데, 나는 저녁 7시부터 단지 주차장에서 분양 상담사의 연락을 기다렸다. 상당히 오랫동안 연락이 지연되었고, 2시간이 지났을 무렵 드디어 2룸의 미계약분이

10 갭 메우기: 중심 지역의 집값이 오른 이후 상대적으로 덜 오른 주변 지역의 시세가 이에 따라 상승하는 현상을 뜻한다.

나왔으니 5분 안에 계약금을 입금해달라는 전화를 받았다. 그때 스마트 뱅킹을 통해 몇 초 만에 입금한 기억이 난다. 혹시나 있을 커뮤니케이션 오류를 막고자 녹음을 했는데, 지금도 그 녹음 파일을 들으면 다급하게 몇 호인지를 여러 차례 확인하는 내 모습이 떠올라 웃음이 나온다. 분양을 받았기에 즐거운 기억이지, 그 반대였다면 녹음 파일은 이 세상에 존재하지 않았을 것이다.

해당 단지를 마지막으로 서울 내 2룸 이상의 역세권 대단지 브랜드 오피스텔 분양은 사실상 끝났다. 간혹 소규모 단지나 도시형 생활주택, 생활형 숙박시설 등이 분양을 하지만 기존 단지와 대비해 3~4억 원 이상 오른 시세로 진행 중이며, 그마저도 금방 완판이 된다. 더구나 서울 3대 업무지구와 인접한 곳에선 거의 소식이 들리지 않는다.

나는 그때부터 네이버 부동산 카페에 본격적으로 글을 올리기 시작했다. 이전에도 글을 쓰긴 했지만 전문적인 수준은 아니었다. 독학을 하며 나름 자신감이 생긴 덕에 하나의 글로 500개 이상의 답글과 4만 건 이상의 조회 수를 기록하기도 했다. 특히 해당 시점에 분양하는 아파텔에 대한 분석을 요청하는 답글이나 쪽지가 많았는데, 최대한 임장을 다녀온 단지 위주로 의견을 드렸다. 아파텔 시장에 대한 관심은 커지고 있지만 마땅히 참조할 만한 자료가 없다 보니 발생한 일이었고, 그만큼 나의 책임감도 커질 수밖에 없었다.

이런 노력 덕분에 현재 나는 서울과 수도권에 몇 채의 아파텔과 분양권을 가지고 있다. 2020년 봄부터 2022년 현재까지 단 2년 만에 현재 실거래가 기준으로 대출을 뺀 순자산 10억 원을 달성한 것이다.

내가 말하고자 하는 것은 단순히 10억이라는 숫자가 아니다. 최근의 자산 상승 분위기를 감안하면 10억 원이라는 돈은 그다지 크지 않을 수도 있다. 순자산 20억 원, 30억 원의 투자 성공 사례도 얼마든지 찾아볼 수 있다. 그럼에도 이렇게 강조하는 것은 결혼 후 10년의 세월을 대부분 세입자로 살며 부동산에 무지했던 내가 아파텔이라는 상품을 통해 희망을 찾을 수 있었기 때문이다.

많은 사람이 어떻게 단 2년 만에 2억 원이 채 되지 않는 종잣돈으로 그런 수익을 얻었는지 묻는다. 누구나 어떤 지역이 좋을지, 아파텔이라는 상품의 수요가 지속될 것인지, 매달 나가는 원리금은 얼마나 되고 어떻게 상환하는지, 대출은 모두 어떻게 확보했는지 등이 궁금할 것이다. 그래서 지금부터 아파텔이 왜 한시적인 거품이 아닌지, 왜 이 수요가 지속될지에 대해 이야기해볼까 한다.

PART 2

아파텔의
시대가 온다

04

새로운 주거 형태 아파텔의 등장

주거용 오피스텔의 등장

여러분은 오피스텔에 대해 얼마나 알고 있는가? 원룸 형태로 되어 있으며 좁고 불편하지만 월세 받기 좋은 수익형 상품을 떠올리지 않았는가? 그렇다면 절반만 맞은 것이다. 이제 오피스텔도 분리해서 볼 필요가 있다. 차익형 투자가 가능한 '아파텔'의 등장 때문이다. 아파텔은 공식적인 명칭이 아니다. 아파트와 오피스텔을 합쳐 만든 신조어로, 일반적인 원룸형 오피스텔과 구분하기 위해 생겨난 용어다. 그런데 왜 이 용어가 표준어처럼 사용되기 시작한 것일까?

이에 대해 이해하려면 우선 기존 오피스텔의 특징부터 알아야 한다. 우리가 기존에 알던 오피스텔은 업무용에 적합하기 때문에 구조나 환기 등 실거주 편의성이 상대적으로 낮은 것이 특징이다. 바닥 난방이 전용면적[1] 84m² 까지로 제한적이고(2021년에 120m²로 확대 적용), 대부분 발코니가 없다. 또한 세대수가 적고, 보통 1룸이나 1.5룸이어서 커뮤니티가 만들어지기 어려우며, 관리단 조직도 한계가 있어 관리비가 높을 수밖에 없는 태생적인 한계가 있다.

아파트와 오피스텔의 분양면적 비교

구분	아파트	오피스텔
근거법	주택법	건축법
실사용면적	전용+서비스면적	서비스면적 없음
분양면적	공급면적(전용+주거공용면적)	계약면적(공급+기타공용면적)
전용률	80% 안팎	50% 안팎
㎡당 분양가	분양가/공급면적	분양가/(공급+기타공용면적)

출처: 국토교통부

즉, 시작부터 주거에 맞게 최적화된 형태가 아닌 업무용이 대부분이어서 실거주 수요가 발생하기 어려운 형태였다는 뜻이다. 그러

1 전용면적: 아파트 등의 공동주택에서 방이나 거실, 주방, 화장실 등을 모두 포함한 넓이이며, 계단과 복도, 엘리베이터 등의 공용면적을 제외한 나머지 바닥의 면적을 뜻한다. 주로 현관문을 열고 들어가는 가족들의 전용 생활 공간을 말한다(다만, 발코니는 서비스면적으로 전용면적에서 제외).

나 최근 10년 이내에 지어진 주거용 오피스텔은 상업지역에 지어졌다는 점만 기존 업무용과 같을 뿐, 아파트에 더 가까운 모습을 하고 있다. 3베이, 4베이 구조를 통해 맞통풍과 같은 환기 문제가 개선된 세대가 많고, 2~3룸 이상의 공간을 확보해 2~4인이 실거주하기에 적합하다.

따라서 이들을 단순히 주거용 오피스텔이라고 부르기엔 기존 업무용과 차이가 커 아파텔이라는 용어가 등장하게 되었고, 이러한 주거 형태는 새로운 부동산 트렌드를 낳기에 이르렀다. 따라서 이 책에서는 편의상 아파트와 유사한 구조를 가졌으며 500세대 이상의 커뮤니티가 제대로 구축된 2룸 이상의 오피스텔을 '아파텔'이라 부르기로 하겠다.

아파텔의 인기 상승 요인 분석

대단지 브랜드 아파텔이 등장하면서 본격적으로 시장이 성장하기 시작했다. 아파트의 분양가 상한제[2] 영향으로 건설사들이 앞다퉈 상대적으로 규제가 자유로운 아파텔을 짓기 시작했는데, 이런 경쟁 덕에 각종 커뮤니티나 입지가 독보적인 하이엔드 아파텔도 등장했다.

특히 2021년에는 코로나19로 인한 유동성 증가와 공급 부족으

---

2 분양가 상한제: 집값 안정화제도의 일환으로, 분양가 자율화를 집값 상승의 주원인으로 보아 택지비와 건축비에 업체 이윤을 더한 분양가 책정 방식을 법으로 규정해 분양가를 조정하는 제도다.

하이엔드 오피스텔 '루카831'의 루프탑 풀

출처: 루카831 공식 홈페이지

로 아파텔의 분양 증가와 시세 상승이 두드러졌다. 그렇다면 앞으로의 부동산 시장은 과연 어떻게 될까? 많은 사람이 말하는 대로 아파트의 대체재에 불과한 아파텔은 한순간의 거품으로 사라질까? 하락장이 시작되면 아파텔부터 급락할까? 이러한 질문에 대한 답을 찾으려면 아파텔의 상승을 이끈 요인이 무엇인지, 앞으로 어떻게 변화할지를 파악해보아야 한다.

아파텔 상승 요인 1. 서울의 공급 물량 부족

아파텔의 첫 번째 상승 요인은 서울의 심각한 공급 부족이다. 부동산114의 자료에 따르면 2022년 서울 아파트 입주 예정 물량은 약 2만 가구, 2023년은 약 2만 2,000가구다.

다음 그래프를 보면 2021년과 비교했을 때 2022년에 약 36%,

서울 아파트 입주 물량

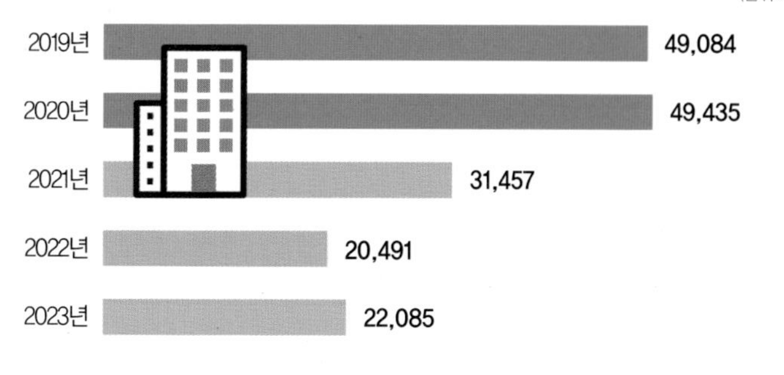

※ 2021년 이후는 예정 물량

출처: 부동산114

2023년에 약 30% 더 급감할 예정이다. 이 수치는 둔촌주공 공사 중단 이전의 자료이므로 그 물량까지 고려하면 더 심각한 공급 부족이 예상된다. 오피스텔 분양 물량 역시 부족하다. 부동산114에 따르면 2022년 전국 오피스텔 분양 물량은 36,422실로 2010년 이후 12년 만에 최저치이며 특히 서울 오피스텔 분양은 3,477실로 2021년 대비 54%나 줄어들었다.

서울에는 재건축 연한이 도래한 30년 이상 된 아파트가 많지만 안전진단과 조합설립, 사업승인 등으로 최소 8년 이상이 소요되며 재개발 역시 비슷한 실정이다. 1기, 2기 신도시 사례와 마찬가지로 3기 신도시가 구원자가 될 수 있지만 한국토지주택공사의 자료에 의하면 토지보상의 속도가 지연되고 있어 단기간 입주는 어려운 상황이다.

결국 3기 신도시 실제 입주 전까지 서울의 만성 공급 부족은 지속될 전망이며, 부족한 공급을 해소하려면 대체재가 절대적으로 필

3기 신도시 토지보상 추진 현황(2022년 5월 기준)

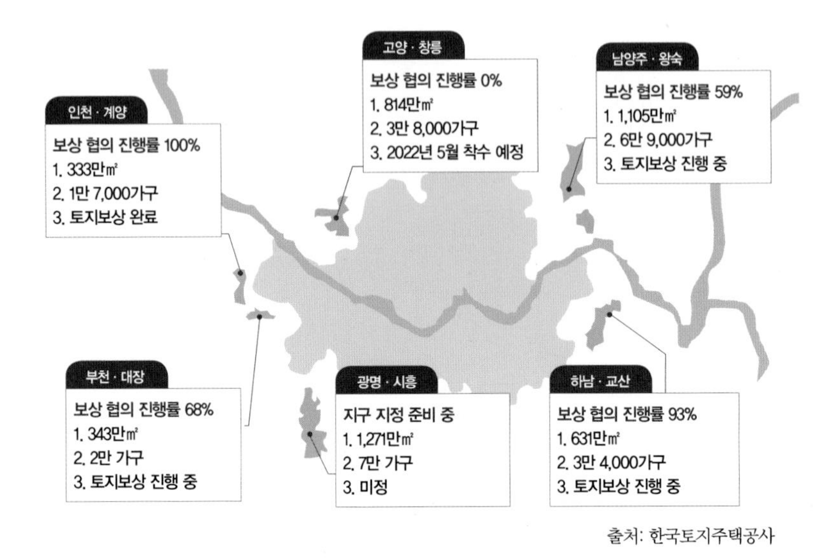

출처: 한국토지주택공사

요하다. 직장이나 학군 등의 이유로 주택 형태는 바꾸더라도 거주 지역을 옮기기는 쉽지 않기 때문이다.

대체재로 빌라를 고려하는 경우도 있다. 하지만 재개발 이슈로 투자가치가 높은 일부 단지를 제외하면 주차와 보안, 커뮤니티, 교통, 생활 편의성, 세금 혜택, 무주택자 자격 유지 등의 부분에서 아파텔이 더 유리한 것이 사실이다. 젊은층일수록 이런 현상은 더욱 두드러지게 나타날 것이다.

아파텔 상승 요인 2. 청약 자격 유효

아파텔의 두 번째 상승 요인은 청약 가능 여부다. 오피스텔은 매수하거나 분양을 받아도 아파트 청약 시 무주택자 자격을 유지할

오피스텔 위헌소원 판결문

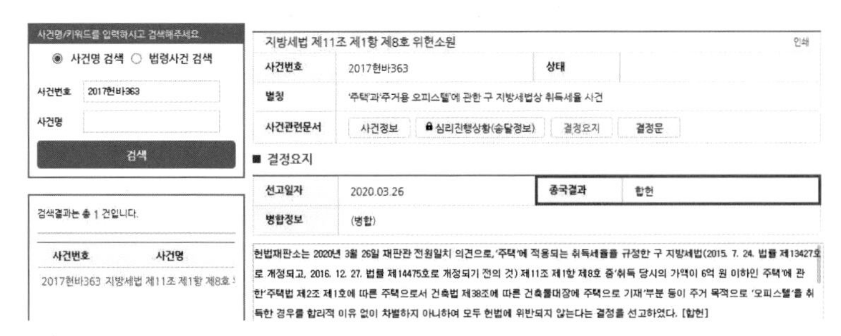

출처: 헌법재판소

수 있어 아파트를 보유하고 있는 것보다 선택지가 훨씬 다양하다. 2020년에 제기한 헌법소원에서 오피스텔은 주택이 아님을 명시했기에 쉽게 바뀔 수 없는 부분이다.

아파텔 상승 요인 3. LTV 70~80% 적용

아파텔의 세 번째 상승 요인은 대출이다. 아파텔은 LTV 70~80%가 적용된다. 10억 원의 아파텔을 사면 7~8억 원의 대출이 나온다. 9억 원 이하 아파트의 경우 투기과열지구는 40%, 조정대상지역은 50%, 9억 원 이상 아파트의 경우 투기과열지구는 20%, 조정대상지역은 30%만 대출이 나온다. 15억 원 이상 아파트는 대출이 완전히 불가능하다. 이미 서울 아파트의 중위가격이 11억 원에 육박한 이상 오피스텔 LTV와는 최대 50% 가까이 차이가 난다고 할 수 있다.

아파트와 오피스텔의 LTV 대출 비교

<table>
<tr><th colspan="2">아파트</th><th>오피스텔</th></tr>
<tr><td rowspan="2">9억 원 이하</td><td>투기과열지구 40%</td><td rowspan="8">70~80% 가능(지역 무관)</td></tr>
<tr><td>조정대상지역 50%</td></tr>
<tr><td rowspan="2">9억 원 이상</td><td>투기과열지구 20%</td></tr>
<tr><td>조정대상지역 30%</td></tr>
<tr><td>15억 원 이상</td><td>투기과열지구 대출 불가</td></tr>
<tr><td rowspan="2">비규제지역</td><td>서민실수요자, 무주택자 70%</td></tr>
<tr><td>1주택자 이상 60%</td></tr>
</table>

출처: 금융위원회

물론 바뀐 비주택 DSR[3] 규제를 감안해야 한다. 2022년 1월부터 총대출 2억 원 이상 시 DSR 40%, 7월부터 1억 원 이상 시 DSR 40%의 규제를 받게 되는데, 아파텔은 임대사업자를 낼 경우 여전히 사업자대출로 LTV 70%의 대출을 받을 수 있다. 또한 제2금융권을 이용할 경우 DSR은 40%가 아닌 50% 이상도 가능하다.

3 DSR Debt Service Ratio: 총부채원리금상환비율. 개인이 받은 모든 대출의 연간 원리금을 연소득으로 나눈 비율을 말하며, 대출에는 주택담보대출, 신용대출, 카드론 등 모든 대출이 포함된다.

아파텔 상승 요인 4. 아파트보다 저렴한 세금

아파텔의 네 번째 상승 요인은 세금이다. 최근 종부세[4] 과세 부담 논란이 지속되면서 절세 방법에 대한 문의가 이어지고 있다. 오피스텔은 아파트와 달리 임대사업자 신규 등록이 가능하다. 주택임대사업자의 경우 취득세 면제나 85% 절감, 일반임대사업자의 경우 부가세 환급이나 종부세 배제, 주택 수 제외에 따른 취득세, 양도세 절감과 같은 세금 혜택이 있다.

또한 사업자를 내지 않더라도 아파트보다 오피스텔의 공시가가 상대적으로 낮으므로 다주택자의 경우 종부세 부담이 줄어드는 효과가 있다. 게다가 주거용으로 쓰더라도 업무용 재산세를 내면 종부세 합산에서 제외된다. 이 또한 아파트 공급이 절대적으로 부족한 시점임을 감안하면 바뀌기 어려운 정책이다.

아파텔 상승 요인 5. 높은 투자 편의성

아파텔의 다섯 번째 상승 요인은 투자성이다. 대체재로서의 아파텔은 아파트 대비 투자 편의성이 높아야 하고, 리스크도 적어야 한다. 아파텔은 대출 시 매달 원금 상환 의무가 없고, 청약 당첨 후 즉시 거주 의무가 없으며, 자금조달계획서[5]를 제출하지 않아도 된다. 결

---

4 종부세: 종합부동산세. 부동산 보유에 대한 조세 부담의 형평성을 제고하고 가격 안정을 도모하기 위해 고액의 부동산 보유자에게 재산세 외에 추가로 부과하는 세금이다.

5 자금조달계획서: 주택 거래 신고 시 구매 자금의 조달과 관련된 계획을 기재해 제출하는 서류. 규제지역 내 모든 주택과 비규제지역의 6억 원 이상 주택 거래 시 제출해야 하나 오피스텔은 제출 대상이 아니다.

국 이러한 투자 편의성과 적은 리스크가 아파텔의 강점으로 작용해 상승장을 이끌었다고 할 수 있다.

그래서 상대적으로 규제가 적은 현재 아파텔의 투자 환경이 지속된다면 이 시장의 호황이 얼마든지 이어질 것이라 확신한다. 다만, 이 시점에서 중요한 것은 시세가 오를 만한 아파텔을 선택하는 방법이다.

05

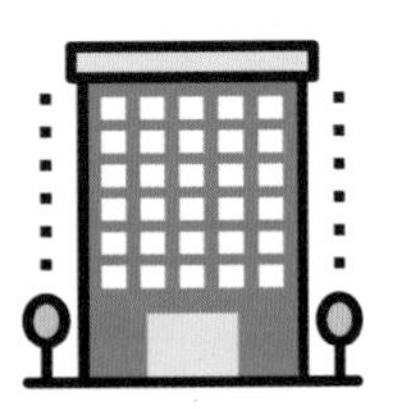

인구가 줄어드는데 아파텔 투자라니요

대한민국의 인구는 2021년 12월 기준 총 5,174만 명으로, 1970년 3,224만 명에 비해 약 1.6배 증가했다(통계청 KOSIS지표 참고). 다만, 2021년을 기점으로 인구가 감소하고 있으며 2070년에는 약 3,700만 명으로 급격히 줄어들 것이라는 암울한 전망이 나오고 있다. 이렇게 인구 감소 추이가 빠르고 출생률 또한 0.8명에 불과한 상황에서 아파텔 투자를 시도하는 것이 과연 옳은 일일까?

1~2인 가구 증가에 주목하라

인구 감소와 함께 꼭 알아두어야 하는 것이 있다. 바로 가구 수의 변화인데, 특히 지역별 편차가 매우 흥미롭다. 우리나라의 총가구 수는 2,350만 가구로, 인구수와 달리 매년 가파른 증가세를 보이고 있다. 가구 분화로 1~2인 가구가 늘어남에 따라 총가구 수가 증가했다. 2인 가구에서 자녀 2명이 각각 독립해 2가구가 되기도 하고, 황혼 이혼으로 노부부가 갈라서며 2가구가 되기도 한다. 여기서 특히 주목할 점은 1~2인 가구의 증가세다.

2020년 인구주택총조사 1~2인 가구 비율 추이

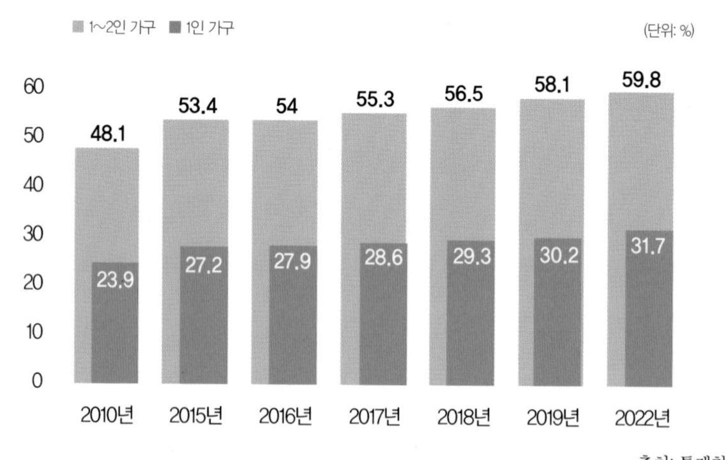

출처: 통계청

통계청에서 2020년에 실시한 인구주택총조사에 따르면 10가구 중 6가구는 1인 또는 2인 가구인 것으로 나타났다. 2019년

58.1%에서 1.7% 증가한 것으로, 우리나라 총인구는 2021년에 전년 대비 0.1% 증가했지만 가구 수는 2.8%나 증가했다. 이는 역대 최대치를 기록한 1~2인 가구 비율이 큰 영향을 미친 결과다. 일반 가구의 가구원 수 규모별로는 1인 가구가 31.7%로 가장 많고, 2인 가구가 28%로 뒤를 이었다. 그 다음으로는 3인 가구(20.1%), 4인 가구(15.6%), 5인 가구(4.5%) 순이었다.

수도권의 집중화 현상은 더욱 심해졌다. 수도권에 거주하는 인구는 처음으로 2,600만 명을 돌파하며 50.2%로 인구의 절반이 넘는 비율을 차지했다. 가구 수는 전국적으로 1년 전보다 40만 호 가까이 늘었는데 이 중 절반 이상이 수도권에서 증가했다. 반면 비수도권의 인구구성비는 49.8%로, 전년 대비 인구가 감소했다. 2020년 인구주택총조사의 특징은 수도권 집중화, 저출산·고령화, 1~2인 가구 증가로 요약할 수 있으며, 이 추세들은 모든 지표에서 심화되고 있다.

이제 중요한 것은 이렇게 증가세가 가파른 1~2인 가구의 수요가 아파텔 시장에 얼마나 영향을 미칠 것인가에 대한 판단이다. 특히 수요 대비 공급이 절대적으로 부족한 수도권이라면 두 말할 필요가 없다. 통계청이 내놓은 '2021년 통계로 보는 1인 가구'에 따르면 1인 가구의 33.7%는 60세 이상 노인 인구이며, 이는 전체 인구에서 만 65세 이상이 차지하는 비중인 15.7%의 2배가 넘는다. 활발한 경제활동이 끝난 노인 인구를 중심으로 1인 가구가 집중적으로 늘고 있다는 의미다.

2020년 1인 가구의 자산은 1억 7,551만 원으로, 전체 가구(4억

4,543만 원)의 39.4% 수준이었다. 이는 2019년에 비해 9.3% 증가한 것으로, 동기간 전체 가구의 자산이 3.1% 늘어난 것보다 증가율이 높다. 다만, 부채 증가에 따른 영향도 고려해야 한다. 2020년 금

가구의 자산

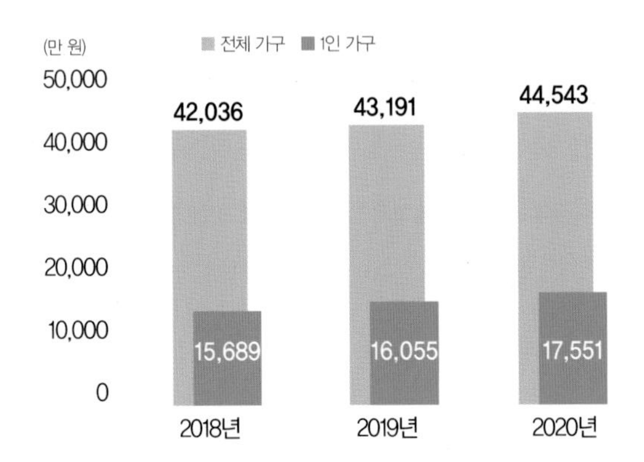

출처: 통계청

가구의 부채

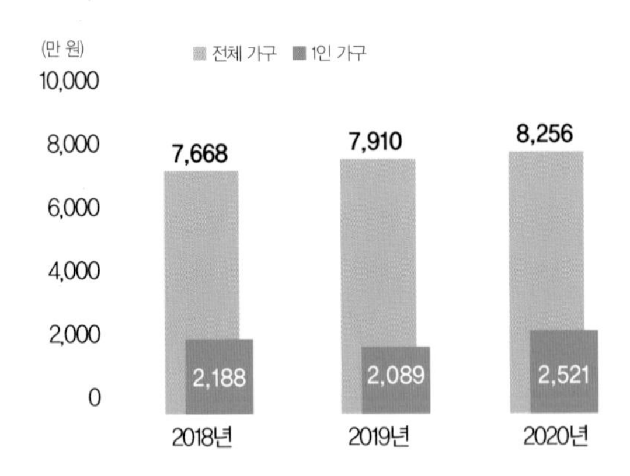

출처: 통계청

융부채와 임대보증금을 모두 합한 1인 가구의 부채는 2,521만 원으로, 전년(2,089만 원) 대비 20.7% 늘었다. 동기간 전체 가구의 부채가 7,910만 원에서 8,256만 원으로 4.4% 오른 것보다 4배 이상 높은 증가 폭을 나타냈다. 반면 월평균 소비지출은 132만 원으로, 전체 가구의 55.0%를 나타냈다. 소득 대비 높은 소비 성향은 장기적으로 자산 감소로 연결될 우려가 있다.

1~2인 가구는 현재 60세 이상 노인 인구 비중이 높고 자산의 증가 폭이 크면서 부채비율과 소비지출 또한 높은 상황이다. 이 시점에서 이들이 아파텔을 선택할 경우 3가지 이점을 얻을 수 있다. 첫 번째는 가구원이 적어 불리한 청약가점 쌓기에 열을 올리기보다 아파텔을 매수함으로써 부동산 차익을 노릴 수 있다는 것이다. 매수 후 실거주하면서 안정적으로 아파트 청약 추첨제에 도전할 수 있는 점도 부가적인 강점이다. 두 번째는 이자 상환이다. 부채비율과 월 지출액이 높은 1~2인 가구라면 이자만 갚아나가는 아파텔의 거치식 상환 방식이 훨씬 유리하기 때문이다. 마지막 세 번째는 1인 가구의 50.5%가 전용면적 40m² 이하 소형주택에 거주하고 있는 만큼 일반적으로 보안에 취약하거나 커뮤니티가 부족하기 마련이다. 아파트는 가격이 부담스럽고 빌라는 보안이 우려된다면 아파텔이 충분히 대안이 될 수 있다.

늘어나는 수요와 부족한 공급

이렇듯 수요 측면에서 보면 아파텔은 1~2인 가구의 증가세에 맞춰 향후에도 충분히 경쟁력 있는 상품이 될 수 있다. 단순히 인구가 감소한다고 해서 우려할 만한 상황이 아니라는 뜻이다. 국토교통부가 발표한 자료에 따르면 2020년 전국 주택보급률은 103.6%로 나타났다. 2010년에 본격적으로 통계가 집계된 후 2019년에 104.8%

지역별 주택보급률

(단위: %)

구분	2015년	2016년	2017년	2018년	2019년	2020년
전국	102.3	102.6	103.3	104.2	104.8	103.6
서울	96.0	96.3	96.3	95.9	96.0	94.9
경기	98.7	99.1	99.5	101.0	101.5	100.3
부산	102.6	102.3	103.1	103.6	104.5	103.9
대구	101.6	103.3	104.3	104.0	103.3	102.0
인천	101.0	100.9	100.4	101.2	100.2	98.9
광주	103.5	104.5	105.3	106.6	107.0	106.8
대전	102.2	101.7	101.2	101.6	101.4	98.3
울산	106.9	107.3	109.3	110.3	111.5	110.2
세종	123.1	108.4	111.5	110.0	111.4	107.3

출처: 국토교통부

까지 오르다 다시 2017년 말(103.3%) 수준으로 하락했다.

특히 주택보급률 하락은 서울 및 수도권에서 두드러진다. 2020년 말 기준 서울은 94.9%였으며, 이는 2012년 말(94.8%) 수준으로 떨어진 수치다. 집이 필요한 서울 가구 수는 398만 2,290가구, 주택 수는 377만 8,407가구이니 주택 수가 약 20만 가구 모자란다. 다가구주택 수를 가구별로 구분해 통계를 시작한 2012년 이후 가장 많이 부족한 실정이다.

서울, 경기도, 인천을 합한 수도권도 98%를 기록했으며 부산, 대구, 인천, 대전 등 전국 대부분 지역의 주택보급률도 하락했다. 일반적으로 주택보급률은 이주 수요 등을 감안해 105~110% 수준이 되어야 안정적인 수급이 가능하다고 판단하므로 공급 또한 집값 하락을 예측하기 어려운 실정이다. 그동안 지속적으로 언급되었던 공급 부족 현상이 실제 통계 수치로도 확인된 셈이다.

요약하면, 정부의 주택 공급이 원활히 이루어지지 않은 몇 년 동안 1~2인 가구가 가파르게 증가했고, 가구 수 증가에 따른 수요를 주택 보급이 전혀 따라잡지 못하는 상황이다. 또한 여기에 코로나19가 야기한 막대한 유동성이 불을 붙인 모양새다. 이것이 바로 현재 수요와 공급의 흐름이 아파텔에 긍정적인 요인이 될 수밖에 없다고 판단하는 이유다.

06

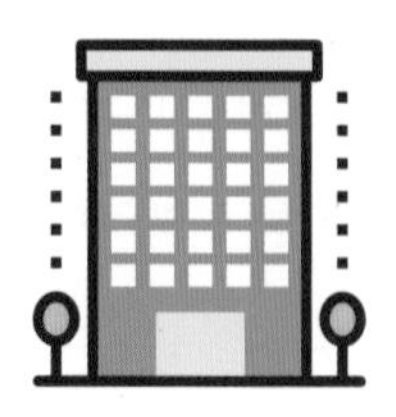

똘똘한 아파텔 한 채가 그저 그런 아파트보다 낫다

문제는 입지다

아직도 많은 사람이 하락장이 오면 오피스텔부터 시세가 하락할 것이라고 이야기한다. 특히 2008년 금융위기 시점의 사례를 들어 이번에도 그럴 것이라 예상하는데, 나는 그렇게 생각하지 않는다. 오피스텔이 먼저 하락하는 것은 맞다. 그러나 아파텔은 동일한 전철을 밟지 않을 것이다. 2008년 하락장에서 오피스텔이 먼저 폭락한 것은 오피스텔이라서가 아니라 대부분 원룸과 같은 저가주택이었기 때문이다. 즉, 현재 핵심지에 위치한 2룸 이상 아파텔에도 동일한 상황이 벌어질 것이라 판단하는 것은 부동산을 '입지'가 아니라 '아파트냐 아니냐'로만 접근하기 때문이다.

부동산 하락장은 반드시 오기 마련이다. 다만, 우리가 예측하지 못한 하락장이 다시 온다면 핵심지 아파텔부터 매도하는 사람이 많을까, 가장 비핵심지의 주택부터 매도하는 사람이 많을까? 결국 매달 원금과 이자를 함께 부담해야 하는 구축, 비역세권 주택을 먼저 매도하지 않을까?

최근 들어 모든 자산이 다 오르니 아파텔도 덩달아 오를 것이라 생각하는 이들도 많다. 그런데 냉정하게 들여다보면 그렇지 않다. 한국부동산원에 따르면 2021년 1부터 9월까지 전국의 60m² 이상 아파텔이 7.4% 상승할 동안 1룸짜리 오피스텔은 1%도 채 오르지 않았다. 즉, 이제 오를 만한 곳만 오른다는 것이다. 모든 자산이 다 같이 오른다는 것은 어불성설이다. 오피스텔 시장 또한 입지에 따라 가격 양극화가 심해지고 있다. 오피스텔이 아닌, 투자가치가 높은 아파텔을 매수해야 하는 시점이다.

오피스텔 면적별 가격 상승률(기간: 2021년 1~9월)

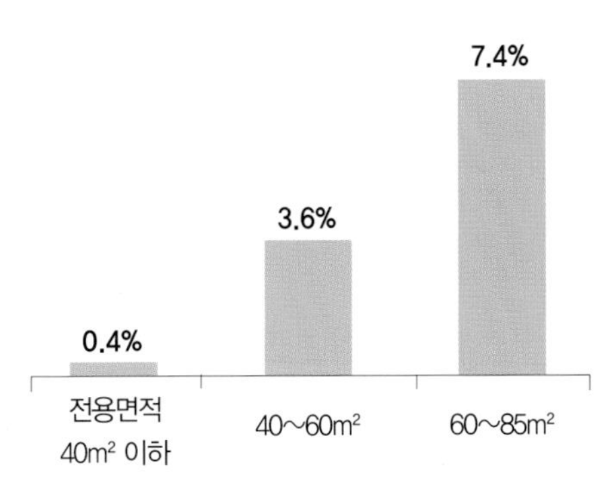

출처: 한국부동산원

2021년 주택유형별 가격 상승률을 알고 있는가? 당연히 아파트가 압도적으로 높을 것이라 생각하기 쉽다. 하지만 실상은 다르다. KB부동산의 자료에 따르면 2021년 전국 주택가격 상승률은 약 15%이며, 전국 아파트는 20.2%, 서울 아파트는 16.4% 올랐다. 반면 서울 오피스텔은 9.9%, 경기도 오피스텔은 19.7%, 인천 오피스텔은 무려 23.4%가 올랐다. 게다가 오피스텔 시세는 1~1.5룸까지 포함한 비율이므로 아파텔만 떼서 본다면 그 상승률은 훨씬 더 높을 것이다. 1년 단기라 할지라도 2021년에는 서울 아파트보다 수도권 아파텔에 투자한 이들의 수익이 더 높았다는 뜻이다.

오피스텔 매매 일반거래가 통계

구분	서울	경기도	인천
2020년 12월	2억 6,869만 원	2억 3,415만 원	1억 3,722만 원
2021년 12월	2억 9,520만 원	2억 8,039만 원	1억 6,937만 원
상승률	9.9%	19.7%	23.4%

출처: KB부동산

흔히 부동산은 '입지'라고 한다. 그럼에도 "오피스텔은 무조건 안 된다!"라고 목소리를 높이는 사람이 많다. 나는 그 부분이 이해가 되지 않았다. 오피스텔은 입지가 좋아도 환금성이 나쁘다거나 관리비가 상대적으로 비싸다거나 주거지역이 아닌 준주거지역이나 상업지역에 지어져 환경이 좋지 않다는 의견이 대부분이었다.

그렇다면 반대로 생각해볼 수도 있지 않을까? 환금성이 나쁜 부분은 역세권 신축 브랜드 단지라면 해결할 수 있고, 관리비는 대단지 아파텔이라면 전혀 문제가 없다. 게다가 그런 대단지라면 반드시 소유주 중심의 관리단이 조직되어 감시가 가능하므로 이전처럼 마음대로 관리비를 부과할 수도 없다. 준주거지역이나 상업지역이라서 대형 쇼핑몰이나 병원과 같은 생활편의시설이 가까이에 있다는 장점도 있다. 학교나 도서관과 같은 시설만 가까이에 있다면 아파텔이라고 해서 배제할 이유가 전혀 없는 것이다.

적어도 내가 방문했던 일산 킨텍스, 고양 삼송, 수원 광교, 성남 판교, 위례, 용인 기흥, 인천 송도, 하남 미사, 남양주 별내와 같은 곳은 전혀 고민하지 않아도 될 만큼 훌륭한 주변 환경을 자랑했다. 역세권 대단지와 수려한 조경, 다양한 편의시설은 기본이었다. 나는 네이버 부동산 카페를 통해 이곳들에 대한 긍정적인 전망을 내놓았고, 최근 2년간 가장 가치가 높이 상승한 지역으로 거듭났다.

택지지구 대단지 아파텔과 위례지웰푸르지오 단지 조경

아파트와 아파텔의 차이점

구분	아파트	아파텔
관련법	주택법	건축법
용도지역	주거지역	준주거지역, 상업지역 등
취득세	1.1~3.3% (전용면적 85m² 이상은 1.3~3.5%)	4.6% (임대사업자 등록 시 면제 가능)
청약통장	1순위 청약통장 필요	필요 없음
청약 제한	당첨 시 10년 재당첨 불가	중복 당첨 가능
장점	• 서비스면적(발코니 등) 있음 • 환금성 높음	• 초역세권, 청약 시 무주택 간주 • LTV 70~80%, 종부세 합산 배제 • 대출 원금 상환 의무 없음(매월) • 임대사업자 등록 가능 • 자금조달계획서 미제출
단점	• 대출 규제 다수 • 종부세 합산 • 대출 원리금 상환 의무(매월)	• 서비스면적 없음 • 소규모 단지 환금성 낮음

적은 돈으로도 가능한 아파텔 투자

내가 굳이 아파텔을 한정해서 강조하는 이유는 이곳이 가용자금이 적은 20~30대 청년층과 신혼부부, 절세를 노리는 유주택자, 다주택자 등 모두에게 유리하기 때문이다. 지금부터 신혼부부 두 쌍이 같은 돈으로 아파텔과 아파트를 매수했을 때 미래가 어떻게 바뀌는지 분석해보자. 우선 수도권 투기과열지구에 거주하는 비슷한 조건의 A와 B 신혼부부가 있다고 가정하자.

- A신혼부부: 현금 3억 원 보유, 시세 10억 원 아파텔 매수(7억 원 대출, 투기과열지구 기준 대출 70% 가능)
- B신혼부부: 현금 3억 원 보유, 시세 5억 원 아파트 매수(2억 원 대출, 투기과열지구 기준 대출 40% 가능)

그리고 다음과 같이 매달 돈을 갚아나간다면 아파트는 원금과 이자를 함께 갚아야 하기에 B신혼부부가 매달 40만 원 정도 더 내게 된다(단, 원리금균등상환이므로 원금이 줄어듦에 따라 둘 간의 차이는 크지 않다고 가정).

- A신혼부부: 매달 이자 146만 원을 냄(오피스텔담보대출 평균 2.5% 적용, 10년 만기)
- B신혼부부: 매달 원금+이자로 186만 원을 냄(주택담보대출 평균 2.3% 적용, 10년 만기)

A신혼부부는 화폐가치가 한참 떨어졌을 때 아파텔을 판 뒤 원금을 갚고, B신혼부부는 화폐가치가 떨어지기 전에 미리 원금을 갚아나간다. 이들의 미래는 어떻게 바뀔까?

- A신혼부부: 신혼부부 특별공급으로 청약에 당첨되어 아파텔 차익 + 아파트 청약 당첨의 중복 행운을 누림
- B신혼부부: 유주택자여서 청약 불가. 추첨으로는 당첨 가능성 극히 낮음(가점 부족). 아파트 시세 차익만 보고 나오기에는 동일 입지에 갈아탈 곳이 없음

극단적인 사례라 생각할 수도 있다. 그렇다면 2019년 10월부터 2021년 10월까지 2년간 고양 삼송지구와 광교 중앙역 인근 아파텔과 아파트의 실거래가를 비교해보자.

e편한세상시티 삼송 아파텔의 수익률이 더 높은 이유는 지하철역에서 더 가깝고 상권(스타필드, 하나로마트 등), 교통호재(신분당선, GTX 창릉역), 개발호재(방송국, 도서관 등), 초품아(초등학교를 품은 아파트) 등 강점을 다수 보유하고 있기 때문이다.

광교 에듀하임 아파텔은 대장 아파트보다 지하철역에서 더 멀지만 2년 더 신축이며, 인근 오피스텔에는 없는 3룸 구조이다.

이 아파텔들의 특징은 인근 대장 아파트와 비교했을 때 확실한 자신만의 강점이 있거나 근처 오피스텔과 차별과된 희소성이 있다는 것이다. 현금이 충분하다면 상승 여력이 더 큰 아파트에 투자하는 것이 맞다. 하지만 가치가 높은 아파텔을 선별할 수 있다면 위 사례와 같이 적은 투자금으로도 이자만 내고 훨씬 더 큰 시세 차익을 누리며 무주택자 자격으로 특별공급이나 아파트 청약에 도전할 수 있다.

고양 삼송지구 아파텔과 아파트 실거래가 비교 예시

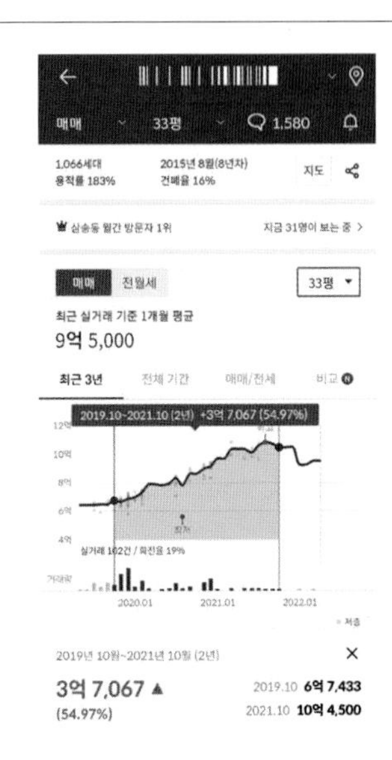

출처: 호갱노노

고양 삼송지구 예시

구분	투자비용	2년간 투자수익률
e편한세상시티 삼송 아파텔 전용 70타입	3억 7,000만 원 투자	98.1%(3억 7,000만 원 수익)
인근 대장 I아파트 전용 85타입	7억 6,000만 원 투자	55.0%(3억 7,000만 원 수익)

수원 광교지구 아파텔과 아파트 실거래가 비교 예시

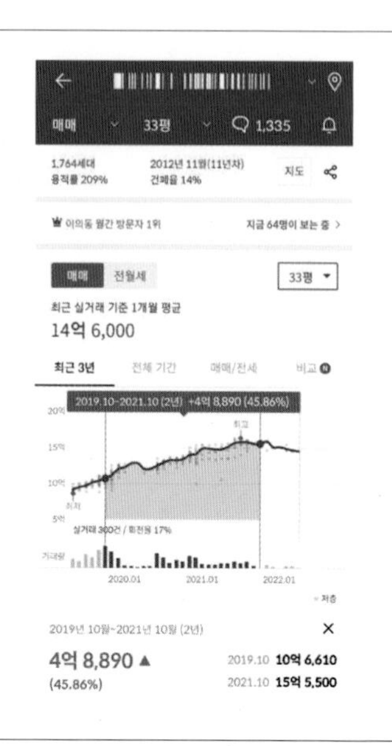

출처: 호갱노노

수원 광교지구 예시

구분	투자비용	2년간 투자수익률
광교 에듀하임 아파텔 전용 63타입	3억 3,000만 원 투자	122.2%(4억 원 수익)
인근 초역세권 대장 J아파트 전용 85타입	10억 7,000만 원 투자	45.9%(4억 9,000만 원 수익)

실제로 지인이 불과 몇 년 전에 경기도 고양시 일산 킨텍스에 있는 아파텔을 4억 원 주고 샀을 때 인근 구축 아파트들은 모두 3억 원대였다. 많은 사람이 그에게 제정신이 아니라고 말했다. 나 역시 마찬가지였다. 아파트가 아닌 물건을 그 돈을 주고 매수하는 것이 쉽게 이해가 가지 않았다. 하지만 지금은 어떤가? 그 아파텔의 실거래가는 9억 원대로 오른 반면, 인근에 비슷한 평형대의 아파트는 6억 원 수준에 머물러 있다. 게다가 당시 그의 투자금은 1억 원 정도에 불과했다. 그 돈으로 주변 아파트를 살 수도 없었을 뿐만 아니라 어떻게 샀다 해도 매달 원금과 이자를 갚느라 허덕이다 결국 가격이 조금 올랐을 때 바로 팔아버렸을 것이 분명하다.

이제 막 가정을 꾸린 신혼부부나 20~30대에게 당장 아파트를 매수할 만한 자금이 있을 리 만무하다. 또한 1주택자가 추가로 주택담보대출을 받는 것도 불가능하고, 현금을 마련하기는 더더욱 어렵다. 그래서 인사이트만 있다면 아파텔에도 얼마든지 기회가 있다고 말하고 싶은 것이다.

7장에서는 무주택자와 1주택자, 다주택자에게 왜 아파텔 투자가 적합하지, 어떤 전략을 취해야 하는지 이야기해보고자 한다.

07

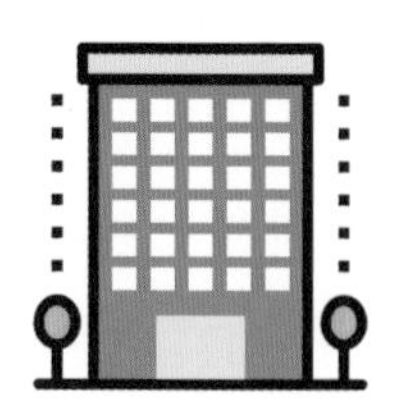

당신이 아파텔에 투자해야 하는 이유

무주택자가 유리한 10가지 이유

무주택자가 아파텔을 매수해야 하는 이유는 10가지로 분류해 설명할 수 있다. 가장 효용이 높은 것은 역시 청약과 관련한 내용이며, 절세가 가능한 부분 또한 눈여겨보기 바란다.

이유 1. 청약 시 무주택자 자격 유지

앞서 말했듯 무주택자는 오피스텔 몇 채를 매수해도 아파트 청약 시 무주택자로 간주한다. 쉽게 말해, 무주택 가점을 그대로 유지할 수 있다는 뜻이다. 즉, 아파트는 1채를 매수함과 동시에 무주택자 자격이 박탈되므로 일반 청약은 물론 생애최초나 신혼부부 특별공급 신청 기회가 사라지지만 오피스텔은 매수 후에도 추가로 아파트 청약을 노릴 수 있다. 이를 통해 오피스텔 시세 차익과 아파트 청약 당첨 기회를 동시에 누릴 수 있다는 뜻이다. 3기 신도시를 노리는 가정이나 신혼부부에게 특히 유용한 방법이다.

이유 2. LTV 70~80% 가능

아파트의 경우 9억 원 이하는 투기과열지구 40%, 조정대상지역 50%, 9억 원 이상은 투기과열지구 20%, 조정대상지역 30%만 대출이 가능하다. 투기과열지구의 15억 원 이상 아파트는 대출이 불가하다. 반면 오피스텔은 규제지역에 관계없이 LTV 70~80%가 가능한데, 이는 10억 원의 오피스텔을 사도 7~8억 원 대출이 가능하다는 뜻이다. 조정된 DSR 40% 규제를 감안하더라도 임대사업자를 내면 사업자대출 LTV 70%가 나오고, 제2금융권 이용 시에는 DSR 50%를 적용받을 수 있다.

이유 3. 원금 상환 의무 없음

아파트는 주택담보대출 상환 시 원금과 이자를 반드시 매달 갚아나가야 한다. 하지만 오피스텔은 이자만 갚는 거치식 상환이 가능하다. 이는 현금가치가 떨어지고 있는 요즘 적합한 투자 방식이다. 원금과 이자를 함께 갚아야 하는 아파트는 시세 하락에 대한 부담이 크지만, 오피스텔은 이자만 갚으면 되므로 하락장이나 조정장에서 상대적으로 부담이 덜하다.

이유 4. 오피스텔 분양권 주택 수 배제

아파트 분양권은 취득 후 바로 주택 수에 포함되어 취득세 및 양도세가 중과된다. 오피스텔 분양권은 주택 수에서 배제되어 해당 기간 동안 다른 주택을 팔거나 살 때 세금이 중과되지 않으므로 절세가 가능하다.

이유 5. 청약 당첨 후 실거주 의무 없음

분양가 상한제를 적용하는 아파트는 청약 당첨 시 2~5년간 실거주 의무가 있다. 즉, 양도나 증여, 상속 이전에 반드시 본인이 한 번은 거주해야 한다. 반면 오피스텔은 분양을 받아도 실거주 의무가 부과되지 않는다.

이유 6. 오피스텔 매수 후 아파트 구매 시 아파트담보대출 가능

오피스텔은 건축법, 아파트는 주택법을 따르므로 상호 간 제약이 없다. 따라서 오피스텔담보대출을 받은 뒤에도 아파트담보대출이 가능하다. 하지만 아파트는 총 1회만 담보대출이 가능하므로 추가로 투자를 하려면 현금으로만 자금을 조달해야 한다.

이유 7. 청약 시 중도금 50~60% 무이자

오피스텔은 분양가의 10~20%만 있다면 내 집 마련이 가능하다. 분양공고에 따라 단지마다 일부 상이하지만 대개 계약금 10%나 중도금으로 추가 10% 정도 내는 경우가 많다. 나머지 중도금은 대부분 무이자이며, 입주 전 잔금은 오피스텔담보대출로 갈아타면 되므로 동일한 분양가 아파트보다 훨씬 적은 자본으로도 자산을 확보할 수 있다.

이유 8. 자금조달계획서 미제출

현재 아파트와 빌라는 규제지역은 모든 거래 시, 비규제지역은 6억 원 이상 주택 거래 시 자금조달계획서 제출이 필수 사항이나 오피스텔은 규제지역에 관계없이 제출 의무가 없다.

이유 9. 일반/주택임대사업자 등록 가능

아파트는 신규 임대사업자 등록이 불가하나 오피스텔은 아직 가능하다. 일반임대사업자로 등록하면 부가세가 10% 환급되고, 주택 수에서 배제되어 절세 효과가 있다. 주택임대사업자로 등록할 경우에는 취득세가 85~100% 면제된다는 장점이 있다.

이유 10. 오피스텔 재건축 요건 아파트와 동일하게 변경

2020년 10월부터 오피스텔의 재건축 요건(허가 동의율)이 기존 100%에서 아파트와 동일한 80%로 변경되어 2000년대 초반에 지어진 구축 오피스텔도 장기 투자가 가능해졌다. 30년이 지난 오피스텔이 드물어 실제 사례는 흔치 않으나 '오피스텔은 재건축이 안 된다'라는 편견은 이제 옛날 이야기가 되었다.

유주택자라면 대출이 유리한 아파텔을 주목하라

1주택자는 취득세와 담보대출의 이점을 잘 활용해야 한다. 지금부터 설명하는 내용을 잘 기억해두기 바란다.

이유 1. 몇 채를 매수해도 취득세 고정

아파트 취득세는 2채 매수 시 8%, 3채 매수 시 12%가 적용된다. 반면 오피스텔은 몇 채를 사더라도 4.6% 고정이다. 단, 2020년 8월 12일 이후 오피스텔을 취득했다면 이후 아파트 취득 시 취득세 중과가 된다는 점을 유의해야 한다.

이유 2. 주택담보대출이 있어도 추가 담보대출 가능

1주택자가 기존에 아파트담보대출이 있을 때 추가로 아파트를 매수하려면 전액 현금으로 지불해야 한다. 반면 오피스텔은 법 기준이 다르므로 DSR 조건에 부합한다면 추가로 담보대출을 70~80% 받을 수 있다. DSR 기준에 미치지 못해도 임대사업자대출을 받거나 제2금융권을 활용하는 등의 대안이 있다. 이렇게 마련한 대출금으로 2차, 3차 투자도 가능하다.

이유 3. 원금 상환 부담 없음

아파트는 매수 시 매달 원금과 이자를 함께 갚아야 해서 추가 투자에 대한 부담이 크다. 하지만 오피스텔은 이자만 갚는 거치식 상환이 가능하므로 하락장이 오더라도 부담이 적다.

이유 4. 자금조달계획서 미제출

아파트와 빌라는 규제지역은 모든 거래 시, 비규제지역은 6억 원 이상 주택 거래 시 자금조달계획서를 의무적으로 제출해야 하나, 오피스텔은 규제지역과 관계없이 제출 의무가 없다.

이유 5. 임대사업자 등록 가능

아파트는 임대사업자 등록이 불가하지만 오피스텔은 가능하다. 10년 유지 시 다주택자 양도세 비과세도 가능하므로 활용 폭이 훨씬 넓어진다.

다주택자라면 절세에 유리한 아파텔에 투자하라

다주택자가 가장 많이 고민하는 항목은 역시 세금이다. 현재 부동산 시장에서 절세를 하면서 투자하기에 아파텔보다 더 유리한 상품은 없다. 무엇보다 종부세 배제와 취득세 이점이 가장 큰데, 오피스텔의 취득세는 4.6%로 아파트(2주택자 8%, 3주택자 12%)와 비교했을 때 무척이나 저렴하다. 단, 2020년 8월 12일 이후 취득한 오피스텔의 경우, 추가로 아파트를 매수할 때 취득세 중과 요소로 작용한다. 따라서 절세를 고려한다면 아파트를 먼저 매수한 뒤 아파텔에 투자해야 한다.

이유 1. 절세 효과

오피스텔 일반임대사업자를 등록하면 부가세 10%를 환급받고 종부세 합산 시 대상에서 제외된다. 또한 임대사업자가 아니더라도 재산세를 업무용으로 내면 종부세 대상이 되지 않는다. 주택임대사업자의 경우 취득세 85~100%가 면제되며, 사업자 등록을 하지 않아도 오피스텔의 취득세는 4.6% 고정이므로 아파트와 비교했을 때 매우 저렴하다.

이유 2. 담보대출 가능

다주택자는 아파트 추가 담보대출이 불가하다. 반면 오피스텔은 기존에 아파트가 몇 채 있더라도 오피스텔담보대출이 가능하다. 담보대출을 활용해 2차, 3차 투자가 가능하다는 점은 엄청난 장점이다.

이유 3. 투자 편의성

다주택자가 추가로 아파트나 빌라에 투자하려면 극복해야 하는 난관이 많다. 매달 원금과 이자를 함께 갚아나가야 하므로 상환 부담이 있고, 청약에 당첨되면 반드시 한 번은 실거주를 해야 한다. 또한 자금을 어떻게 확보했는지 밝혀야 하며, 청약에 당첨되거나 분양권을 매수하면 주택 수에 바로 포함되어 세금 및 중도금 부담이 커진다. 하지만 오피스텔을 매수한다면 이 모든 제약 조건에서 완전히 자유로워진다.

아파텔 매수를 추천하면 규제가 언제 추가될지 몰라 무섭다고 이야기하는 사람이 많다. 하지만 규제는 예측이 아니라 '대응'의 영역이다. 실제로 2020년 7·10 대책 이후 세금 계산 시 일부 사례에서 오피스텔이 주택 수에 포함되었다. 이에 따라 오피스텔은 더 이상 투자가치가 없다고 판단해 매도세가 이어진 적이 있다. 하지만 그 당시에도 나는 여전히 '아파텔'은 유망하며, 다만 오피스텔 간에도 가격 양극화가 심해질 것이라 전망했다. 그때 '무조건 오르는 아파텔 투자의 8가지 필수 조건'을 정리해서 네이버 카페인 '부동산스터디'에 공유했는데, 해당 조건을 갖춘 곳들은 그때나 지금이나 계속해서 수요가 이어지고 있고 큰 시세 상승을 이루었다. 이어서 더 자세히 알아보도록 하자.

PART 3

무조건 오르는 아파텔 투자의 8가지 필수 조건

08

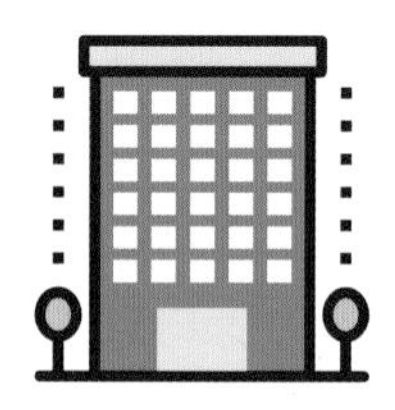

돈이 되는 아파텔 고르는 법

반드시 체크해야 할 7가지

나는 모든 아파텔이 유망하다고 생각하지 않는다. 상승기에 웬만하면 오르는 아파트와 달리 아파텔은 공급 부족이 우려되는 곳에 한정해 입지가 좋은 곳을 선별하는 눈이 필요하다. 그렇다면 성공적인, 즉 돈이 되는 아파텔의 조건으로는 어떤 것이 있을까? 막연하게 아파트를 고를 때와 동일하게 생각해서는 절대 안 된다. 준주거지역이나 상업지역에 지어지는 아파텔의 특수성 때문인데, 서울 강남의 아파트가 좋다고 해서 동일한 위치의 오피스텔도 무조건 유망한 것은 아니다.

체크 1. 역세권인가?

아파텔 투자 시 가장 먼저 확인해야 할 사항은 역세권 여부다. 서울 도시계획포털을 참고하면 역세권은 대개 역으로부터 500m 이내를 기준으로 보는데, 보통 도보로 8분 이내에 도착해야 한다. 어떤 지하철이냐도 매우 중요하고, 서울이나 서울과 인접한 지하철일수록 가치가 높아진다. 순환선인 2호선이나 강남 지역을 지나가는 3호선, 7호선, 9호선 등이 더 유망한 것도 이와 비슷한 이유다. GTX나 신분당선과 같은 광역급행철도의 역세권은 더 장기적인 가치 상승이 기대된다고 할 수 있다.

즉, 같은 역세권이라 하더라도 미래가치를 반영한 곳을 선별하는 것이 중요하다. 특히 눈여겨봐야 하는 것은 2019년 통계청 자료 기준 서울 3대 업무지구와의 접근성이다. 다음 표를 통해 알 수 있듯 CBD, YBD, GBD에 많은 직장이 몰려 있는 만큼 해당 지구에 지하철로 몇 분 이내에 도착하느냐가 이후의 수요와 직결된다고 볼 수 있다.

아파텔은 대부분 역세권에 위치해 있지만 탁월한 구조나 옵션, 확정되지 않은 교통호재를 강조하며 비역세권 지역에 분양을 유도하는 경우도 있다. 처음 투자할 때 이런 사례를 특히 조심해야 한다. 물론 비역세권인 경우에도 유망한 직장과 인접하거나 분양가가 낮다면 시세가 상승하기도 하지만 대개 장기적으로 끌고 가기는 어렵다. 이후에 설명할 아파텔의 태생적 한계 때문에 아파트 대비 강점이 반드시 필요한데, 역세권이 아니라면 격차가 벌어질 가능성이 높다. 그런 아파텔은 결국 경쟁력을 잃어 도태될 수밖에 없다.

서울 3대 업무지구

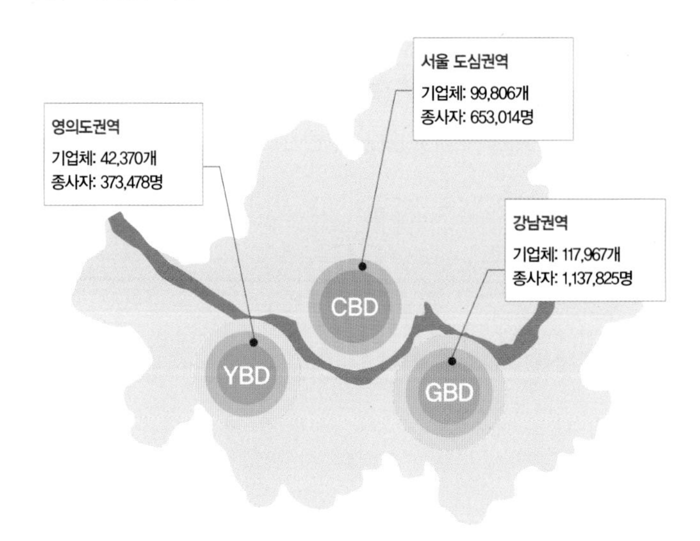

출처: 통계청

체크 2. 10년 이내 신축인가?

아파트는 재건축 연한이 도래해 현재 그 과정이 진행 중인 상황이라면 오히려 구축일수록 시세가 가파르게 상승하는 경우가 있다. 반면 아파텔에 투자하는 것이라면 가능한 신축을 선택하는 것이 유리하다. 물론 2020년에 오피스텔의 재건축 요건이 기존 주민 동의 100%에서 아파트와 동일한 80%로 변경되었다는 점은 아파텔 또한 장기투자를 기대하게끔 하는 요인임이 분명하다. 하지만 아직은 오피스텔 대단지의 재건축 사례가 전무한 만큼 이 부분은 보수적으로 접근할 필요가 있다.

또한 최근에 지어진 아파텔과 지어진 지 10년이 지난 기존 오피스텔과의 구조 차이도 고려해야 한다. 10년 이상 된 오피스텔은 대부분 업무용으로 지어졌기에 실거주에 적합하지 않은 경우가 많다. 복도식으로 되어 있고, 보안과 방음에 취약하며, 당시의 낮은 분양가를 고려하여 저렴한 자재를 사용했을 가능성이 높다. 주방 환기나 맞통풍 등을 고려하지 않은 설계가 대부분이며, 냉난방 시스템이 갖추어져 있지 않은 경우도 흔히 볼 수 있다. 84m² 이상 오피스텔이라면 바닥 난방이 되는지도 확인해보아야 한다.

최근에 분양한 아파텔은 확실히 아파트와 많은 부분이 닮아 있다. 실거주가 대폭 증가하면서 자연스럽게 적용된 부분인데, 특히 단지 커뮤니티에서 빌라와 같은 주택과의 차별성이 두드러진다. 피트니스 센터, 수영장, 택배 시스템, 입출입 관리 시스템은 물론, 개인 창고와 조식을 제공하는 아파텔도 있다. 이러한 커뮤니티의 등장이 편의성을 높이면서 아파텔의 수요도 조금씩 증가하는 추세다.

신축 아파텔은 2019년에 개정된 주차장법에 따라 법정 주차 대수가 전용면적 85m² 기준으로 산정되며, 아파트처럼 1실이 1세대로 정해져 있어 주차 또한 상대적으로 편리하다. 기존 오피스텔이 1룸 위주로 주차 대수가 턱없이 부족했다면 지금은 1세대당 최소 1대 이상의 주차 공간을 확보할 수 있다.

체크 3. 브랜드 단지인가?

처음 프리미엄 브랜드 아파트가 탄생했을 때를 떠올려보면 자조적인 반응이 지배적이었다. 하지만 브랜드에 따라 시세가 결정되다보니 자연스럽게 연도별 시공사[1] 순위가 업데이트되기에 이르렀고, 결국 브랜드 여부가 해당 아파트의 수요를 결정하는 주요 척도가 되었다. 환금성과 표준화된 가격이 부동산 투자의 기준을 아파트로 정해주었을 만큼 중요한 기준이기에 아파텔 또한 이런 흐름을 따라갈 수밖에 없다.

아파텔 브랜드로 널리 명성을 떨친 곳으로 현대건설의 '힐스테이트', 대우건설의 '푸르지오', 포스코건설의 '더샵', GS건설의 '자이' 등을 꼽을 수 있는데, 이들은 실제로 2021년 국토교통부가 발표한 시공능력평가 순위에서 10위권 내에 이름을 올렸다. 브랜드에 있어서는 아파트와 아파텔의 구분이 사실상 사라진 것이다.

물론 브랜드가 모든 것을 결정할 수는 없다. 유명 시공사가 분양한 단지라고 해서 하자나 결함이 발생하지 않는 것은 아니며, 관련 소식을 다양한 매체를 통해 접한 적이 있을 것이다. 그럼에도 많은 사람이 브랜드를 선택하는 것은 문제가 발생했을 때 빠르고 정확하게 손상을 보상받을 수 있을 것이라는 기대 때문이다.

즉, 앞서 언급했듯 아파텔 투자의 중요한 기준은 바로 '수요 창출'이다. 내가 아닌 타인이 필요로 하는 요인을 고려하는 것이 부동산 투자의 1순위 원칙이라면 당연히 누구나 찾는 브랜드가 중요하지 않을까?

---

1 시행사/시공사: 시행사는 부지 매입부터 각종 인허가 및 공사의 전 과정을 관리하는 회사이며 시공사는 시행사로부터 발주를 받아 단순 공사만을 담당하는 곳을 의미한다. 삼성물산, GS건설, 대우건설, 현대건설 등의 건설사들이 바로 시공사다.

시공능력평가 상위 10개사(토목건축공사업)

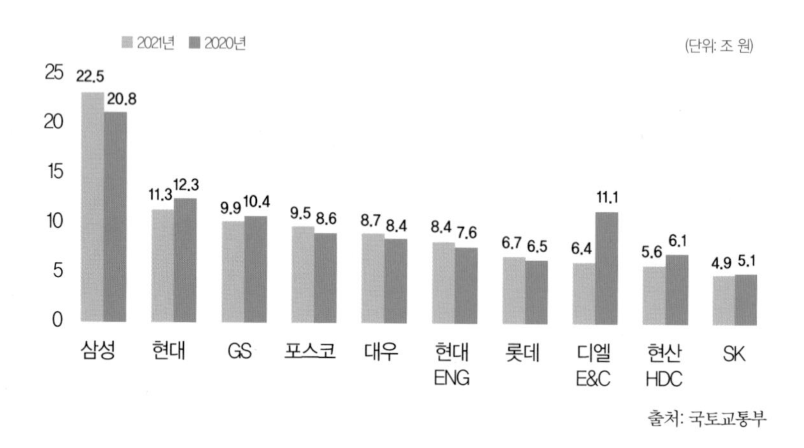

출처: 국토교통부

체크 4. 500세대 이상인가?

가급적이면 500세대 이상 대단지를 선택해야 한다. 그래야만 제대로 된 상권이 조성되고 생활 편의성 또한 개선될 수 있다. 그리고 무엇보다 오피스텔의 단점으로 꾸준히 지적되었던 높은 관리비를 획기적으로 낮출 수 있다. 기존 1룸 위주의 오피스텔은 임차인의 거주율이 압도적으로 높았기에 제대로 된 소유주 중심의 관리단이 조직되기 어려웠다. 실제로 소유주들이 실거주하지 않아 오피스텔의 거주 환경 개선에 관심을 가지지 않았고, 자연스럽게 관리단 없이 운영되다보니 체계적으로 관리비 운영을 할 수 없는 경우가 대부분이었다.

대단지 여부는 환금성에도 영향을 미친다. 종종 "우리 오피스텔은 입지도 좋고 조건이 월등한데 팔리지 않아!"라고 호소하는 사람이 있는데, 100세대 미만의 소규모 단지인 경우가 많다. 실거래가가 반영되어야 시세를 끌고 갈 수 있고, 세대수가 적으면 매매 자체가 거의 이루어지지 않기 때문에 매수자의 수요를 자극하기 어렵다.

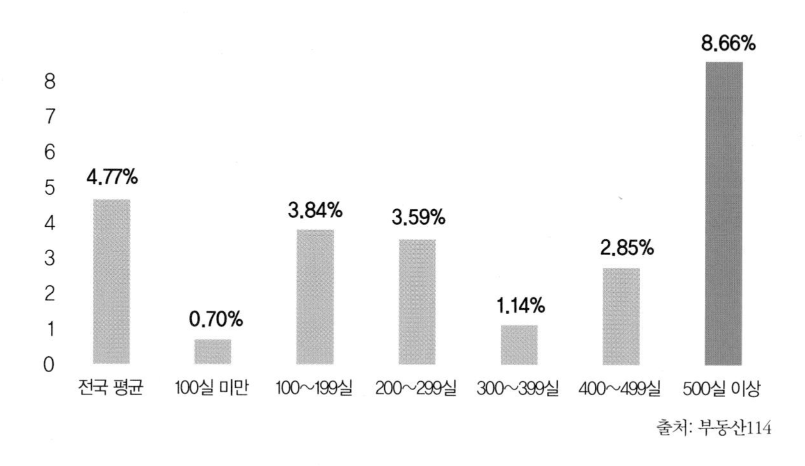

출처: 부동산114

부동산114의 자료에 따르면 2021년에 분양한 전체 오피스텔 중 1,000세대 이상 대단지는 전국에서 단 4곳에 불과하다. 2020년에는 185군데 중 3곳, 2019년에는 290군데 중 4곳이었다. 즉, 대단지 오피스텔은 공급이 압도적으로 적어 희소성이 높으며, 그로 인해 하락장에서도 방어가 용이하다.

체크 5. 교통호재가 있는가?

교통호재라 함은 보통 해당 단지 근처에 철도가 신설되는 경우로 한정하는데, 이는 이동의 정시성을 보장하기 때문이다. 특히 인구과밀지구는 출퇴근 시간에 교통이 집중되어 자가용이나 버스를 이용할 경우 원하는 시간 안에 목적지에 도달하기 어렵다. 따라서 교통 호재는 철도에 한정해 확인하는 것이 좋다. 버스 정거장이나 고속도로 등은 부가적인 요소일 뿐이다.

교통호재는 보통 발표 시기에 한 차례, 착공 시기에 한 차례, 완공에 맞춰 한 차례, 총 3차례에 걸쳐 시세를 견인하는데, 단순히 호재가 있느냐 없느냐로 접근할 것이 아니라 세부적인 분석이 필요하다. 예를 들어 같은 지하철이라 해도 몇 호선인지, 어떤 곳을 경유하는지에 따라 가치가 천차만별이다. 강남을 경유하는 광역급행철도나 서울 3대 업무지구를 직접 지나치는 곳을 선점하는 것이 유리하다. 물리적인 거리 외에도 기존 지하철보다 빠른 신분당선이나 GTX를 이용해 시간을 압도적으로 단축할 수 있다면 이 또한 가점을 부여할 수 있다.

체크 6. 2룸 이상인가?

전통적인 오피스텔은 대부분 1룸이나 1.5룸으로 구성되어 있다. 이런 구조는 1~2인 가구가 살기에 적합해 임대가 대부분이고, 소유주가 실거주하는 경우는 드물다. 특히 2020년 7·10 대책 이후 일부 사례에서 오피스텔이 주택 수에 포함되면서 임대 위주의 물건은 투자 수요가 급격히 줄었다. 실제로 2021년 한 해 동안 전용면적 40m² 이하 오피스텔의 시세는 1%도 채 오르지 않았다. 급격히 오른 물가를 감안하면 오히려 손실을 입었다고 봐도 과언이 아니다.

2룸 이상을 강조한 것은 구조 면에서도 차별화되어 있기 때문이다. 최근 분양한 2룸 이상의 아파텔은 실거주에 용이하도록 취사와 구조 면에서 전통적인 오피스텔과 차이를 보인다. 다음 평면도를 보면 쉽게 이해할 수 있을 것이다. 아파트와 동일하게 맞통풍이 가능하고, 2베이 이상의 구조를 확보해 해가 잘 들며 생활 편의성 또한 뛰어나다.

2룸 이상 아파텔 평면도

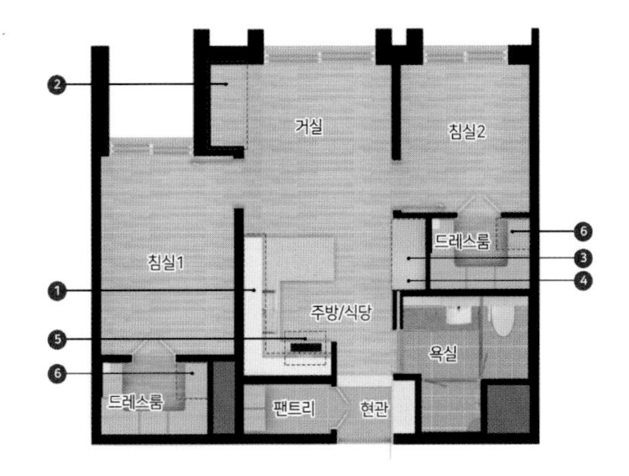

출처: 힐스테이트 홈페이지

또한 서울은 최소 2룸, 수도권이나 지방 거점도시라면 3룸 이상이 좋다. 서울은 주거지역을 신설할 만한 땅이 극히 적은 만큼 대단지 아파텔 건축이 쉽지 않다. 따라서 2룸 이상의 조건이라면 충분히 투자가치가 있다. 하지만 수도권이나 지방 거점도시에는 아직 신축이 들어설 부지가 충분하기 때문에 서울과 비서울을 동일한 조건으로 설정하는 것은 무리가 있다. 또한 단지 내에 1룸 세대가 적을수록, 가능하다면 아예 없는 것이 좋다. 1룸이 많을수록 임대 수요가 늘어남에 따라 관리에 허점이 생기고, 그만큼 실거주 여건이 악화되기 때문이다.

2룸 이상의 조건은 주차와 관련해서도 자연스럽게 이점이 있다. 오피스텔은 주차장법 개정에 따라 전용면적 산정 방법과 세대 기준이 아파트와 동일하게 적용되면서 1세대당 1대의 주차장이 의무화됐다. 단, 서울을 기준으로 할 때 오피스텔 전용면적 30m² 이하의 경우 0.5대, 60m² 이하의 경우 0.8대로 완화된 규정을 적용함에 따라 2룸 이상이어야 주차 공간을 안정적으로 확보할 수 있다.

특히 기계식 주차 설비가 전체 주차장 면적의 30%를 넘지 못하도록 개정되어 최근에 공급되는 오피스텔은 자주식 주차 공간을 확보해야 하는데, 그로 인해 지하 연면적이 넓어지고 있다. 지하 6층까지 주차장을 설계하는 오피스텔도 있다.

국토교통부는 2021년 12월 기준 전국 자동차 등록 대수는 2,491만 대이며, 인구 2.07명당 1대의 자동차를 보유하고 있다고 밝혔다. 이는 미국 1.1명, 일본 및 독일의 1.6명보다 적은 수치이며, 낮은 출산율 및 노령화 속도를 감안할 때 결국 우리나라 역시 주요 선진국의 평균에 수렴할 것이다. 이러한 통계를 감안하면 오피스텔 또한 주차 공간의 중요성이 매우 커질 것이라 예측할 수 있다.

건설사 입장에서 보면 당연히 1룸이나 1.5룸의 오피스텔 구조가 유리하다. 유동성의 증가로 땅값이 오르고 있고, 특히 수도권에서는 대지를 구하는 것이 매우 어렵다. 건설사들은 땅을 어렵게 구했다 하더라도 아파트 분양가 상한제로 인해 분양가를 높일 수 없기 때문에 수익을 내기 위해 오피스텔 분양에 집중하고 있다. 하지만 이 또한 2룸 이상의 오피스텔은 법정 주차 대수를 맞춰야 하고, 기계식 주차 제한으로 대지를 더 확보하거나 지하를 깊이 파야 하기에 주차 대수 기준이 낮은 1룸과 1.5룸을 선호할 수밖에 없다. 따라서 투자자들은 반대로 2룸 이상의 오피스텔이 가진 희소성에 주목해야 한다.

체크 7. 소유주 중심의 관리단이 있는가?

기존 소형 오피스텔은 관리단이 없어 관리비가 높고 주변 환경이 낙후되어 있는 경우가 많다. 하지만 최근에 입주한 대단지 아파텔은 대부분 관리단이 구성되어 있다. 소유주의 실거주가 많고 차익 투자로 접근하는 세대가 많아서인데, 단순히 이러한 이유만으로 관리단이 제대로 구성되어 있는지 판단하기는 어렵다. 따라서 어떻게 관리단을 운영하는지 면밀히 들여다볼 필요가 있다. 단지에서 운영하는 온라인 카페에 가입해 확인하거나 관리실에 비치된 회의록이나 회의 자료를 열람하는 것도 대안이 될 수 있다.

09

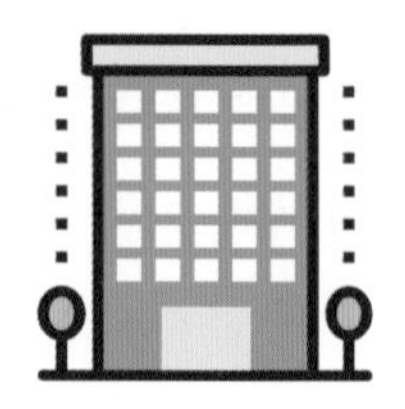

아파트를 이기는 아파텔의 3요소

인근 아파트 대비 강점을 찾아라

제아무리 입지가 압도적으로 좋다 한들 지금부터 소개할 요소들이 충족되지 못하면 큰 시세 차익을 얻기 어렵고, 대장 아파트의 시세를 뒤늦게 쫓아갈 수밖에 없다. 유망한 아파텔의 조건 중 사실상 가장 중요한 요소라 할 수 있다. 크게 학군(초등학교, 학원가), 역세권(직주근접 여부, 지하철, 교통호재), 주변 환경(대체 평수 여부, 쇼핑몰, 대형병원, 공원, 강, 하천 등 자연친화적인 요소)으로 나누어 설명하도록 하겠다.

요소 1. 학군

학군은 초등학교나 학원가 인접 여부를 중점적으로 봐야 한다. 초등학교가 단지 내에 있는지, 짧은 횡단보도 1개 정도만 건너면 도달할 수 있는지 여부가 아파텔의 경쟁력을 좌우한다. 실제로 초등학교가 단지 내에 있는 아파텔은 그것만으로도 해당 수요를 발생시킨다. 정문이나 후문의 위치가 어디인지에 따라 동 간 시세가 달라지는 경우도 있다.

중학교나 고등학교는 필수 요건은 아니지만 당연히 가까울수록 유리하다. 학군지로 유명한 서울 대치동, 중계동, 목동 그리고 경기도 분당, 일산, 평촌과 같은 신도시 지역의 유명 중학교 근처 단지는 가치가 높을 수밖에 없다. 2022년 기준 초등학교 입학생 수는 약 42만 명이다. 2027년에는 약 27만 명까지 급감할 전망이지만 자녀 수가 줄어들 뿐 학군지로 이동하는 가구 수는 동일하다. 게다가 아파트실거래가의 자료를 통해 알 수 있듯 새 학기가 시작되기 전

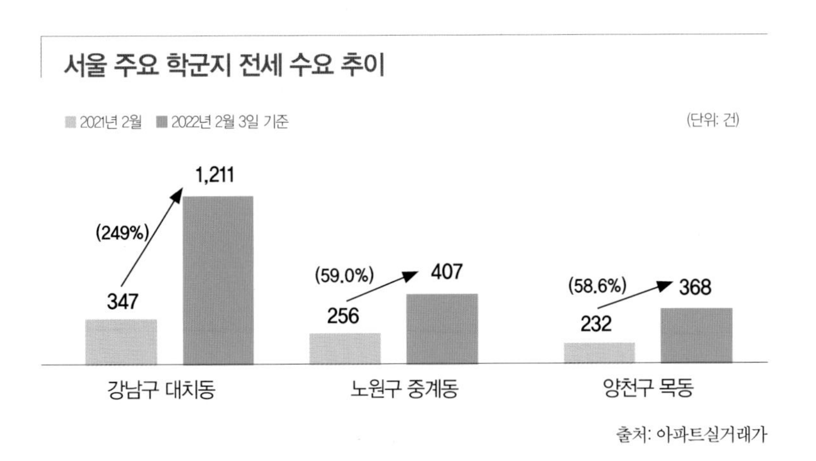

에 이사하려는 수요가 꾸준한 것을 보면 학군은 여전히 중요한 요소임이 분명하다.

학원가는 오랜 기간 누적되어온 결과물이다. 앞서 언급한 학군지에는 대부분 대형 학원가가 밀집해 있다. 학원가가 추가로 신설되려면 명문 학교와 생활편의시설이 있어야 하고, 기존 학군지와 거리가 있어야 하며, 인근에 신축 대단지 주택이 다수 공급되어야 한다. 서울 및 수도권에는 이러한 지역이 쉽게 떠오르지 않는다. 이것이 바로 기존 학원가가 오래 지속될 수밖에 없는 이유다.

이렇듯 인근 아파트 대비 아파텔의 강점 중에서 학군은 절대 빼놓을 수 없는 요소다. 주요 학군지에 투자를 고려한다면 학교와 학원가가 인접한 곳을 선택해야 한다. 이때 함께 고려해야 할 요소가 있다. 학군지를 선택하면서 2룸의 아파텔에 투자한다면 어떻게 될까? 2룸 이하 공간에서 초등학생 이상의 아이와 부모가 함께 사는 것은 현실적으로 쉽지 않다. 학군지라 하더라도 2룸 이하의 아파텔이라면 그 수요를 기대하기는 어렵다. 즉, 아파텔의 주요 요소들을 나열해놓고 충족 여부만 확인할 것이 아니라 상호작용까지 함께 고려해야 한다는 뜻이다.

요소 2. 역세권

앞서 아파텔 투자에 있어 역세권(철도)의 중요성을 언급한 바 있다. 특히 이 점은 아파트 대비 강점으로 자주 언급되는데, 아파트보다 지하철역이 가깝다는 이유만으로 아파텔에 가점을 주는 것은 유의해야 한다. 오피스텔은 대부분 준주거지역이나 상업지역에 지어지므로 철도는 강점이라기보다는 필수 요소인 경우가 더 많기 때문이다. 따라서 역세권 기준인 반경 500m(도보 8분) 이내에 있는지, 추가 교통호재는 없는지 꼼꼼하게 확인해야 한다.

2021년에 고시한 '제4차 국가철도망 구축계획'[2]을 기준으로 단순 소문이나 검토 차원이 아닌 실제 진행 중인 호재에 근거해 접근해야 한다. 특히 일반적인 지하철보다는 GTX나 신분당선과 같은 광역급행철도를 눈여겨보아야 한다. 현재 GTX-A가 공사 중이고 GTX-B와 GTX-C도 예비 타당성 조사를 통과해 기본 계획 고시나 착공을 앞두고 있다. 신분당선 역시 수원 호매실 및 용산역까지 연장을 확정지었고, 서북부 연장안 또한 2022년 이내 발표를 준비 중이다. 이러한 교통망을 다른 교통수단으로라도 5분 이내에 이용할 수 있는 입지의 아파텔은 가치가 더 오를 수밖에 없다.

직주근접도 고려해야 한다. 지하철역이 가깝더라도 서울 3대 업무지구와 멀다면 투자가치가 떨어진다. 물리적인 거리가 멀다면 언급한 광역급행철도를 통해 시간을 앞당겨야 한다. 직장 밀집 지역을 도보로 이용할 수 있다면 더욱 좋다. 서울 마곡지구와 경기도 판교지구가 대표적인 곳이라 할 수 있다. 도보권에 가까운 아파텔일수록 시세 상승을 빠르게 견인할 것이다.

---

2 제4차 국가철도망 구축계획: 국토교통부가 수립한 2021~2030년 철도 건설 추진 계획을 담은 4번째 국가철도망 구축계획이다. 철도 운영 효율성을 제고하고 광역급행철도망을 구축하며 신규 광역철도망을 확대해 수도권의 과밀화를 방지하고 전국의 균형 발전을 도모하는 내용을 골자로 한다.

윤석열 정부 수도권 철도 관련 공약

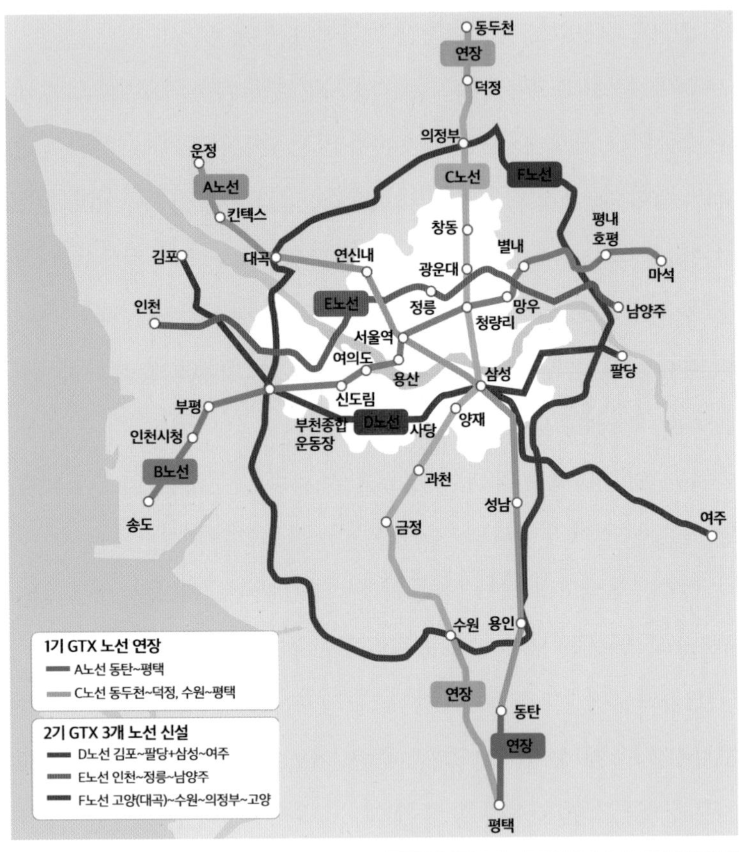

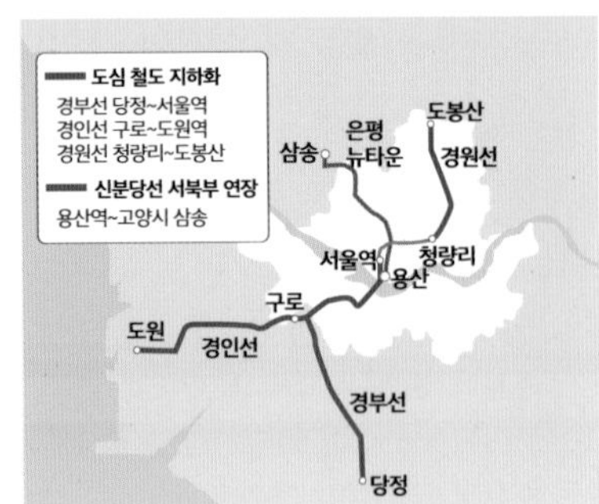

요소 3. 주변 환경

주변 환경은 다양한 요소를 함께 고려해야 한다. 우선 인근 아파트와 평형대가 겹치지 않는 것이 좋다. 아파트의 전용면적 59타입을 아파텔의 84타입과 동일한 크기라고 본다면 주변에 해당 평형대가 적을수록 수요를 가져오기에 용이하다. 즉, 인근에 59타입 25평대 아파트가 적을수록 84타입 25평대 아파텔의 가치가 빠르게 오를 수 있다. 반대로 유사한 평수가 많다면 해당 아파트의 공급이 부족한 경우에 한정해 아파텔의 수요가 발생하게 된다. 이런 경우 아파텔에서 가장 중요한 희소성 확보가 어렵기 때문에 특히 중요한 요소라 할 수 있다.

'몰세권'이라 불리는 복합 쇼핑몰의 여부도 중요하다. 늘어난 유동성과 미세먼지 등의 여파로 이러한 쇼핑몰의 인기는 여전히 지속되고 있다. 따라서 아파텔 또한 대형 쇼핑몰이나 백화점, 아울렛을 도보로 이용할 수 있는 곳을 주목해야 한다. 이른바 '스타필드 효과'라 불리는 신세계 스타필드 쇼핑몰 사례를 생각해보자. 스타필드는 쇼핑뿐 아니라 문화와 교통, 인구 증가와 같은 부가적인 효과를 창출하며 인근의 집값 상승을 견인하고 있다.

부동산114의 자료에 따르면 하남시의 3.3m²당 평균 가격은 2016년 9월 '스타필드 하남' 개장 당시 1,424만 원이었다. 그런데 개장 후 1년 만에 1,640만 원으로 크게 올랐고, 2021년 말에는 3,010만 원까지 급등하며 개점 시점 대비 2배 이상의 가격 상승을 보였다.

2017년 8월 '스타필드 고양'이 들어선 고양시 덕양구의 사례도 마찬가지다. 2021년 고양시 덕양구의 3.3㎡당 평균 가격은 1,867만 원으로, 개장 시점 가격인 1,061만 원 대비 75.4% 상승했다. 2020년 10월 '스타필드 안성'이 개장한 안성시 역시 3.3㎡당 평균 가격이 개장 시점 619만 원에서 2021년 말 기준 895만 원으로 44.6%의 상승률을 보였다.

스타필드 개장 전후 집값 상승률(3.3㎡당 기준)

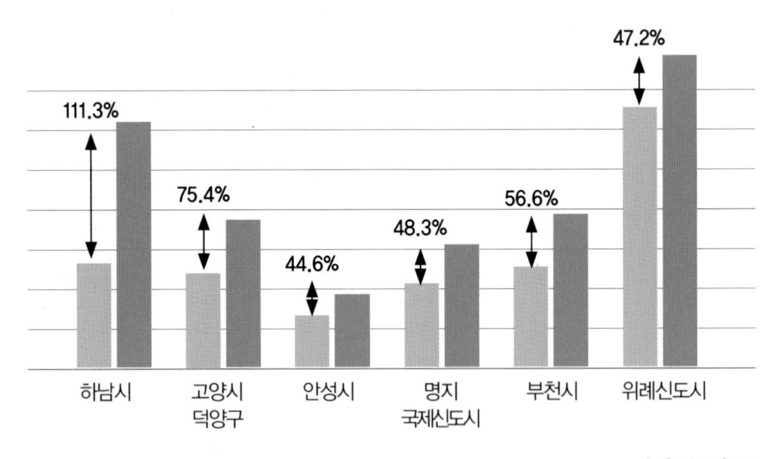

출처: 부동산114

대형 병원 유무도 절대 간과해서는 안 되는 요소다. 대형 병원이 수도권 곳곳에 들어서면서 부동산 가치를 높이는 사례가 많은데, 이는 편리하게 의료 서비스를 이용할 수 있을 뿐만 아니라 고소득 의료 종사자의 유입으로 수요가 크게 늘어나기 때문이다. 또한 노령화 진행 속도를 생각했을 때 도보로 통원할 수 있는 병원과 인접한 단지는 가치가 오를 수밖에 없다.

대규모 공원이나 강, 하천 등의 자연친화적인 요소도 아파텔의 강점으로 작용할 것이다. 거실에서 조망할 수 있는 곳이라면 더욱 좋다. 서울숲이나 한강, 호수공원이 보이는 단지는 물론이고, 산책을 할 수 있는 아파텔은 그야말로 유망하다. 소비를 제외한 일상에서 언택트의 중요성도 함께 높아지기 때문이다.

지금까지 무조건 오르는 아파텔 투자의 8가지 필수 조건을 살펴보았다. 아파텔에 성공적으로 투자하고 싶다면 반드시 이 조건들을 기억해두기 바란다.

무조건 오르는 아파텔 투자의 8가지 필수 조건

- ☑ 역세권인가?
- ☑ 브랜드 단지인가?
- ☑ 교통호재가 있는가?
- ☑ 소유주 중심의 관리단이 있는가?
- ☑ 인근 아파트 대비 강점이 있는가?
- ☑ 10년 이내 신축인가?
- ☑ 500세대 이상인가?
- ☑ 2룸 이상인가?

10

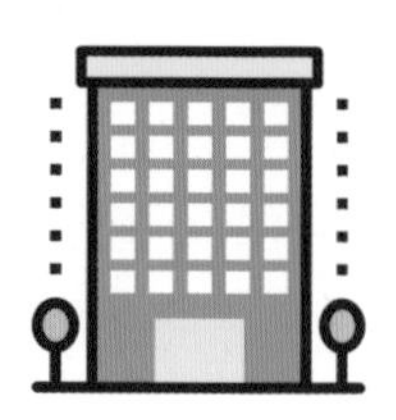

8가지 조건으로 보는 투자 포인트 분석

실제 사례를 통해 배우는 아파텔 성공 투자

앞서 무조건 오르는 아파텔의 조건들을 분석해보았다. 그렇다면 실제로 이런 조건들이 갖추어져 시세가 가파르게 상승한 곳은 어디일까? 반대로 조건에 부합하지 못해 상승장에 크게 오르지 못한 곳은 어디일까? 이번 장에서는 조건별 실거래가에 맞춰 실제 단지들을 비교해보고자 한다. 조건이 맞지 않아 하락했거나 오르지 않은 단지는 지역명과 알파벳으로만 언급하도록 하겠다.

조건 1. 역세권

역세권 아파텔은 초역세권과 역세권, 비역세권으로 분류할 수 있다. 지하철과 바로 연결되는 단지의 경우 초역세권이라 표현하는데, 이런 곳이 교통호재와 만나면 더 큰 시너지를 내기도 한다. 예를 들어 인천광역시 연수구 송도의 힐스테이트 송도 더 테라스는 신설된 송도달빛축제공원역과 도보 약 5분 거리의 역세권이다. 2020년 여름 전용면적 84m² 기준 3억 5,000만 원대에 입주한 이곳은 약 1년 6개월 만에 6억 원 이상으로 71% 이상 시세 상승이 있었다. 반면 2018년 겨울에 입주한 인근 비역세권 전용면적 69m² D아파텔은 어땠을까? 4년간 실거래가가 3억 원에서 4억 원으로 33% 오르는 데 그쳤다.

힐스테이트 송도 더 테라스 입지

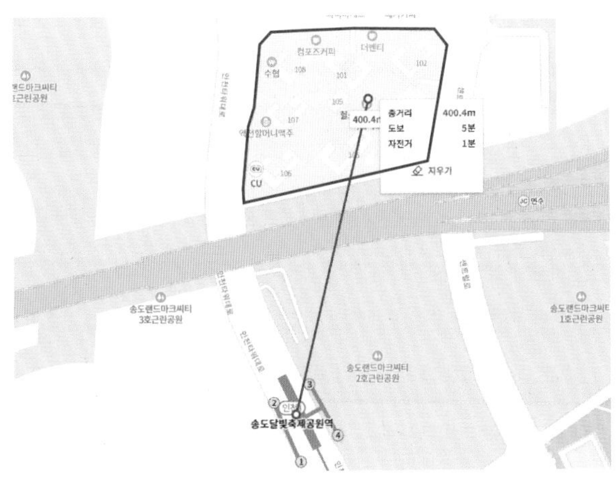

출처: 네이버 지도

조건 2. 신축

10년 이내 신축이냐의 여부도 중요한 변수가 된다. 아파트와 구조가 유사한 아파텔은 기존 구축 오피스텔과 차별점이 많기 때문인데, 경기도 성남시 판교 및 분당신도시에서 이런 경우를 쉽게 찾아볼 수 있다. 월곶판교선 서판교역이 예정된 힐스테이트 판교 모비우스는 2018년 8월에 입주했다. 2019년 전용면적 84m²의 실거래가는 5억 7,000만 원이었으나 2년 뒤인 2021년에는 10억 3,000만 원으로 81% 상승했다. 그렇다면 분당 야탑역과 인접한, 2003년에 입주한 N오피스텔은 어떨까? 전용면적 90m²의 실거래가는 2년간 3억 원에서 4억 원으로 33% 상승했다. 역세권이 아님에도 신축 아파텔이 더 큰 폭으로 가치가 오른 것이다. 대중교통이나 자가용으로도 후자가 판교 테크노밸리와 더 가깝다는 점을 고려할 때 신축, 특히 아파트와 동일한 구조의 아파텔이 갖는 강점은 그 어느 때보다 크다고 할 수 있다.

조건 3. 브랜드

아파텔에 임대 수익이 아닌 차익 투자 수요가 몰리면서 브랜드 또한 무시할 수 없는 요인으로 작용하고 있다. 한국부동산원 청약홈의 자료에 따르면 2020년 3월부터 2021년 2월까지 전국에 분양한 56개 오피스텔 중 시공능력평가 10위권 내 건설사가 시공한 오피스텔 16곳은 100% 청약을 마감했으나 그 외 건설사가 시공한 오피스텔 40곳은 단 9곳만 청약을 마감하며 22.5%의 마감률을 기록하는 데 그쳤다.

경쟁률 또한 마찬가지다. 2021년 1~10월 국내 10대 건설사들은 오피스텔 21곳의 청약을 진행했는데, 평균 29.8:1의 치열한 경쟁률을 보였다. 반면 중견 건설사가 분양한 38곳의 경쟁률은 평균 8.5:1로 큰 차이를 보였다.

이러한 청약 마감률과 경쟁률은 수익과도 직결되었다. 호갱노노의 실거래가를 기준으로 할 때 경기도 고양시 일산신도시 힐스테이트 일산(2019년 3월 입주)의 전용면적 84m² 매매가는 2021년 말 기준 9억 5,000만 원으로 2년 전보다 5억 원이 올랐으나, 약 500m 떨어진 비브랜드 단지 D아파텔(2020년 5월 입주)의 동일 면적 매매가는 1년간 약 1억 3,000만 원(6억 400만 원 → 7억 4,000만 원)밖에 오르지 않았다. 또한 부동산114의 자료에 따르면 2021년 2월 기준 경기도 수원시의 광교신도시 아파텔 광교 힐스테이트 레이크(2015년 9월 입주)의 3.3m² 매매가는 1,509만 원으로, 인근 비브랜드 U오피스텔(2018년 6월 입주)의 평당 매매가 894만 원과 615만 원의 시세 차이를 보였다.

이처럼 브랜드와 비브랜드 간의 격차가 커지고 있다. 이는 브랜드의 인지도와 대형 건설사가 보유한 상품성이 더해지면서 입주 시기와 입지가 비슷한 단지라 할지라도 시세 상승 폭이 크게 달라질 수 있음을 보여준다.

브랜드 아파텔의 또 다른 강점은 사업 안정성에 있다. 중소 규모의 건설사가 2019년에 준공한 I오피스텔은 1,009실과 상가 94실로 구성된 대규모 단지로, 입주 직전에 100% 완판 기념 이벤트를 열기도 했다. 그러나 실입주 시기가 되자 입주한 가구는 210세대에 불과했고, 400명이 넘는 계약자가 계약을 해지해버렸다. 나머지는 중도금 및 잔금 납부를 거부하며 버티는 중이다. 상가도 단 한 곳만 영업을 하고 있다.

시행사는 2020년 10월 기업회생절차에 들어갔다. 최초에 인근 테크노밸리에 대규모 산업단지가 들어올 것이라는 전망에 따라 분양에 들어갔으나 해당 사업이 무산되면서 약 2개월간 실제 계약률은 7%에 머물렀다. 결국 시행사는 수단과 방법을 가리지 않는 방식으로 분양을 이끌어내는 '조직분양'을 시작해 완판을 만들어냈고, 명의만 빌린 허위 계약을 만들어 고의로 부도를 냈다는 의혹까지 받고 있다. 결국 정상적으로 분양받은 계약자들만 피해자가 된 사례로 남았다.

조건 4. 대단지

500세대 이상의 대단지 아파텔일수록 가치가 빠르게 높아진다. 경기도 고양시 덕양구 힐스테이트 삼송역은 약 1,000세대의 대단지로, 지하에서 바로 지하철역과 연결되는 구조가 특징이다. 2019년 이 아파텔의 전용면적 84m² 실거래가는 약 4억 원이었으나 2년 만에 9억 2,000만 원으로 130% 이상 올랐다. 반면 고양시 덕양구 행신역 초역세권에 위치한 비슷한 연차의 동일 면적 60세대 R아파텔은 2년간 3억 5,000만 원에서 4억 원으로 단 14% 오르는 데 그쳤다. 실질적인 물가 상승을 감안하면 거의 움직임이 없는 상태라 할 수 있다.

힐스테이트 삼송역 입지

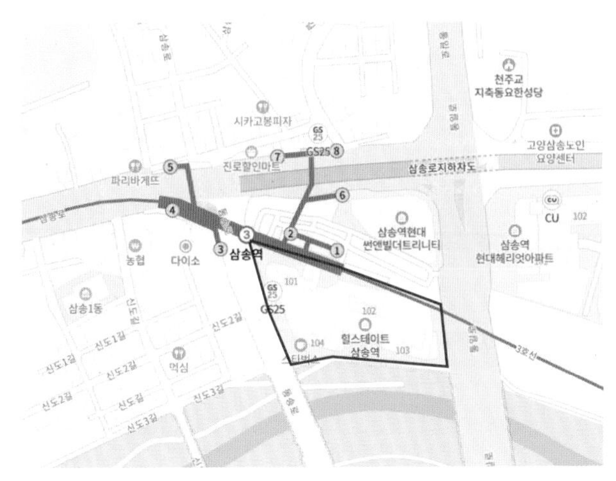

출처: 네이버 지도

조건 5. 교통호재

교통호재는 수도권 광역급행철도를 따라가보면 쉽게 사례를 찾을 수 있다. 현재 공사 중인 GTX-A 킨텍스역 부근 경기도 고양시 일산 킨텍스 꿈에그린의 매매가는 전용면적 84m² 기준 2019년 9월 4억 7,000만 원에서 2021년 9월 9억 7,000만 원으로 2년간 106%나 상승했다. 반면 비슷한 시점에 입주한 동일 면적의 H아파텔은 초등학교와 인접해 있으나 교통호재와의 거리 때문에 5억 원에서 8억 5,000만 원으로 상대적으로 낮은 70% 상승에 그쳤다.

일산 킨텍스 꿈에그린 입지

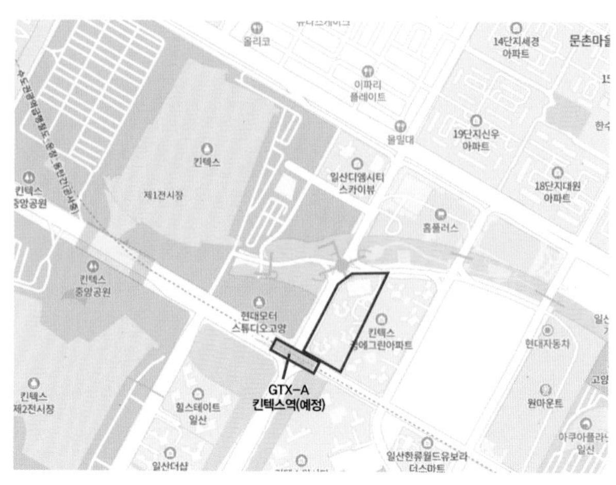

출처: 네이버 지도

조건 6. 2룸 이상

서울의 경우에는 2룸, 수도권과 지방 거점도시의 경우에는 3룸 이상이어야 강점이 있다. 경기도 수원시 광교신도시에 있는 광교 에듀하임1309는 신분당선 연장 호재가 있는 광교중앙역과 매우 가깝다(도보 7분). 이곳은 1,309세대 중 1룸과 2룸, 3룸이 약 4:3:3 수준으로 공급되어 전용면적 증가에 따른 가치 상승을 비교해볼 수 있다. 실제로 1룸인 전용면적 25m²는 2019년 말부터 2년간 1억 4,000만 원에서 1억 7,500만 원으로 25% 상승에 그친 반면, 2룸인 47m²는 동기간에 2억 7,000만 원에서 5억 원으로 85% 상승했다. 그렇다면 3룸은 어땠을까? 3룸인 63m²는 3억 2,000만 원에서 7억 2,000만 원으로 125%나 가파르게 가치가 상승했다.

광교 에듀하임1309 입지

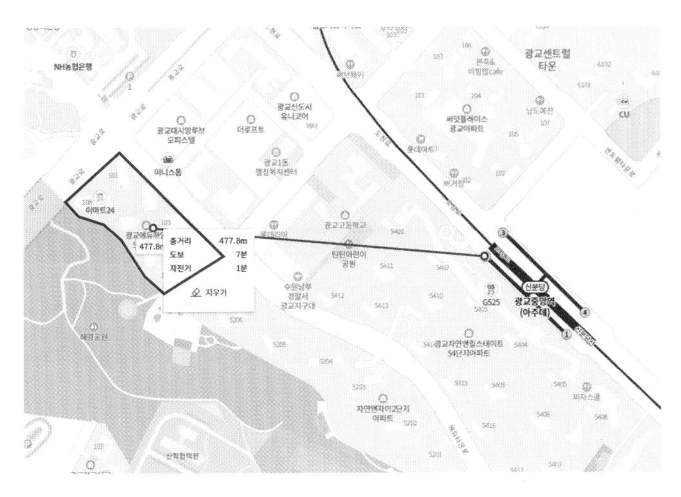

출처: 네이버 지도

조건 7. 소유주 중심의 관리단 구성

최근 입주한 대단지 아파텔은 관리단을 제대로 구성해 운영하는 경우가 많다. 대표적인 곳으로 위례, 수원 광교, 남양주 별내, 고양시 일산 킨텍스, 덕양구 삼송에 있는 신축 아파텔을 꼽을 수 있다. 하나같이 온라인 카페를 통해 입주민 정보와 운영 내역 및 진행 현황을 지속적으로 업데이트하고 있다. 관리단이 잘 구성된 아파텔의 시세를 수치화할 수는 없으나 결국 그들의 활동이 가치 상승과 직결되는 만큼 관리단 구성 여부를 반드시 확인해보아야 한다.

실제 임장을 다녀온 곳 중 관리단의 역할이 특히 두드러졌던 곳은 분당 신분당선 정자역 인근에 위치한 두산 위브 파빌리온이었다. 이곳은 2005년에 입주한 복도식 구축 아파텔이지만 눈이 올 때나 비가 올 때나 주차 관리가 잘되고 있었고, 분리수거장이 항상 청결했다. 중개업소에서도 이 부분을 여러 차례 언급했을 정도로 독보적인 수준이었다. 이러한 관리단의 역할은 시세에도 크게 반영되어 2019년 말 5억 8,000만 원이었던 전용면적 75~77m² 타입은 2년 뒤인 2021년 10억 4,000만 원으로 급등했다. 복도식 구축 아파텔의 특성을 감안한다면 관리단의 역할이 얼마나 중요한지 알 수 있는 대목이다.

조건 8. 인근 아파트 대비 강점

이 부분은 앞서 언급한 것과 마찬가지로 학군(초등학교, 학원가), 역세권(직주근접 여부, 지하철, 교통호재), 주변 환경(대체 평수 여부, 쇼핑몰, 대형 병원, 공원, 강, 하천 등 자연친화적인 요소)으로 나누어 살펴보도록 하겠다.

① 학군

현재 단지 내에 초등학교가 있는 아파텔은 전국에서 손에 꼽을 정도다. 따라서 그러한 단지는 희소성 측면에서 큰 강점을 가지고 있다. 창릉초등학교가 단지 내에 있는 고양시 덕양구 삼송지구 e편한세상시티 삼송의 전용면적 84m² 실거래가는 2019년 말 4억 원대였으나 2년 후인 2021년 말에는 8억 7,000만 원을 기록했다. 무려 116%나 상승한 것이다.

천안아산의 천안불당 시티프라디움 역시 단지 내에 호수초등학교가 개교하면서 2019년 말 2억 6,000만 원이었던 실거래가가

단지 내 초등학교를 품은 e편한세상시티 삼송

2년 뒤에 4억 6,000만 원으로 77% 증가했다. 인접한 동일 면적의 J아파텔은 KTX역과 더 가까움에도 불구하고 동기간에 2억 3,000만 원에서 3억 8,000만 원으로 65% 증가했다. 상대적으로 실거래가가 낮은 것을 고려하면 학군은 절대 무시할 수 없는 요소다.

2021년 8월 고양시 풍동에 분양한 아파텔 더샵 일산 엘로이는 백마 학원가를 적극적으로 홍보했다. 이곳은 고분양가 논란이 있었음에도 단 하루 만에 약 2,000세대 대단지가 100% 계약을 마쳤다. 3만 건이 넘는 청약이 접수되었고, 최고 경쟁률은 27:1을 기록했다. 서해선 연장과 GTX와 같은 교통호재 그리고 역세권 신축 브랜드 대단지에 전용면적 84m² 이상 3룸만 공급한 부분이 가장 큰 영향을 미쳤겠지만, 아파텔이 갖추기 힘든 학원가가 반경 1km 이내에 있다는 점 역시 투자자들의 구미를 당겼을 것이 분명하다.

천안불당 시티프라디움 입지

출처: 네이버 지도

더샵 일산 엘로이 입지

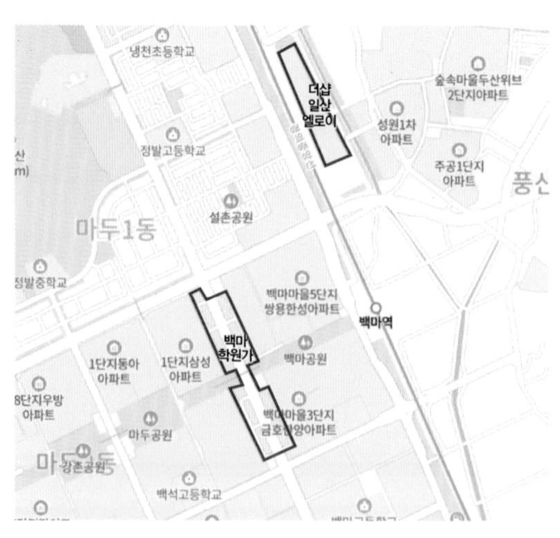

출처: 네이버 지도

② 역세권

직주근접에 따른 시세 차이는 경기도 성남시의 판교신도시를 보면 알 수 있다. 판교 SK허브는 2014년 11월에 입주한 약 1,100세대 대단지 아파텔로, 판교 테크노밸리와 도보 5~10분 정도 거리에 위치해 있다. 이러한 직주근접 덕분에 2019년 11월 6억 8,000만 원이었던 전용면적 84m²의 시세는 2년 뒤인 2021년 10억 2,000만 원으로 50% 가까이 상승했다. 2022년 3월 기준 호가는 14억 원에 달하는데, 매물이 없어 매매가 어려운 상황이다. 반면 역세권이지만 테크노밸리 판교역까지 환승이 필요한 동일 면적의 T아파텔은 2년간 5억 3,000만 원에서 6억 4,000만 원으로 21% 상승에 머물렀다.

판교 SK허브 입지

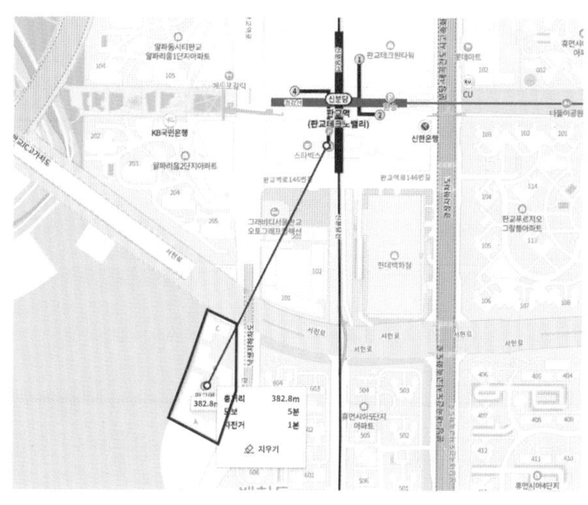

출처: 네이버 지도

③ 주변 환경

대형 쇼핑몰이 인접한 몰세권의 경우, 도보권이냐 아니냐에 따라 그 가치가 비교가 되지 않을 만큼 큰 차이를 보인다. 스타필드 고양과 인접한 e편한세상시티 삼송은 2019년 10월 4억 원에서 2021년 9월 8억 6,500만 원으로 2년간 116%나 올랐다. 이보다 조금 규모가 작은 스타필드 시티 위례 인근의 위례지웰푸르지오는 2019년 12월부터 2021년 8월까지 8억 9,000만 원에서 14억 4,000만 원으로 62% 가까이 올랐다. 비슷한 연차이나 해당 쇼핑몰과 도보권이 아닌 H아파텔의 3.3m² 당 시세보다 약 21% 높다.

대형 병원 또한 마찬가지다. 부동산 시장 분석업체 부동산인포에 따르면 현재 서울 노원과 인천 청라, 송도, 경기 파주, 시흥 배곧, 평택 등지에서 대형 병원 조성이 계획 중이며, 대부분 빅 5라 불리는 주요 병원들이 의료시설 확장에 나서고 있다. 이들 대형 병원이 들어서면 해당 지역의 집값이 상승할 가능성이 높다. 실제로 2019년 4월에 개원한 서울 은평성모병원과 도보 10분 거리에 위치한 은평뉴타운 엘크루의 59m² 2룸 시세는 3억 8,000만 원 수준에서 서서히 하락하다 병원 개원 1년 후부터 빠르게 상승해 5억 3,000만 원에 도달했다.

대규모 공원이나 강, 호수와 인접한 단지의 시세 상승은 이제 당연하게 느껴진다. 경기도 화성시 동탄신도시의 동탄 린스트라우스 더 레이크가 대표적인 예다. 이곳은 호수공원뷰가 매우 뛰어난데, 2019년 말 입주 당시 4억 1,000만 원이었던 전용면적 85m² 타입이 11억 원까지 상승했다. 반면 비슷한 입지와 시기에 입주한 60m²

J아파트는 3억 2,000만 원에서 6억 원까지 상승하는 데 그쳤고, 3.3m² 당 가격도 아파텔보다 45%가량 낮았다. 이렇듯 입지만 좋다면 아파텔도 얼마든지 아파트 대비 시세 우위를 차지할 수 있다.

신설을 앞둔 수도권 의료 인프라

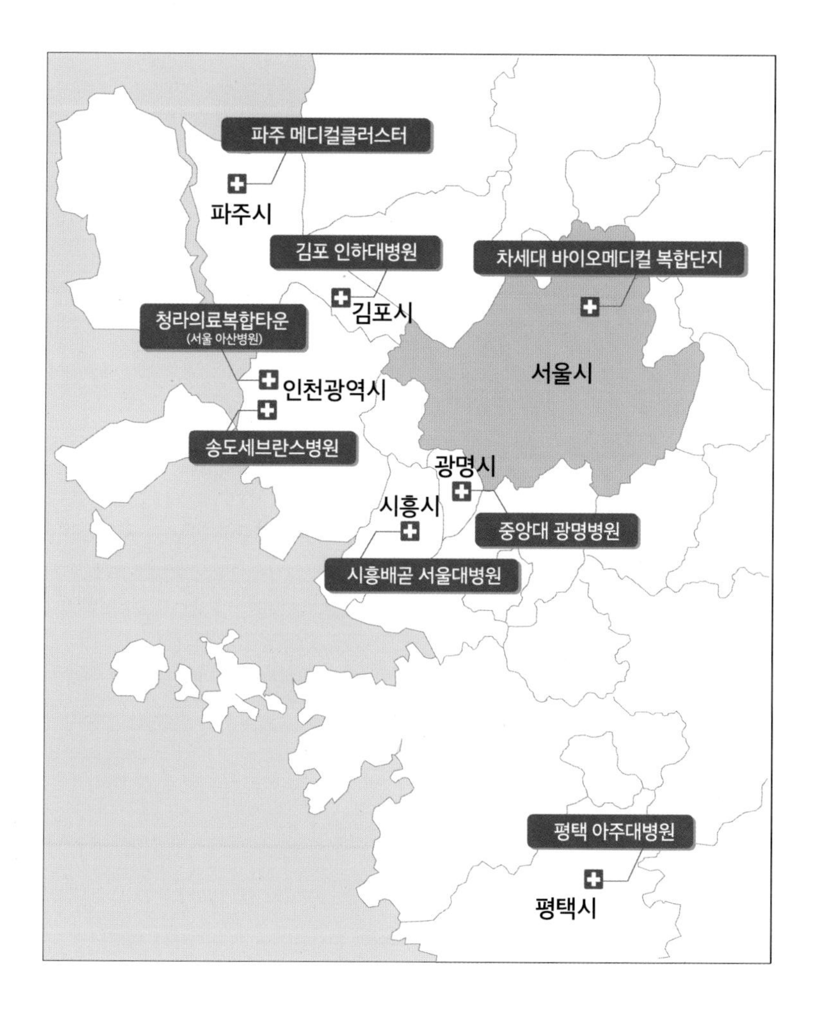

PART 4

자산을 불리는 아파텔 투자의 정석

11

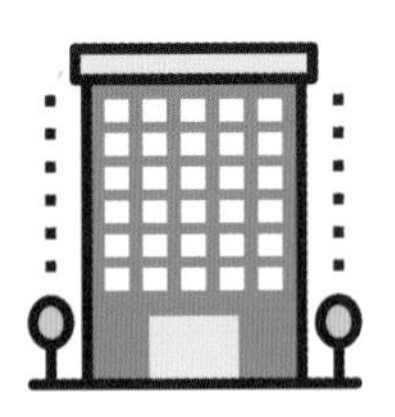

아파텔 매수 전 고려해야 할 3가지

지금까지 무조건 오르는 아파텔 투자의 8가지 필수 조건과 실제 적용된 사례에 대해 알아보았다. 그렇다면 직접 아파텔을 매수하려면 무엇부터 해야 할까? 그리고 아파텔 임장을 갔을 때 어떤 부분을 주의 깊게 봐야 할까? 어떤 지역이 유망할까? 이번 장에서는 이러한 질문에 대한 답을 구하고자 한다. 신혼부부나 추가로 투자를 고려하는 분들에게 유익한 장이 될 것이라 확신한다.

먼저 아파텔을 매수할 때 고려해야 할 점을 살펴보자. 가장 먼저 현재 본인의 상황을 정확하게 파악해야 한다. 어떤 곳을 매수해야 유리할지, 대출이 가능한지, 주택을 보유한 상태인지, 필요한 조건은 무엇인지 등 확인해야 할 것은 얼마든지 있다. 이때 가장 중요한 것은 해당 아파텔이 인근 아파트보다 나은 점이 무엇인지 파악해야 한다는 점이다. 또한 단순히 내가 필요한 요건보다 다수가 찾는 조건을 갖춘 곳이 비교우위에 있다는 사실을 항상 명심해야 한다.

① 위치: 어디에 살 것인가

앞서 서울 강남 아파트가 좋다고 해서 강남의 아파텔이 무조건 유망한 것은 아니라고 이야기했다. 실제로 강남역과 인접한 1룸, 1.5룸의 오피스텔은 주변 아파트와 달리 시세가 크게 오르지 않고 있다. 정책이 바뀌지 않는 한 이 흐름은 계속될 것이다. 이는 아파텔을 아파트와 동일한 기준으로 골라서는 안 되며, 그래서 무조건 오르는 아파텔 투자의 8가지 필수 조건을 따져야 한다는 의미다.

강남역으로 출퇴근하면서 초등학생 자녀를 키우는 외벌이 가구가 있다고 가정하자. 자본이 있다는 전제하에 아파트라면 학군까지 고려해 1순위 주거지역은 강남구 대치동이 될 가능성이 높다. 하지만 아파텔을 매수한다면 이야기가 달라진다. 아파텔은 구축이나 소규모 단지를 피하는 것이 좋으므로 서울 강남보다 비교적 대단지가 많은 경기도를 선택하는 것이 바람직하다. 거리로만 따지면 신축이면서 대단지 아파텔이 위치한 아파텔 택지지구를 기준으로 1순위는 위례, 하남, 분당, 2순위는 광교, 동탄 등이 될 것이다. 즉, 아파텔 투자 조건을 고려해 거주지를 선택해야만 거주 만족도와 가치 상승을 함께 노릴 수 있다.

만약 자녀가 있다면 학군지 근처 아파텔을 고려해야 한다. 서울 중계동이나 대치동, 목동 근처에는 아파텔 대단지가 거의 없으므로 분당이나 평촌, 일산 인근의 아파텔 매수를 고민해야 한다. 초등학교가 최우선이라면 당연히 도보권이 좋지만 학원가를 생각한다면 셔틀버스 운행이 가능한 지역까지 범위를 잡아도 무방하다.

직장 출퇴근을 따진다면 서울 3대 업무지구까지의 접근성이 가장 중요하다. 강남역 부근으로 출근한다면 위례, 하남, 분당 지역이 좋고, 신분당선과 GTX-A까지 생각한다면 광교, 동탄지구도 충분히 고려 대상이 될 수 있다. 여의도나 마곡 근처라면 평촌이나 고양시를, 광화문 인접 지역은 일산신도시나 고양 삼송지구를 선택하는 것이 좋다.

신혼부부의 경우 직장과 본가와의 거리를 고려해 택지지구의 신축 대단지 아파텔을 선택해야 한다. 또한 아파텔은 보유하고 있어도 청약 시 무주택으로 간주되므로 신혼부부 특별공급을 활용해 청약에 계속 도전하는 것이 좋다. 또 실거주가 아닌 투자가 목적이라면 거주 만족도보다는 저평가된 곳을 찾아야 한다. 지역별 유망 투자처는 이후에 더욱 자세히 다루도록 하겠다.

지역을 정했다면 이제 어떤 단지를 선택해야 할까? 당연히 1순위는 아파트와 가장 근접한 형태를 갖춘 아파텔이다. 언뜻 보았을 때 아파트인 줄 알았는데 자세히 알아보니 아파텔인 경우를 말하는 것이다. 당연히 용적률과 건폐율이 낮아 동 간 거리가 넓고 놀이터나 커뮤니티 등의 공용면적이 넓을수록 유리하다.

일반적인 상업지역에 건축된 아파텔은 엘리베이터에서 내리자마자 여러 개의 호실이 늘어선 복도식 구조가 많다. 한정된 부지에 많은 가구를 넣으려다보니 발생한 현상이다. 그러한 형태보다는 신축 아파트처럼 1~2개의 엘리베이터에 양쪽으로 2~4개 정도 호실이 자리한 계단식 구조가 보안이나 생활 편의성 면에서 월등히 유리하다. 아파텔 단지가 밀집된 주요 지역들은 대부분 이런 형태를 하고 있는데, 하남 미사, 수원 광교, 고양 일산 킨텍스와 같은 지역이 대표적이다.

반면 상업지역에 건축된 복도식 아파텔은 단지가 아닌, 1~2동 정도의 단독 건물이 대부분이기에 입지를 잘 따져봐야 한다. 서울 핵심지라면 복도식이라도 가치 상승을 기대할 수 있지만, 수도권 외곽 지역이나 지방 거점도시라면 가볍게 접근해서는 안 된다. 분양가가 저렴하더라도 이후에 환금성이 낮아 한동안 고생할 가능성이 높다.

② 매수 방법: 어떻게 살 것인가

매수할 지역을 결정했다면 바로 임장을 가도 될까? 그렇지 않다. 투자 형태도 정해야 하고, 갭투자를 한다면 전세가도 함께 고려해야 한다. 자본에 맞는 분양가나 매수가를 찾는 것도 중요하다. 이사 시점 역시 빼놓을 수 없는 요소다. 우선 투자 형태부터 결정해야 한다. 신축을 분양받을 것인지, 기존 단지를 매수할 것인지, 전세제도를 활용해 갭투자를 할 것인지는 가용자금과 주거 상황에 따라 천차만별이다. 먼저 신축을 분양받는 방법부터 알아보자.

방법 1. 신축 분양

아파텔 분양은 청약통장이 필요하지 않고, 만 19세 이상이면 누구나 도전할 수 있다. 또한 당첨 후 취소해도 페널티가 없다. 따라서 그만큼 분양 경쟁률이 높다. 이를 뒤집어 생각해보면 실제 당첨 후 실계약 수는 경쟁률만큼 나오지 않을 수도 있으니 이 점을 염두에 두어야 한다.

아파텔 분양시장에서는 먼저 당첨된 뒤에 고민하자는 의미인 '선당후곰'이라는 말이 흔히 사용된다. 아파트는 수도권의 경우 당첨이 되어도 한 번은 실거주를 해야 하며 기회를 포기하면 기존 가점이 모두 사라져 쉽게 청약을 시도하기 어렵다. 반면 아파텔은 이 모든 것에서 자유롭기 때문에 앞서 언급한 8가지 조건을 고루 갖춘 곳이라면 가족이 함께 청약을 해보는 것도 좋은 방법이다. 당첨 후에는 공동명의로 세금 절감 효과를 누리는 방법도 가능하다.

① 청약 과정

아파텔 분양은 청약홈과 같은 공식 사이트를 통해 이루어진다. 다만, 본인이 적극적으로 찾지 않으면 발견하기 어려운 경우가 있는데, 300세대 미만의 경우 건설사 홈페이지를 통해서만 분양이 이루어지기 때문이다. 따라서 한두 개 사이트만 찾아볼 것이 아니라 아파텔 분양을 전문적으로 홍보하는 블로그나 카페를 찾아볼 필요가 있다. 고라파덕90 블로그(blog.naver.com/surutan80)에서도 유망한 아파텔이 분양을 앞두고 있다면 8가지 조건에 기초해 예상 점수를 공개하고 있으니 적극적으로 활용하기 바란다.

아파텔 분양은 아파트 청약 과정과 다르지 않다. 분양 시 공고한 날짜와 시간에 맞춰 청약홈이나 건설사 홈페이지에서 온라인으로 청약을 신청하는 방식이다. 청약홈에서 청약을 신청할 때는 다음과 같은 방식대로 진행하면 된다.

청약 신청은 해당 지역에 1년 이상 거주했느냐의 여부로 1순위, 2순위가 나뉘기도 하는데, 경쟁률이 높을 경우 2순위까지 기회가 오지 않는 경우도 있다. 이 과정에서 약 100만 원에서 최대 1,000만 원까지 청약 신청금을 내야 하며, 당첨자 발표 후 보통 일주일 이내에 환급이 진행된다. 환급 전까지 대상 기간 동안 해당 금액을 가

청약 신청하는 방법

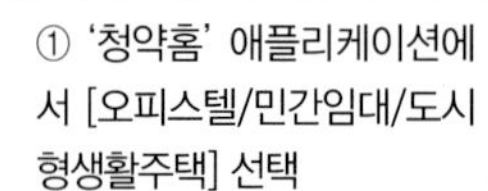 ① '청약홈' 애플리케이션에서 [오피스텔/민간임대/도시형생활주택] 선택	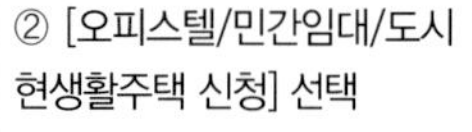 ② [오피스텔/민간임대/도시현생활주택 신청] 선택	③ 아래 [청약신청하기] 선택
	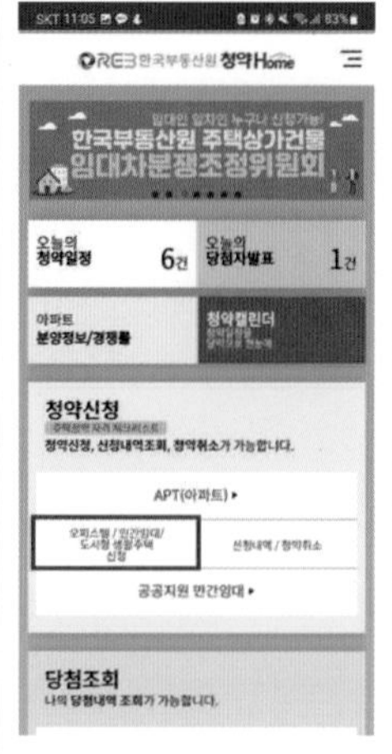	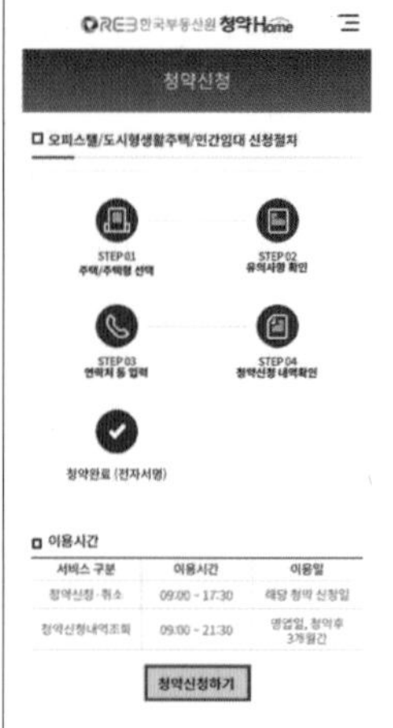

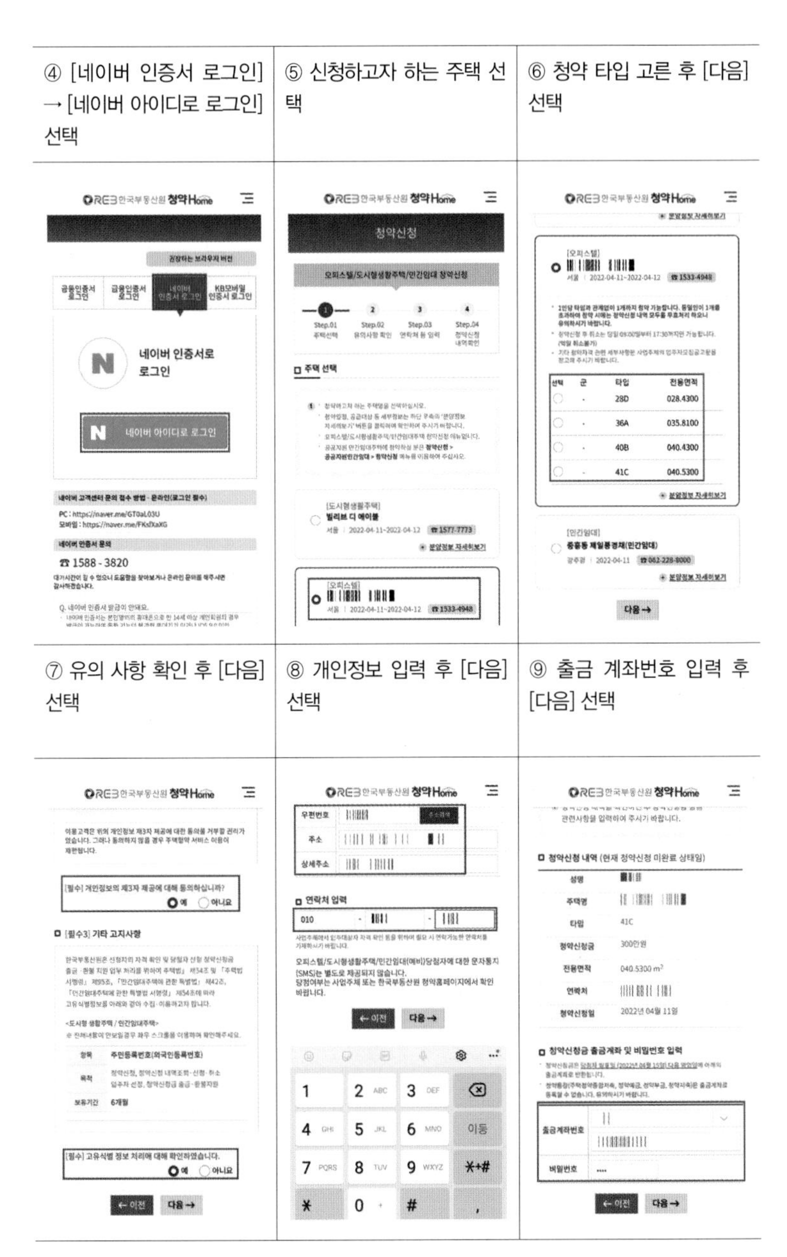
④ [네이버 인증서 로그인] → [네이버 아이디로 로그인] 선택
⑤ 신청하고자 하는 주택 선택
⑥ 청약 타입 고른 후 [다음] 선택
⑦ 유의 사항 확인 후 [다음] 선택
⑧ 개인정보 입력 후 [다음] 선택
⑨ 출금 계좌번호 입력 후 [다음] 선택

출처: 청약홈

용할 수 없다는 점을 꼭 기억해두기 바란다.

청약홈 홈페이지나 애플리케이션에 로그인한 뒤 주택 유형(타입)을 선택하고 개인정보 및 청약신청금 출금 계좌번호를 입력하는 과정이 끝나면 접수가 완료되고 신청 내역을 조회할 수 있다. 1인 1주택(유형)만 신청 가능하고 중복 신청 시 당첨이 되어도 취소가 되므로 유의해야 한다.

건설사 홈페이지를 통한 분양도 이와 거의 동일한 방식으로 진행된다. 해당 단지의 경쟁률은 청약이 완료된 이후 포털 사이트 검색이나 네이버 부동산 카페 등을 통해 확인할 수 있다.

② 비용 조달

당첨이 되었다면 정해진 일자에 해당 모델하우스를 직접 방문해 계약을 진행해야 한다. 분양가의 10%를 계약금으로 내고 이후 몇 차례 중도금을 내는 방식이 대부분이다. 신규 분양 아파트는 주택도시보증공사(HUG)의 분양보증을 받으므로 계약자의 대출 건수나 대출액에 제약이 따르는 경우가 많지만, 최근 분양하는 아파텔은 HUG 보증보다 시행사 및 시공사 자체 보증[1]으로 중도금을 빌려주는 경우가 더 많으므로 기존 대출이 있어도 추가 대출이 가능하

1 시행사 및 시공사 자체 보증: 주택도시보증공사HUG에서 진행하는 분양보증과 달리 사기업에서 진행하는 보증을 뜻한다. 정부의 대출 규제에 따라 중도금대출을 용이하게 하기 위해 최근 시행사나 시공사 보증이 증가하고 있으며, 이는 HUG 대출 건수에 잡히지 않아 추가로 타 단지의 중도금대출이 가능하다는 장점이 있다. 다만, 사기업 보증이므로 HUG보증보다 신뢰도 및 안정성이 낮다.

다. 게다가 일반적으로 중도금 중 50~60%는 무이자로 진행하므로 입주 시 오피스텔담보대출을 통해 약 30%의 잔금만 확보하면 된다는 점도 자금 조달 면에서 아파트보다 월등히 유리하다. 다만, 이 조건은 단지별로 상이할 수 있으므로 분양공고를 확인해 중도금 납부 때나 입주 시 잔금 정산 때 곤란한 상황이 발생하지 않도록 미리 확인해야 한다.

만약 당첨이 되지 않았다면 미계약분의 재분양 과정인 일명 '줍줍'을 통해 다시 한 번 기회를 노려볼 수 있는데, 이에 대해서는 이후에 더 자세히 설명하도록 하겠다.

③ 옵션 계약

분양 계약 후에 가전제품이나 가구 등에 대한 옵션 계약이 추가로 있을 수 있다. 실거주를 고려하거나 임대가치를 높이고자 한다면 해당 옵션이 적정한 가격인지 확인한 뒤 추가 계약을 진행할 필요가 있다. 임대라면 주요 수요층이 누구일까를 생각해야 하는데, 2룸을 원하는 신혼부부가 타깃이라면 드럼세탁기를, 3룸 이상을 원하는 가족 단위가 타깃이라면 냉장고 사이즈 업그레이드 등을 고려하는 것이 좋다. 실거주의 경우에는 이후 증축이 어려울 수 있으므로 가전뿐 아니라 공간 확장 등의 옵션도 함께 따져봐야 한다.

④ 기타 유의 사항

오피스텔 분양권은 등기 시까지 업무용으로 사용할지, 주거용으로 사용할지가 확정되지 않으므로 아파트 분양권과 달리 주택 수에

아파트와 오피스텔의 분양 방식 차이(규제지역 기준)

구분	아파트	오피스텔
주택 해당 여부	주택	비주택
청약통장	필요	불필요
청약 방법	가점 + 추첨	100% 추첨
대출 최고 한도	20~50%	70~80%
분양권 전매	제한	가능
분양권 주택 수	포함	미포함

출처: 국토교통부

포함되지 않는다. 그로 인해 분양에 당첨된 이후에도 등기 전까지는 기존 주택의 취득세와 양도세에 영향을 미치지 않는다는 장점이 있다. 이외에도 오피스텔 분양권은 조정대상지역과 투기과열지구에서는 전매 제한 조건이 붙지만 100실 이하라면 전매가 가능하다.

또한 비규제지역일 때 분양한 곳은 이후 조정대상지역으로 지정되더라도 전매가 무제한 가능하고, 투기과열지구 이전에 분양했다면 이후에 지정된다 해도 1인 1회 전매가 가능하다. 단, 부부 공동명의는 2인으로 간주되어 어떠한 경우라도 전매가 불가하니 유의해야 한다.

전국 규제지역 지정 현황(2022년 7월 5일 기준)

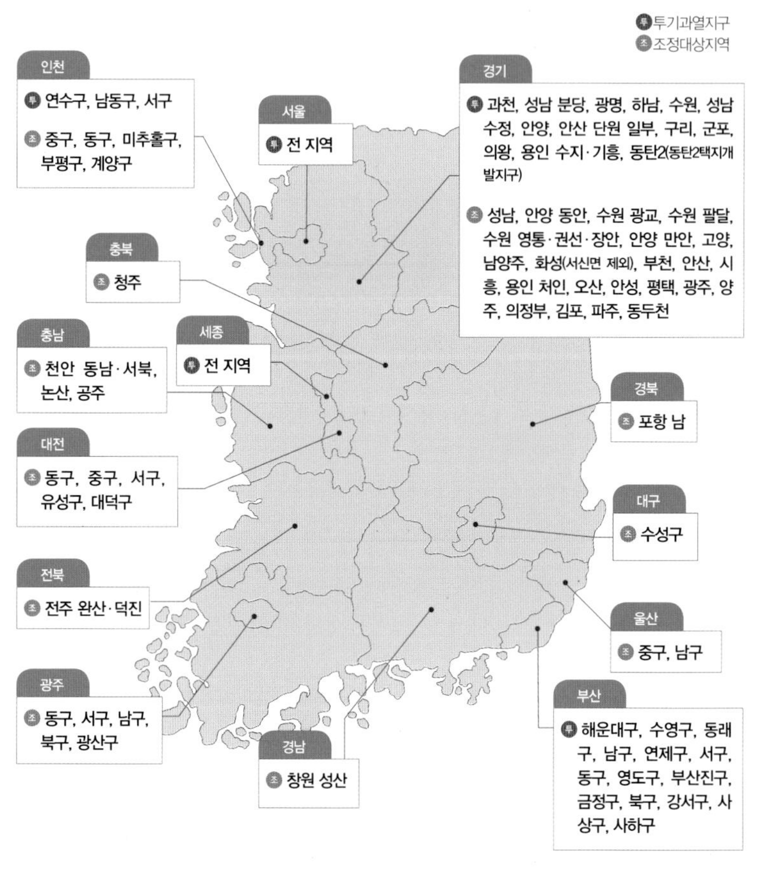

출처: 국토교통부

방법 2. 기축 매수

기존 단지를 매수하려면 개인 자본에 맞는 매수가를 찾아야 한다. 현재 가용자본과 대출을 최대한 활용했을 때 나오는 최대치를 산정하는 것이 중요한데, 그에 따라 상환해야 하는 월 평균 금액을 미리 예측해보는 것이 좋다. 다만, 이러한 '영끌' 또한 개인 간 편차가 크다. 거치식으로 이자만 상환이 가능한 아파텔의 특성상 일반적으로 아파트보다 더 크게 대출을 활용하는 것이 가능하다. 그럼에도 영끌의 기준은 가구 소득에서 생활비를 빼고 남는 돈의 60%를 넘지 않는 것이 좋다. 부동산이 장기적으로 우상향할지라도 환금성이 주식이나 다른 자산보다 낮다는 한계가 있기 때문에 영끌을 할 때 기준을 항상 유념해야 한다.

기존 단지를 매수하려면 이사 시점 역시 고려해야 한다. 일시적 1가구 2주택과 같이 이사 시기를 잘 따져야 하는 경우나 현재 살고 있는 집을 팔고 가야 하는 상황이라면 상대방과 일정을 맞춰야만 주거 공백을 피할 수 있다. 따라서 공인중개사에게 매수 문의를 할 때는 가용 자금과 이사 시점을 가장 먼저 이야기해야 한다.

① 매수 과정

매수는 어떻게 진행될까? 마음에 드는 매물을 발견하여 임장까지 끝냈다면 공인중개사에게 매수 의사와 이사 가능 일정을 회신하고, 매도인이 수락하면 문자 메시지로 해당일의 등기부등본과 매도인의 계좌번호를 받을 수 있다. 그 다음에는 협의한 가계약금(대개 100~500만 원)을 입금하고 계약 날짜를 정한 뒤 3자(매도자, 매수자, 중개인)가 직접 만나 정식으로 계약을 진행하게 된다. 계약 시 보통 매수가의 10%를 입금해야 하는데, 최근에는 대부분 모바일뱅킹을 통해 바로 계좌이체를 진행하기 때문에 본인의 1일 이체 한도가 충분한지 미리 점검해야 한다.

이 과정에서 집값의 급등이나 급락 또는 개인 사정에 따라 매수

소유권 이전 등기 방법

① '법무통' 애플리케이션에 접속한 뒤 [부동산등기 견적요청] 선택	② [소유권이전 등기] 선택	③ 계약서 정보 입력
		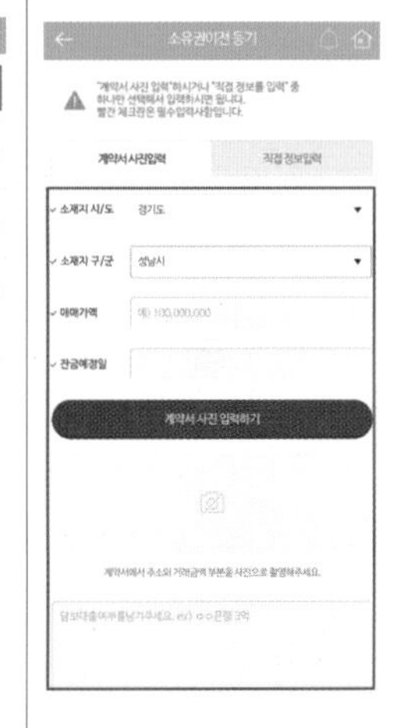

출처: 법무통

자나 매도자의 계약 파기가 일어나는 경우가 있는데, 파기를 원하는 쪽은 해당 금액의 2배를 배액배상[2]해야 하기 때문에 신중하게 판단해야 한다. 매수자 입장에서 계약 파기를 방지하려면 매도자가 배액배상을 하기 전에 중도금을 먼저 보내면 된다. 보통 가계약금 → 계약금 → 잔금 순으로 매매 계약을 하지만 가계약금 → 계약금 → 중

2 배액배상: 부동산 매매 계약이 체결된 뒤 매도인이 계약을 일방적으로 파기한 경우 계약금의 배액(2배)을 배상해야 계약을 해제할 수 있는 방식을 말한다. 매수인의 경우에는 계약금을 포기하고 계약을 해제할 수 있다.

도금 → 잔금 순으로 계약을 해두고 정해진 중도금 일자가 아닐 때 단 얼마라도 입금을 하면 단순 변심으로 인한 계약 파기가 불가능하다. 이를 '이행 착수'라 한다.

이후 계약서에 기재된 잔금일에 맞춰 모든 서류 처리가 마무리되고, 법무사를 통해 소유권 이전 등기가 이루어진다. 법무사 등기 수수료는 '법무통' 애플리케이션을 활용하면 20~30만 원 선으로 보다 저렴하게 처리할 수 있다. 최근에는 셀프로 등기를 진행하는 경우도 있다. 하지만 초보자라면 추천하지 않는다. 잔금일과 이삿날이 같은 날인 경우가 많은데, 양쪽 시간을 맞추기도 어렵고 하루에 너무 많은 일이 진행되면 자칫 실수를 할 수도 있기 때문이다.

② 기타 비용

매매 대금과 법무 수수료 이외에도 챙겨야 하는 비용이 있다. 취득세, 농어촌특별세, 지방교육세, 중개수수료, 선수관리비가 바로 그것이다. 취득세는 비주택인 오피스텔의 경우 4% 고정이며, 농어촌특별세는 0.2%, 지방교육세는 0.4%로 총 4.6%를 내야 한다. 이들은 모두 취득 시점으로부터 60일 이내에 납부해야 하는데, 카드 결제도 가능하다. 카드사별 혜택을 이용하면 할부도 가능하니 자세히 알아보기 바란다.

중개수수료는 공인중개사와 미리 협의하면 조금이라도 낮출 수 있다. 현재 법정 수수료는 시도별로 상이하다. 서울의 경우 2021년 12월 매매가 기준으로 2억 원 이상 9억 원 미만은 최대 0.4%, 9억 원 이상 12억 원 미만은 최대 0.5%, 12억 원 이상 15억 원 미만은 최대 0.6%, 15억 원 이상은 최대 0.7%다.

중개수수료는 '부동산계산기.com'이나 부동산114 등을 활용하면 쉽게 계산할 수 있다. 이처럼 상한요율을 적용하는 방식인 만큼 잔금일 이전에 공인중개사와 협의하면 75%나 절반 또는 그 이하를 지급하는 경우도 있다. 이후 임대차 계약이나 매도 계약 시 해당 중개사를 통해 거래하는 조건을 제안하면 충분히 사전 협의가 가능하니 적극적으로 대화에 나서는 것이 좋다. 단, 사전에 협의되지 않은 경우라면 잔금일에 수수료를 지급할 때 최대 요율을 적용할 수 있

중개업소 사업자등록 상태 조회 방법

① '국세청 홈택스' 애플리케이션에 접속한 뒤 [조회/발급] → [사업자등록 상태조회]에서 조회 방법 선택	② 사업자등록번호 또는 주민등록번호 입력 후 [조회] 선택

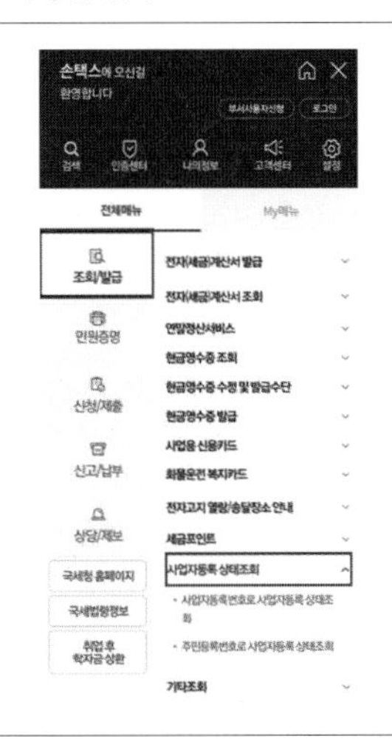

출처: 국세청 홈택스

으니 미리 상호 간 의사소통을 명확히 해야 한다.

중개수수료가 10만 원 이상일 때는 현금영수증 발행이 의무화되어 있으며, 등록하면 연말정산 시 30%의 소득공제를 받을 수 있다. 간혹 현금영수증을 발행해달라고 요청하면 부가가치세(10%)를 별도로 내야 한다고 이야기하는 사람이 있는데, 해당 중개업소가 간이과세자라면 기존 중개수수료에 이미 부가세가 포함되어 있기 때문에 추가로 낼 필요가 없다. 반면 일반과세자라면 현금영수증 발행 시 부가세를 추가로 내야 하는 것이 맞지만, 이 또한 현금영수증 발행 자체가 의무 사항이므로 매수자 입장에서 반드시 추가로 부담할 필요는 없다. 중개업소가 간이과세자인지, 일반과세자인지는 국세청 홈택스 홈페이지(www.hometax.go.kr)나 애플리케이션에서 사업자등록번호를 조회하면 쉽게 확인할 수 있다.

선수관리비는 아파트나 오피스텔 등 공동주택의 최초 소유주가 징수하는 관리비로, 관리 및 운영에 필요한 비용을 말한다. 보통 전용면적 기준으로 평당 1만 원 정도이나 이 비용은 재건축이 진행되거나 관리단이 해체되기 전까지 돌려받을 수 없기 때문에 매매 거래 시, 잔금 납부 시 매수인이 매도인에게 지급해야 한다. 이후 매수인이 다시 매도를 할 시점에 승계받을 수 있다. 공인중개사가 먼저 확인해주는 경우가 대부분이나 간혹 누락이 발생할 수 있으니 잔금 납부 시점에 함께 점검하는 것이 좋다.

방법 3. 갭투자

시세 차익을 목적으로 주택의 매매가와 전세가 간 차액이 적은 집을 전세를 끼고 매입하는 투자 방식을 갭투자라고 한다. 바로 실거주를 할 수 없으나 시세 상승이 기대되는 경우에 한정해 상대적으로 낮은 금액으로 매수가 가능하므로 전세제도가 있는 국내에서만 활성화된 방법이다. 아파텔의 경우 갭투자 비율이 아직까지는 아파트에 비해 낮은데, 시세 상승에 대한 기대가 상대적으로 덜하기 때문이다. 반면 최근의 대출 규제를 고려하면 장기적으로는 아파텔에서도 현금으로 가능한 갭투자가 활성화될 것이라 기대할 수 있다.

① 매수 과정

일반적으로 갭투자를 할 때는 바로 계약을 진행하기보다 특정 단지의 매매가와 전세가의 차, 즉 갭이 줄어든 시기(30% 이하가 유리)에 맞춰 투자를 진행하는 것이 좋다. 뿐만 아니라 갭투자는 부동산 시세가 올라야 안정적인 투자가 가능하기에 저평가된 지역 중에서 투자금이 과하지 않고 리스크가 적은 곳을 선택해야 한다. 그래야만 하락기에 전세가 하락에 따라 넓어지는 갭 차이를 방어할 수 있다.

갭투자 역시 매수 방식은 기존과 동일하나 계약 시점에 몇 가지를 더 확인해야 한다. 이미 세입자가 들어가 있는 곳을 매수하는 것이 가장 간단하지만, 이 경우에는 보다 높은 전세가의 신규 계약을 통해 갭을 축소하는 활동이 어려워진다. 물론 신규로 전세를 구하는 것도 쉬운 일이 아니다. 갭투자는 보통 매매잔금일과 전세잔금일을 맞추는데, 세입자가 구해지지 않아 가격을 오히려 낮추거나 계약 자체가 어려워지는 상황이 발생하기도 한다. 이런 경우에는 온전히 본인의 자본으로 매수금을 충당해야 하기 때문에 최악의 상황을 가정하여 미리 자본을 더 준비하는 것이 좋다.

간혹 이중으로 중개수수료를 요구하는 사례도 유의해야 한다. 신규로 전세 계약을 체결하는 경우, 매수 계약을 포함해 총 2회의 계약이 진행되는데 갭투자는 매수 계약에 따른 수수료만 받는 사례가 일반적이니 추가로 비용이 발생하지 않도록 미리 협의해야 한다.

② 기타 비용

상이한 대금 지불 방식 또한 고려해야 한다. 기존 세입자가 있는 경우에는 매수인이 매도인에게만 잔금을 지불하면 되지만, 신규로 세입자를 구해야 하는 경우에는 보통 매수인과 세입자가 계약을 통해 진행해야 한다. 이 과정에서 세입자가 매수인에게 전세자금대출액을 제외한 잔금을 입금하고 세입자가 대출을 받은 은행에서 매수인의 통장으로 대출액을 입금하면 매수인은 이 모두를 합해 매도인에게 입금하는 절차가 진행된다. 다소 과정이 복잡하지만 자금의 흐름을 생각해보면 당연한 수순이다.

마지막으로 장기수선충당금을 확인해야 한다. 장기수선충당금은 아파트와 오피스텔에만 발생하는 비용으로, 엘리베이터 수리, 외벽 도색 작업, 기계실 및 수도관 관리 등에 사용된다. 만약 이런 작업에 필요한 돈을 입주자들에게 한 번에 요구한다면 부담이 되기 때문에 매월 일정 금액을 적립하는 것이 일반적이다. 보통 300세대 이상으로 구성된 단지 혹은 엘리베이터와 난방이 설치된 곳을 대상으로 관리비 내역에 포함해 납부하게 되며, 부담의 주체는 소유주로 지정되어 있다. 따라서 갭투자 시 매도인은 계약 기간 동안 세입자가 납부한 장기수선충당금을 세입자 통장으로 직접 입금하거나 매수인의 통장으로 계약 기간 동안 세입자가 납부한 금액을 입금해야 한다. 매수인은 매도인에게 받은 장기수선충당금을 세입자가 이사를 나갈 때 계약 이후 발생한 비용까지 정산해서 돌려주어야 한다.

방법 4. 줍줍(무순위 청약)

앞서 언급했듯 아파텔 분양시장의 특성상 미계약분에 따른 추가 계약, 이른바 '줍줍'이 흔하게 발생한다. 이외에도 회사 보유분과 같은 명목으로 정규 계약 이후에 미계약분에 대한 분양을 진행하기도 하는데, 분양 직후가 아니라 입주 이전 특정 시점에 진행하는 경우도 있다. 아파텔 줍줍은 온라인 줍줍이나 오프라인 줍줍으로 진행된다. 최근에는 코로나19의 영향으로 온라인 줍줍이 증가하는 추세다.

온라인 줍줍은 특정 시간대에 먼저 입금하는 순으로 계약 기회를 부여하기도 하고, 분양 담당자가 특정 날짜를 고지한 뒤 지정한 순번대로 대기자에게 전화를 해 5분 이내에 입금하는 순서대로 기회를 주는 등 다양한 방법으로 진행된다. 입금순 줍줍의 시간을 정확히 맞추기 위한 강좌도 있고, 분양 담당자와 사전에 타이밍을 맞추기 위한 테스트를 진행하는 곳도 있다. 시장이 얼마나 과열되어 있는지 알 수 있는 대목이다.

오프라인 줍줍은 방문하는 순서에 따라 선착순으로 계약 기회를 부여하는데, 전날 저녁부터 줄을 서는 경우가 허다하다. 방법이 어찌됐든 투자하기로 마음먹었다면 줍줍에도 도전해보기 바란다.

방법 5. 분양권 매수

분양권 매수도 아파텔 투자의 한 방법이다. 하지만 규제지역의 100실 이상 오피스텔은 분양권 전매[3]가 불가하다. 따라서 분양권 매수는 비규제지역이나 100실 미만 오피스텔에서만 이루어진다는 한계가 있다. 비규제지역 아파텔은 무조건 오르는 아파텔 투자의 8가지 필수 조건을 충족하기 힘들기 때문에 대부분 투자 고려 대상이 아니다. 또한 100실 미만 오피스텔은 입지에 따라 상이하지만 보통은 매매가 잘 이루어지지 않기에 매수자의 수요를 자극하기 어려우므로 추천하지 않는다.

③ 대출: 얼마에 살 것인가

매수 방법을 결정했다 해도 자본이 충분하지 않으면 의미가 없다. 그래서 대출은 어떤 주택의 매수를 고려하더라도 항상 고민이 되는 요소다. 특히 최근 정부의 규제로 인해 LTV보다 실제 대출액이 축소되는 경우가 많은데, 이는 2022년 1월부터 2억 원 이상의 대출이 있을 경우 DSR 40%, 7월부터 1억 원 이상의 대출이 있을 경우 동일한 기준을 적용하기 때문이다.

이에 따라 실제 매수 시기에는 대출 상담사나 은행을 통해 본인

---

3 분양권 전매: 주택을 분양받은 사람이 그 지위를 다른 사람에게 넘겨주어 입주자를 변경하는 것. 투기과열지구 및 조정대상지역에서는 분양권 전매가 제한된다.

차주별 DSR 40% 적용 기준

구분	현행(2022년 1월~)	변경(2022년 7월~)
차주 확대	총대출액 2억 원 초과 시	총대출액 1억 원 초과 시
대상 확대	카드론, 비주택담보대출 포함	카드론, 비주택담보대출 포함
신용대출 기준	만기 5년	만기 5년
제2금융권	50%	50%

출처: 금융위원회

의 담보 가능 대출액을 미리 확인해야 하며, 최소 계약 1개월 전에는 심사에 들어가야 안정적으로 승인을 받을 수 있다. 비주택 DSR 40% 규제 때문에 아파텔 투자가 망설여지는가? 대응 방법은 있다. 바로 오피스텔만 가능한 임대사업자제도를 활용하는 것이다. 현재 DSR 규제는 개인에 한정해 적용되므로 이러한 사업자대출을 이용하면 LTV 70%를 그대로 활용할 수 있다.

메이저 은행 이외에 제2금융권을 고려하는 것도 좋은 방법이다. 제2금융권은 삼성생명과 같은 메이저 보험사나 신협, 새마을금고와 같은 금융권을 아우르는 말로, 널리 알려지지 않아 사용 빈도는 낮지만 DSR 규제가 상대적으로 적거나 대출 한도가 높다는 이점이 있다. 개인 신용도에도 영향을 미치지 않는 만큼 제1금융권에서 만족할 만한 대출 결과를 얻지 못했다면 적극적으로 제2금융권을 활용해보자.

대출 용어 정리

구분	뜻	계산식
DSR (Debt Service Ratio)	총부채원리금상환비율. 개인이 받은 모든 대출의 연간 원리금을 연소득으로 나눈 비율로, 주택담보대출, 신용대출, 카드론 등 모든 대출이 포함	(주택대출원리금상환액+기타 대출 원리금상환액)/연간 소득 *다른 대출이 없는 연소득 5,000만 원 외벌이 직장인이 5억 원 아파텔 매수 시 대출은 (4% 금리) DSR 40% 이내인 1억 2,000만 원까지 가능
DTI (Debt To Income)	총부채상환비율. 금융부채 상환능력을 소득으로 따져 대출한도를 정하는 계산 비율로, 대출상환액이 소득의 일정 비율을 넘지 않도록 제한하기 위해 실시	(주택대출원리금상환액+기타 대출 이자상환액)/연간 소득 *DTI에 기타 대출의 원금까지 포함한 것이 DSR이므로 조건이 더 까다로움
LTV (Loan to Value Ratio)	주택을 담보로 돈을 빌릴 때 인정되는 자산가치의 비율	(은행대출액/실제 담보가치)×100 *4억 원 주택을 담보로 돈을 빌릴 때 LTV가 40%이면 최대 대출액은 1억 6,000만 원(4억 원×0.4)이 됨
LTI (Loan to Income)	소득대비담보대출비율로, 개인사업자(자영업자)에게 적용	모든 금융권의 총대출액/개인사업자의 총소득

① 금리에 따른 구분

아파텔 대출은 보통 1년 단위로 개인의 신용도에 따라 갱신이 이루어지며, 최대 8년까지 연장이 가능하다. 대출 상품은 금리 변동 여부에 따라 고정형과 변동형으로 나뉜다. 대출 신청 시 형태를 직접 선택할 수 있는데, 일반적으로 변동형은 최소 3개월에서 1년 단위로 금리가 바뀌고 금리가 낮게 책정된다.

물가 인상과 경기 과열, 유동성 증가 등으로 금리 인상이 예상되는 시기에는 고정형 상품이, 금융위기나 주가 하락, 디플레이션 등의 전조가 보이는 시기에는 변동형 상품이 유리하다. 다만, 주택을 매수하면 장기간 머무르거나 임대를 주는 사례가 많으므로 단기간의 경기흐름과 더불어 이후의 전망을 고려해야 한다. 따라서 금리 차이가 크지 않다면 안정적으로 고정형 상품을 선택하는 것이 여러모로 부담이 적다.

② 상환 방식에 따른 구분

상환 방식 역시 중요한 요소다. 대출은 상환 방식에 따라 거치식의 만기일시상환과 원금과 이자를 함께 갚아 나가는 원금균등상환, 원리금균등상환으로 나뉜다. 보통 아파텔은 거치식의 만기일시상환 대출을 활용하는 경우가 많다. 이는 원금과 이자를 매달 상환해야 하는 아파트와 달리 이자만 납부할 수 있기 때문이다. 특히 장기적인 물가 상승을 감안하면 매달 큰돈을 미리 내는 것보다 이후에 한꺼번에 내는 것이 훨씬 유리하다. 그러므로 이러한 상환 방식은 아파텔만의 장점이라 할 수 있다. 이 방식을 통해 그동안 내지 않은 원금을 해당 기간 재투자하는 것도 얼마든지 가능하다.

아파트 투자에서 주로 활용되는 원금균등상환은 매달 일정한 원금을 나누어 갚고 남은 대출 잔액에 대해 이자를 내는 방식으로, 매달 부담액이 다르고 초기 부담액이 크다는 단점이 있으나 총이자액이 적고 시간이 지날수록 부담하는 이자액이 줄어든다는 장점이 있다. 원리금균등상환은 원금과 이자를 더한 금액을 만기일까지 매달 동일하게 갚는 방식으로, 총이자액이 원금균등상환 방식보다 많지만 매달 상환하는 금액이 일정해 자금 관리 계획을 세우는 데 용이하다는 장점이 있다.

③ 중도상환수수료

중도상환수수료도 잘 따져보아야 한다. 보통 대출 실행 후 3년 이내에 적용하며 1~2% 수준이다. 아파텔 매수 이후에도 금리 변화나 단지 시세 상승 또는 추가 투자를 위해 후순위담보대출이나 대출 갈아타기를 실행하는 경우가 있는데, 이때 중도상환수수료를 고려하지 않는다면 부담으로 작용할 수도 있다. 같은 조건이라면 중도상환수수료가 낮은 상품을 선택해야 한다.

④ 대출 과정

이론을 갖추었다면 대출 상품을 찾아보자. 대출 상품은 단순히 인근 은행을 돌아다니기보다 온라인 대출 상담사나 모바일 애플리케이션(토스, 뱅크몰 등) 등을 이용하면 훨씬 빨리 금리를 비교해볼 수 있다. 상품을 결정했다면 굳이 지점을 찾아가기보다 상담사를 통해 대출 내용을 소개받고, 계약 전에 요청받은 각종 서류를 준비한 뒤 방문 서비스를 요청하면 된다. 보통 주말도 가능하니 적극적으로 활용해보자.

서류를 제출하면 심사 과정이 진행된다. 보통 1~2주일가량 소요되는데, 개인의 신용도와 DSR 등을 고려해 심사 결과가 나오면 그에 따라 자금 조달 계획을 세울 수 있다. 보통 대출 상담사를 통해 미리 승인 여부를 예측할 수 있으나 간혹 부적합해 승인이 거절되는 경우도 있다. 잔금일이 얼마 남지 않았다면 저축은행 등을 통해서라도 긴급히 자금을 확보해야 한다. 잔금일 이후에 후순위담보 대출을 활용해 갈아타는 방법도 가능하니 이렇게라도 조치하는 것이 낫다. 보통 담보대출은 잔금일에 법무사를 통해 진행되는데, 금융권에서 직접 섭외하고 비용을 매수자가 지불하는 것이 아니므로 승인되었던 금액이 맞게 입금되었는지만 확인하면 된다.

12

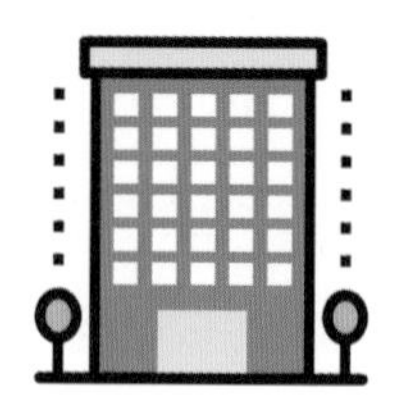

아파텔 임장, 이렇게 준비하자

임장은 평일 오후에

모든 준비가 끝났다면 이제는 임장을 나갈 차례다. 임장을 하기로 마음먹었다면 하루에 최대 3개 단지를 보고, 단지별로도 최소 2개 타입을 확인하는 것이 좋다. 그래야 인테리어가 잘된 집만 보고 단지 전체를 긍정적으로 평가하는 실수를 저지르지 않을 수 있다.

막상 임장을 다녀오면 집의 구조나 주변 환경이 잘 기억나지 않는 경우가 많다. 임장은 자기만족이 아니라 분석의 영역이므로 다른 곳과 언제든지 비교할 수 있도록 메모해두거나 사진을 찍어두는 것이 좋다. 이를 위해 휴대폰 전원이 꺼지지 않게 충전해두고 보조배

터리를 늘 휴대해야 한다.

또한 미리 중개업소에 연락해 원하는 단지와 가용자금, 이사 가능 시점을 이야기해두면 훨씬 빠르고 효율적으로 임장을 진행할 수 있다. 방문 전에 부동산 애플리케이션(호갱노노, 네이버 부동산 등)을 통해 용적률과 건폐율, 경사도를 확인하고 평면도를 점검하는 것은 필수다. 동마다 상이한 채광이나 전망 등도 미리 알아두면 도착했을 때 어떤 매물이 좋을지 곧바로 판단할 수 있어 매우 편리하다.

여러 번 방문하는 것이 어렵다면 임장은 평일 오후 1~4시에 하는 것이 가장 좋다. 그래야 중개업소도 여유가 있어 정보를 얻기에

임장 전 확인 사항

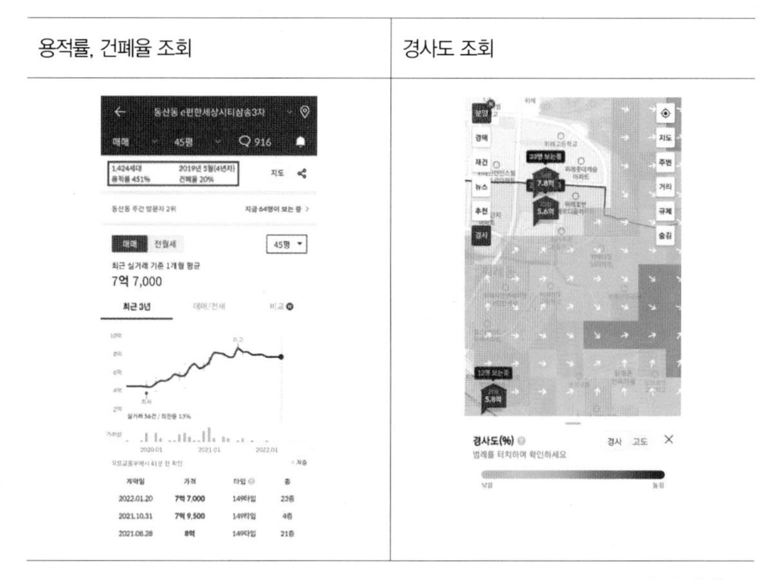

출처: 호갱노노

용이할 뿐만 아니라 실제 거주 층이 어떤지도 자세히 관찰할 수 있다. 유모차를 사용하는 젊은 주부가 많은지, 하교 후 학원을 가는 학생들이 많은지 등을 제대로 파악할 수 있는 시간대가 바로 평일 오후다. 이런 사항들은 직접 임장을 가지 않으면 절대 알 수 없다.

시간별 채광을 관찰할 수 있는 것도 이때쯤이다. 한낮에 해가 잘 드는지의 여부는 아파텔의 가치와도 직결되므로 단지나 동별로 시간별 채광이 어떻게 바뀌는지 파악하기 위해 가능한 한곳에 오래 머물러 보는 것이 좋다. 이 시간대는 단지 외벽 상태나 조경시설을 둘러보기에도 적합하다.

여력이 된다면 밤에도 방문해보자. 낮에 확인하기 힘든 주변 가로등 밝기나 야간 유동인구, 야간 소음 등을 점검해볼 수 있고 밤 10시 이후의 주차 공간도 파악할 수 있다. 보안이 우려된다면 지하철역부터 단지까지 직접 걸어보며 분위기를 확인하자. 인터넷 검색으로 알 수 없는 평지나 언덕도 점검한다면 일석이조다.

단지 주변을 먼저 살펴보자

공인중개사와 약속한 단지에 도착했다면 집을 보러 들어가기 전에 주변을 먼저 둘러보자. 학교가 어디에 있는지, 후문이나 정문의 위치는 어디인지, 상가가 가까운지, 지하철역까지 도보로 얼마나 걸리는지, 공원, 병원, 학원, 마트 등의 편의시설은 어디에 있는지 등을 꼼꼼하게 확인해야 한다. 임장을 가는 이유는 손품으로는 확인할 수 없는 것들을 직접 검증하고자 하기 위함이니 거리뷰나 네이버 지도에서 확인하기 어려운 부분을 특히 꼼꼼하게 점검해야 한다.

아파텔은 관리단의 활동 여부에 따라 상태가 급격히 변화하는 주택이다. 주차 및 입출입객 관리, 눈이나 비가 내린 뒤의 주차장, 화단, 분리수거장 등 단지 환경을 보면 관리단의 활동이 어떻게 이루어지고 있는지 미루어 짐작해볼 수 있다. 단, 한 차례 방문으로 이 모든 것을 확인할 수 없다. 단지를 매수하기로 마음먹었다면 여러 차례 방문해 변화되는 모습을 잘 관찰해보자.

엘리베이터도 중요한 점검 포인트다. 어떤 업체의 것인지, 관리 상태는 어떤지 등을 확인할 필요가 있다. 또한 엘리베이터에 주요 공지가 붙어 있는 경우가 많은데, 관리단의 회의 결과가 고지되기도 하니 단지에 어떤 이슈들이 발생하고 있는지 확인해보자.

내부에서 살펴보아야 할 것들

체크 1. 구조

집 안으로 들어서면 구조가 평면도로 본 것과 다르게 느껴질 수도 있다. 각 가정의 가구나 짐 때문인데, 이 부분까지 감안해 구조를 예상해야 한다. 특히 실거주가 목적이라면 가구와 가전을 어디에 어떻게 배치할지 생각해야 입주했을 때 혼선을 예방할 수 있다. 네이버 온라인 카페나 호갱노노와 같은 애플리케이션을 통해 거주민들에게 문의하면 평면도는 물론 실측한 길이 등의 정보를 얻을 수 있다.

아파텔의 구조는 아파트와 동일하게 판상형과 타워형, 혼합형으로 나눌 수 있다. 판상형은 일자형으로 배치된 일반적인 평면 구조로, 눕힌 상태에서 보면 널빤지 같다고 하여 이렇게 이름 붙여졌다. 보통 남향을 보고 一자형이나 ㄱ자형으로 배치되기 때문에 일조량이 풍부하다. 여름에는 시원하고 겨울에는 따뜻해 냉난방비를 절약할 수 있고, 맞바람이 가능해 통풍 및 환기에 용이하다. 하지만 외관이 단조롭고 모든 동이 한 방향으로 지어져 일부 세대의 경우, 동 간 거리 때문에 일조량이 다르다. 또한 조망권 확보가 어렵고 사생활 노출의 우려가 있다. 구조상 용적률을 최대한 활용하기가 어렵다는 점도 한계로 지적된다.

타워형은 탑상형 구조라고도 하며, 탑을 쌓듯 위로 쭉 뻗은 구조를 말한다. 초고층 주상복합 형태에서 주로 사용되고, 화려하고 고급스러운 외관이 특징이며 해당 지역의 랜드마크로 자리 잡기도 한다. 단조로운 판상형과 달리 용적률이 높은 지역에 건립되기 때문에 미적 감각을 마음껏 뽐낼 수 있는 설계가 가능하고, 인근에 산이나 강, 호수, 바다가 있다면 조망권을 최대한 확보할 수 있도록 세대별 방향과 라인을 배치해 설계할 수 있다. 이는 남향 위주로 일원화된 판상형 구조에서는 불가능하다.

일반 아파트에 비해 상대적으로 좁은 곳에서도 건립이 가능하다는 점 또한 타워형의 장점이다. Y자형, ㅁ자형, X자형 등 다양한 모양으로 지을 수 있기 때문이다. 판상형은 주로 一자형이므로 넓은 부지가 필요하지만, 타워형은 토지를 보다 효율적으로 이용할 수 있고, 단지 중앙에 넓은 공원이나 조경시설 등을 확보하기도 유리하다. 다만, 남향으로만 지을 수 없기 때문에 채광과 통풍이 판상형보다 떨어질 수밖에 없고, 복잡한 설계와 건축비 상승으로 분양가가 높은 것이 단점으로 꼽힌다.

최근에는 판상형과 타워형이 섞인 혼합형 형태의 아파텔도 속속 등장하고 있다. 보통 L자형이나 V자형으로, 판상형 사이에 타워형이 끼어 있는 형태다. 채광, 통풍, 조망권 확보가 비교적 용이하고, 서로 마주보지 않는 형태로 배치할 수 있어 사생활 침해를 최소화할 수 있다. 다만, 여전히 모든 가구에 남향을 제공할 수 없기 때문에 선호도에 따라 선택이 달라질 수 있다.

구조별 장단점

구분	판상형	타워형	혼합형
구조	ㅡ자형, ㄱ자형	Y자형, ㅁ자형, X자형	L자형, V자형
장점	• 일조량이 풍부해 냉난방비 절약 가능 • 통풍과 환기에 유리	• 외관이 화려하고 고급스러움 • 조망권 확보에 유리 • 토지를 효율적으로 활용 가능	• 채광과 통풍, 조망권 확보가 상대적으로 유리
단점	• 외관이 단조로움 • 구조에 따라 일조량과 사생활 침해 우려 있음 • 용적률 활용이 불리	• 위치에 따라 채광과 통풍이 어려움 • 분양가가 높음	• 위치에 따라 채광과 통풍이 어려움

출처: 금융위원회

체크 2. 베이

베이(Bay)에 대해서도 알아둘 필요가 있다. 베이는 기둥과 기둥 사이의 한 구획을 뜻하는 영단어로, 일반적으로 건축에서는 내벽과 내벽 사이 구획들을 의미한다. 쉽게 '해가 드는 공간'으로 이해하면 된다. 예를 들어 방 1개와 거실이 해가 드는 방향으로 설계됐다면 2베이 구조, 방 2개와 거실이 해가 드는 방향으로 설계되었다면 3베이 구조라 할 수 있다.

베이별 평면도

2베이	3베이	4베이
대치은마아파트	고덕래미안힐스테이트	군산 미장아이파크

출처: 네이버 부동산

2베이 구조는 하나의 엘리베이터를 사이에 두고 두 세대가 마주 보고 있는 계단식 형태에서 주로 볼 수 있다. 현관에 들어섰을 때 해가 드는 거실이 바로 보여 집이 환하고 넓어 보이는 효과가 있다. 거실과 주방 간 거리가 길어 넓다는 느낌이 들며, 같은 면적과 비교했을 때 안방이 더 넓게 설계되는 구조다. 다만 다른 방들은 북쪽에 배치되기 때문에 채광이 떨어져 어둡고 통풍에 한계가 있을 수밖에 없다. 또한 현관에서 거실이 바로 보이는 구조 탓에 사생활 침해 우려가 있고, 거실과 주방 사이 꺾어지는 구조 때문에 공간 활용이 어렵다는 단점이 있다.

3베이는 주로 방 2개와 거실이 해가 드는 전면으로 향해 있어 집 안 곳곳에서 외부 조망을 즐길 수 있으며, 채광과 통풍을 누릴 수 있다. 현관 입구가 방으로 가려져 거실이 보이지 않아 사생활 보호가 잘되고, 각 방이 떨어져 있어 개인 공간을 보장받을 수 있다. 이에 따라 방 사이 소음이 적고, 거실과 주방이 일직선으로 위치해 있어 공간을 활용하기에도 좋아 최근 2룸 아파텔에 널리 적용되고 있다. 다만, 주방 구조가 좌우로 길어 조리대나 개수대 및 식탁 간 거리가 멀고 방이 현관을 가리고 있어 출입구가 어둡다는 단점이 있다.

4베이는 3룸 이상의 아파텔이 보편화되면서 널리 적용되는 구조다. 방 3개와 거실 모두 해가 드는 전면으로 향해 있어 2베이와 3베이에 비해 채광이 뛰어나고, 난방비 절감에 효과적이며 공간 활용도가 높다. 또한 집 안 어디에서든 외부 조망을 즐길 수 있으며, 판상형이라면 통풍이 잘되어 여름에 시원하다. 거실과 주방 사이 공간이 트여 있어 전체적으로 넓어 보이는 점도 주목할 만하다. 물론 4베이 역시 단점이 있다. 3베이처럼 방과 거실이 한 방향으로 몰려 있어 크기가 다소 작고, 일부 타워형 구조는 통풍이 잘 되지 않아 여름에 더울 수 있다.

아파텔 시장에서도 2룸 3베이와 3룸 4베이의 인기가 높아지고 있다. 채광이 좋고 조망 확보가 되는 것이 크게 작용한 결과인데, 베이가 많다고 해서 무조건 좋은 것은 아니다. 전용면적이 작은 소형의 경우에는 베이가 많을수록 공간이 협소해지고 동선이 불편해질 수 있으며 답답하게 느껴질 수도 있다. 따라서 개인의 생활 환경에 맞는 베이를 선택하는 것이 바람직하다.

베이별 장단점

구분	2베이	3베이	4베이
장점	• 집이 환하고 넓어 보임 • 안방이 큼	• 집 안 여러 곳에서 외부 조망 가능 • 채광과 통풍이 좋음 • 방 사이 소음이 적고 공간 활용이 좋음	• 모든 방이 채광이 좋음 • 공간 활용이 좋으며 넓어 보임
단점	• 북쪽에 위치한 방은 어두우며 통풍이 잘 되지 않음 • 구조상 사생활 침해 우려 있음 • 공간 활용이 어려울 수 있음	• 조리대나 개수대 및 식탁 간 거리가 멈 • 출입구가 어두움	• 방이 한 방향으로 되어 있어 크기가 다소 작음 • 일부 타워형에서는 통풍이 잘 되지 않음

체크 3. 채광

채광 역시 매수 시기에 반드시 고려해야 하는 요소다. 여러 차례 같은 집을 방문해 시간대별 일조량을 확인하는 것이 가장 좋지만 사실상 어려우므로 가능하면 낮에 방문해 해가 어디까지 드는지 점검해보아야 한다. 아파트는 호갱노노와 직방 등의 애플리케이션을 통해 일조량을 바로 확인할 수 있지만 아쉽게도 오피스텔은 아직 그러한 서비스를 제공하는 곳이 없어 발품이 필요하다.

집의 방향은 발코니가 기준이 되지만 발코니가 없는 아파텔의 경우 보통 가장 큰 거실 창문을 기준으로 한다. 개인별 생활 패턴에 따라 선호하는 방향이 조금씩 다르고 해당 일조량에 따라 냉난방비 변화는 있지만, 일반적인 수요를 감안한다면 남향을 1순위로 보는 것이 가장 좋다. 다만, 동일한 단지나 동에서도 채광이 달라지는 만큼 향별 장단점을 알아둘 필요가 있다.

남향은 해가 하루 종일 잘 든다는 점이 가장 큰 장점이다. 여름에는 얕게, 겨울에는 깊이 들어와 냉난방비를 절약할 수 있다. 하지만 그로 인해 많은 사람이 선호하기 때문에 집값이 상대적으로 높으며 집에 머무는 시간이 많은 사람에게 특히 더 선호도가 높다.

동향은 이른 아침에 해가 잘 들기 때문에 아침과 낮에 집에 머무는 사람에게 적합하다. 하지만 하루 동안의 일조량이 부족하므로 해가 빨리 지는 겨울에는 춥다는 단점이 있다.

서향은 동향과 반대로 주로 오후에 해가 들기 때문에 오후 시간을 집에서 보내는 사람에게 적합하다. 하지만 해가 긴 여름에는 오후에 해가 깊숙이 들어와 다소 더울 수 있어 커튼이나 블라인드가 꼭 필요하고, 냉방비 부담이 크다. 오후 시간을 주로 집에서 보내는 어린 자녀가 있는 가정이나 더위를 적게 타는 사람에게는 나쁘지 않은 선택이 될 수도 있다.

북향은 시원하게 여름을 보낼 수 있고, 다른 곳에 비해 집값이 저렴하다는 장점이 있다. 하지만 일조량이 적어 집 안이 습하고 겨울에 춥다. 대체로 해가 잘 들지 않아 낮에도 어둡고, 난방비가 크게 증가하는 문제가 있다. 일조량 차이가 적은 것을 선호하거나 햇빛을 선호하지 않는 사람에게는 적합하다. 북향이라도 강이나 호수, 공원 등의 뷰를 보유한 곳이라면 선호도가 있을 수 있다.

최근 지어진 아파텔 단지 중에서는 100% 정남향 배치를 찾기 힘들다. 모든 가구를 정남향으로 배치하면 가구 수가 줄어들기 때문

향별 장단점

구분	남향	동향	서향	북향
장점	• 하루 종일 일조량이 풍부하여 냉난방비 절약 가능	• 아침과 낮에 일조량 풍부	• 오후 시간 일조량 풍부	• 여름에 시원하여 냉방비 절약 가능 • 집값이 상대적으로 저렴
단점	• 집값이 상대적으로 높음	• 해가 빨리 지는 겨울에는 난방비 상승	• 오후에 다소 더워 냉방비 상승	• 집이 습하고 낮에도 어두움 • 추운 겨울에는 난방비 상승
추천	• 대부분의 사람이 선호	• 아침 일찍 활동하는 사람	• 오후 시간을 주로 집에서 보내는 사람 • 어린 자녀가 있는 가정	• 더위를 많이 타는 사람 • 일조량 차이가 적은 것을 선호하는 사람 • 집에 머무는 시간이 짧은 사람

이다. 따라서 최근 타워형 아파텔에는 남서향이나 남동향 구조가 널리 적용되고 있다. 정남향이 아닌 경우 남서향보다 남동향을 선호하는 경우가 더 많은데, 남동향은 정남향보다 해가 일찍 지는 대신 아침 일찍부터 해가 들어오므로 정남향과 일조량 차이가 크지 않다. 한 연구 결과에 따르면 정남향의 일조 시간인 8시간을 기준으로 했을 때 남동향의 일조 시간은 6시간 51분, 남서향의 일조 시간은 6시간 7분으로 약 6%의 차이를 보였다. 다만, 오후에 주로 활동하는 사람이라면 남서향을 선택하는 것도 대안이 될 수 있다.

체크 4. 면적

방향만 고집하다보면 동 간 거리를 놓치는 경우가 있다. 용적률과 건폐율이 높은 아파텔의 경우, 정남향이어도 앞 동에 일조권을 빼앗길 수 있다. 해당 용어를 이해하려면 우선 면적에 대한 개념을 명확히 알아야 한다.

면적의 개념은 크게 3가지로 나뉜다. 첫 번째는 건축면적으로, 일반적으로 1층 바닥면적을 의미한다. 두 번째는 연면적으로, 건물 내부의 모든 면적을 의미한다. 즉, 모든 층의 바닥면적을 더한 크기라 생각하면 된다. 마지막 세 번째는 대지면적으로, 말 그대로 땅의 면적이며 건물을 지을 수 있도록 허가된 땅의 크기를 의미한다.

용적률은 대지면적에 대한 건축물의 바닥면적을 모두 합친 면적, 즉 연면적의 비율을 말한다. 용적률이 높을수록 연면적이 많아져 건축 밀도가 높아진다. 단, 지하층과 지상 주차용으로 사용되는 면적은 용적률 산정에서 제외된다.

면적의 종류

- 건축면적: 1층 바닥면적
- 연면적: 모든 층의 바닥면적
- 대지면적: 건물을 지을 수 있도록 허가된 땅의 면적

예를 들어보자. 대지면적이 300m², 각 층의 바닥면적이 100m²인 지상 4층 건물의 용적률은 '400/300=133%'가 된다. 이렇듯 고층 건물일수록 용적률이 높다.

건폐율은 전체 대지면적에 대한 건축면적의 비율을 말한다. 즉, 대지면적 가운데 최대한 건축을 할 수 있는 면적을 나타내는 비율로, 대지면적이 100m²인데 건축면적이 60m²라면 건폐율은 60%가 된다. 같은 크기의 땅이라 해도 건폐율에 따라 건물을 지을 수 있는 면적이 달라진다. 건폐율이 낮으면 건물을 지을 수 있는 면적이 좁은 대신 동 간 거리가 확보되어 단지 환경이 쾌적해지고, 반대로 건폐율이 높으면 건물을 지을 수 있는 면적이 넓은 대신 주변이 과밀화될 가능성이 있다.

- 용적률 = $\frac{\text{연면적}}{\text{대지면적}}$ (단, 지하층과 지상 주차용으로 사용되는 면적 제외)
- 건폐율 = $\frac{\text{건축면적}}{\text{대지면적}}$

아파텔은 준주거지역이나 상업지역에 건축되기 때문에 아파트와 기준이 다르므로 건폐율과 용적률이 높은 경우가 많다. 1~2개의 동으로 구성된 곳이 아닌 아파트와 유사한 형태의 단지라면 특히 건폐율이 중요하다. 전면 동이나 후면 동을 매수해 동 간 거리를 확보하는 것도 대안이 될 수 있다. 다만, 동 간 거리는 아파트 역시 축소되는 추세다. 과거 건축법에 따르면 아파트의 동 간 거리는 높은 건물 높이의 0.4배, 낮은 건물 높이의 0.5배 중 먼 거리로 정해졌다. 각각 80m, 30m 높이의 아파트라면 80m의 0.4배인 32m의 동 간 거리를 두어야 했던 것이다. 하지만 2021년 11월에 시행된 개정안에서는 낮은 건물을 기준으로 삼아 그 거리가 15m로 줄어들었다.

체크 5. 층수

아파텔 역시 층수를 간과해서는 안 된다. 1층이나 필로티층은 먼지, 소음, 사생활 침해와 같은 부분에서 제약이 있을 수 있지만 아이를 키우는 가정이라면 오히려 선호 대상이 된다. 다만, 시세가 상대적으로 낮은 만큼 매수를 고려한다면 젊은 부부들이 주로 거주하는 지역을 선택하는 것이 좋다. 또한 같은 최저층이라도 주상복합 형태의 경우, 각종 제약 사항에서 비교적 자유롭기 때문에 나쁘지 않다. 고층은 전망이 좋고 사생활 보호도 용이해 선호도가 높다. 특히 최고층은 층간소음이 없어 소리에 예민한 사람에게 적합하다. 반면 최고층은 외부에 노출되어 여름에는 덥고, 겨울에는 춥다보니 냉난방비가 많이 나올 가능성이 높다.

체크 6. 냉방 시스템

아파텔의 난방 시스템은 중앙, 지역, 개별난방 등으로 아파트와 동일하지만 냉방 시스템은 상이한 경우가 많다. 내부 실외기실이 없고 외부 실외기 거치가 어려운 아파텔의 구조 때문에 FCU라 불리우는 수냉식 천장형 에어컨을 주로 사용한다. FCU는 중앙 관리식으로, 일반적인 에어컨보다 저렴하고 에어컨을 따로 구입하지 않아도 된다는 장점이 있지만, 기계실에서 물을 올려주기 때문에 사용하지 않아도 공동 전기료가 발생한다는 단점이 있다. 다만, 이는 보통 소액이므로 큰 부담이 되지는 않는다. FCU는 세대 공통의 파이프라인을 사용하므로 추가 설치가 되지 않는 경우도 있으니 미리 확인할 필요가 있다.

최근에는 실외기실을 외부에 따로 두고 시스템 에어컨을 설치하는 경우도 늘어나고 있고, 10년 이상 된 아파텔은 창문형 에어컨을 활용하는 경우도 있으니 냉방 시스템이 어떻게 되는지, 침실이나 거실에 몇 개가 설치되어 있는지 반드시 점검해야 한다.

체크 7. 기타

각 방의 환기와 조명, 수납장 유무, 벽지 상태, 바닥 마감재 형태, 긁힘 정도 등도 꼼꼼하게 살펴야 한다. 콘센트나 인터넷 연결단자의 위치를 미리 확인해두면 이사 시 용이하게 가구 배치를 할 수 있다.

화장실을 둘러볼 때는 수압, 타일 상태, 곰팡이는 물론, 욕조 유무를 확인해야 한다. 오피스텔은 주택법 대상이 아니므로 욕조 설치가 의무 사항이 아니다. 따라서 기존 아파텔은 샤워부스만 설치된 곳이 많은데, 최근 분양한 곳들은 고급화 전략으로 욕조를 설치하는 경우도 있다. 또 아파텔은 구조의 효율성을 높이고자 화장실 슬라이딩 도어를 채택하는 경우가 많다. 이는 호불호가 있으므로 실제 사용 시 불편함은 없는지 확인할 필요가 있다.

주방을 둘러볼 때는 통풍과 환기가 잘되는지, 싱크대 구조는 어떤지, 화구 형태는 어떤지(가스레인지, 전기레인지, 인덕션 등) 등을 확인해야 실거주 시 불편함이 없다.

독립 공간의 활용도가 높아짐에 따라 드레스룸이나 파우더룸을 갖춘 구조가 인기다. 또한 수납 공간이 많을수록 좋기 때문에 팬트리룸을 갖춘 구조 역시 인기가 많다. 옵션으로 냉장고, 세탁기 이외에도 의류관리기, 의류건조기, 식기세척기, 오븐 등이 설치되어 있다면 그만큼 가전 구입비를 아낄 수 있다.

커뮤니티 시설도 잊지 말자

집을 꼼꼼히 살펴보았다면 이제 주변을 둘러보고 커뮤니티를 방문할 차례다. 아파텔이 빌라와 대비해 가장 큰 경쟁력을 갖는 측면인 만큼 절대 간과해서는 안 된다. 아파텔의 커뮤니티는 점점 더 다양화되고 있다. 수영장, 골프연습장, 키즈카페까지 조성한 단지도 있고, 식사를 저렴하게 제공하는 입주민 전용 라운지를 보유한 단지도 늘어나고 있다. 다만, 모든 커뮤니티가 활성화된 것은 아닐 수도 있으니 한 번씩 둘러보는 것이 좋다. 다수가 선호하는 피트니스 센터 같은 곳은 필수적으로 들러 운동기구 상태는 어떤지, 사용 인원은 어느 정도인지, 월 비용은 얼마나 되는지 알아볼 필요가 있다.

주차장은 평일 낮에 그리고 저녁에 주차 대수가 충분한지 꼭 확인해야 한다. 부동산 애플리케이션에 표기된 평균 주차 대수는 실제와 다를 수 있으며 입주민들의 세대당 차량 보유 대수는 현장에서만 확인 가능하다. 이는 차량 보유에 따라 부과되는 관리비(2대 보유 시 2만 원, 3대 보유 시 5만 원 등)나 입주민의 주거 형태에 따라 천차만별이니 반드시 직접 둘러보기 바란다. 더불어 전기차 충전기 개수와 경차 주차 공간 등도 점검해두자.

공동현관문과 세대 출입 형태 역시 살펴보아야 한다. 대부분의 오피스텔은 버튼식이나 터치형을 사용하고 있다. 구축 오피스텔은 다른 방식을 사용하는 경우도 있지만, 이 방식이 보안에 가장 유리하므로 주로 사용되고 있다.

힐스테이트 삼송 커뮤니티

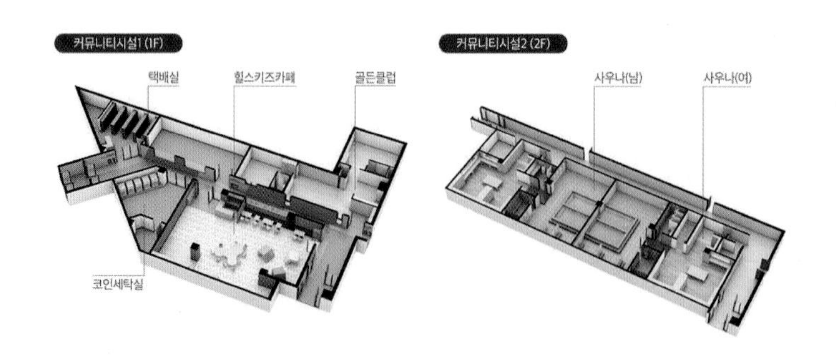

출처: 힐스테이트 삼송 홈페이지

분리수거장이 어디에 있는지도 확인해두자. 분리수거일이 정해져 있는지, 음식 쓰레기와 일반 쓰레기를 수거하는 곳이 동일한지도 파악해야 한다. 지하에 있다면 날씨나 온도의 영향을 적게 받으므로 편리하고, 특정 요일이 아닌 매일 분리수거가 가능해야 자유롭게 이용이 가능하다. 공간이 부족한 아파텔의 특성상 쓰레기를 매일 버릴 수 있는 단지를 택해야 생활 편의성이 크게 높아지니 꼭 점검하기 바란다.

집과 주변을 모두 둘러봤다면 중개업소와 대화를 시작해야 한다. 단지를 둘러보는 것만으로 얻을 수 없는 정보들을 집중적으로 물어보는 것이 좋다. 매물의 호가, 주변 아파트와 오피스텔 등의 공급 계획은 물론이고, 인근 초등학교 배정 단지들은 어떤 곳인지, 최근 매수·매도 분위기는 어떤지 등을 꼼꼼하게 물어보아야 한다. 한 번에 모든 것을 다 알아볼 수는 없다. 아쉬워도 후일을 기약하자. 어차피 몇 차례는 더 방문해야 하니까.

가족이 모두 행복한 임장

임장은 혼자 다녀오는 것이 가장 좋지만 여건이 되지 않는다면 주말에, 그것도 가족들을 모두 데리고 가야 하는 경우도 있다. 이럴 때 어떻게 해야 가족들의 불만을 최소화하고 주말을 의미 있게 보낼 수 있을까?

첫 번째 방법은 가족 구성원들의 입맛에 맞게 임장 단지를 정하는 것이다. 예를 들어 입맛이 까다로운 아이를 위해서는 맛집 근처 단지를, 쇼핑이 필요한 아내를 위해서는 대형 쇼핑몰 인근 단지를, 영화를 좋아하는 남편을 위해서는 대형 극장 주변 단지를 선택하는 것이다. 임장 후에 개인별로 선호하는 곳을 방문한다면 가족들도 임장 시간이 그다지 지겹게 느껴지지 않을 것이다.

두 번째 방법은 가족들에게 임장의 의미와 즐거움을 알려주는 것이다. 나는 무작정 아이를 끌고 다니기보다 이 단지가 왜 둘러볼 가치가 있는지 미리 설명해주는 편이다. 학교와 가깝고 무인 아이스크림 가게가 지척에 있으며 아빠가 다니는 회사까지 얼마나 걸리는지 등을 알려주면 자녀도 관심을 갖게 된다. 아내 역시 주방 시스템이 어떤지, 학원가가 가까운지, 주변 환경이 어떤지 등을 설명해주면 호기심을 가질 수밖에 없다. 자녀가 초등학생 이상이라면 수요와 공급의 논리나 입지의 중요성에 대해서도 간단히 설명해줄 수도 있다. 자장면 값이 왜 10년 전보다 1,500원이나 더 비싼지 그리고 이런 물가 상승이 땅값, 집값에 어떤 영향을 미치는지 등을 이야기해주는 것도 좋다. 자녀에게는 그러한 경험이 경제학 서적을 여러 권 읽는 것보다 훨씬 가치 있을 것이다.

마지막으로, 여행을 갈 때 임장을 끼워 넣는 방식을 추천한다. 나 역시 지방 거점도시까지 임장을 다녀오곤 하지만 주말에 온전히 임장만을 위한 일정을 잡기는 어렵다. 따라서 가족, 친지를 방문할 때나 놀이공원을 갈 때 돌아오는 동선에 맞춰 임장 단지를 정하곤 한다. 이렇게 하면 여행이 주목적이 되므로 가족들의 반발을 최소화할 수 있고, 임장 또한 여행의 과정으로 인식시킬 수 있다.

임장은 싫든 좋든 주거지나 투자처를 선택하는 과정이므로 가족 구성원 모두에게 의미 있는 일이다. 따라서 모두의 동의를 얻고 생활의 일부로 받아들여질 수 있도록 해야 한다. 그동안 임장을 자주 다니지 않았다면 설득하기가 쉽지 않을 수도 있다. 앞서 언급한 방법을 통해 임장을 가족과 함께하는 시간으로 잘 활용한다면 아이가 먼저 이 단지는 놀이터가 가깝다며 좋아하는 모습을 보게 될 것이다.

13

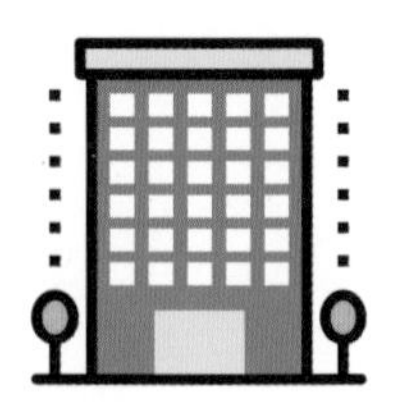

고라파덕90의 아파텔 임장기

자, 지금부터는 실전이다. 내가 실제로 임장을 다녀온 곳 중 3곳을 소개하도록 하겠다. 분석 내용을 참고하여 임장에 나서길 바란다.

힐스테이트 청계 센트럴

가장 먼저 소개할 곳은 서울 2룸의 대표적인 분양단지였던 힐스테이트 청계 센트럴이다. 이곳은 2호선 신당역과 6호선 동묘앞역 인근에 있는 황학동에 분양하여 평균 경쟁률 12:1, 2룸 경쟁률 19:1을 기록하고 즉시 완판될 정도로 큰 인기를 끌었다.

힐스테이트 청계 센트럴 48m² 평면도

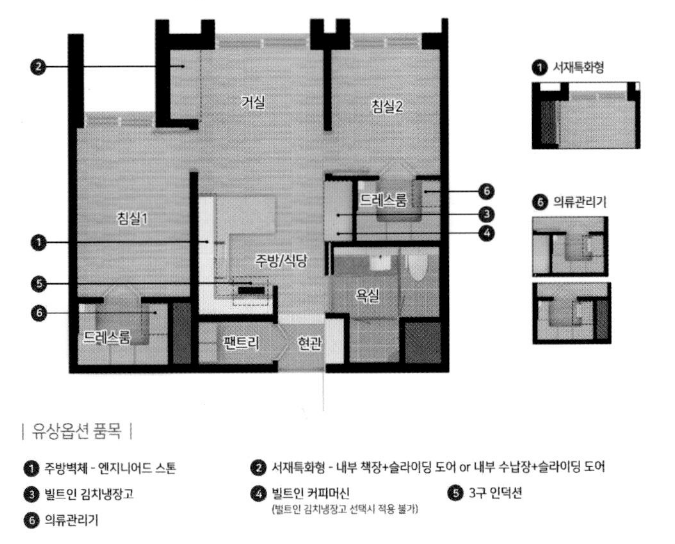

출처: 현대건설

분양 전에 견본주택을 방문할 때는 일반적인 임장과 달리 3가지 사항을 유의해야 한다. 첫째, 정해진 기간에만 오픈하므로 상시 방문이 불가하기 때문에 분양 상담사와 일정을 확인해 미리 예약을 해야 한다.

둘째, 견본주택에 있는 단지 모형은 단순 참고용이므로 실제 입주 현장을 꼭 방문해보아야 한다. 공사 예정지에서부터 지하철역, 초등학교까지 직접 걸어보며 시간이 얼마나 걸리는지 점검해보고, 주변 환경과 인프라도 직접 확인해볼 것을 추천한다. 낮과 밤의 분위기가 얼마나 다른지도 확인해야 한다. 그래야 그곳이 얼마나 안전한지, 심야 소음은 없는지 등을 알 수 있다. 이러한 점은 분양사무소에서 절대 알려주지 않는다. 이때, 입주 시점의 단지 환경을 예상해 보는 과정이 필요하다. 현재 주변이 번잡하다고 해서 3년 뒤의 모습이 동일하지는 않기 때문이다. 그러므로 주변의 개발 계획 역시 참고해야 한다.

셋째, 견본주택의 기본 제공 품목과 옵션을 반드시 구분해야 한다. 견본주택에는 수요를 끌기 위해 고급 가구와 가전을 배치하므로 실제보다 훨씬 긍정적으로 판단하기 쉽다. 따라서 주방 식탁의 상판 재질이나 냉장고, 의류건조기, 에어컨 등이 견본주택과 동일하게 제공되는지, 아니면 옵션으로 구매해야 하는지 정확히 알아야 객관성을 유지할 수 있다.

힐스테이트 청계 센트럴의 모델하우스 역시 방문하기 전에 상담사를 통해 예약을 진행해야 했다. 코로나19의 영향으로 제한된 인원만 입장이 가능해 상당히 긴 시간을 대기했다. 이곳은 1.5룸과 2룸으로 이루어져 있었는데, 분양 초기라 그런지 모두 둘러보기는 어렵고 특정 타입 한 곳만 볼 수 있었다. 내가 선택한 곳은 약 200실의 48㎡ 2룸이었다.

현관에 들어서자마자 깊숙한 창고가 눈에 들어왔다. 자전거, 유모차 등 야외에서 사용하는 부피가 큰 물품을 보관하기에 딱 좋아 보였다. 화장실은 카운터형 세면대와 양변기 그리고 샤워 공간이 각각의 부스로 나뉘어져 있어 2인 이상이 거주하기에 적합했다. 건식과 습식으로 구분이 가능한 만큼 사용 방식에 따라 활용도가 높을 것이라 생각되었다. 또한 세면대 아래에 수납장이 배치되어 있었고, 건조 기능이 포함된 일체형 9kg 드럼세탁기가 기본으로 제공되었다.

주방은 ㄷ자 구조였다. 옵션으로 인덕션이나 기능성 오븐을 추가로 설치할 수 있었다. 다만, 냉장고는 유상 옵션이었다. 김치냉장고를 추가할 수 있으나 기본형의 크기가 작은 점이 아쉬웠고, 빌트인 커피머신도 옵션으로 선택 가능하지만 활용도가 높을지는 의문이었다.

거실은 좁은 편이었지만 1~2인 가구가 거주하기에 불편함이 없어 보였고, 비용을 들여 서재로 특화하거나 책장이 불필요하다면 그 공간만큼 넓힐 수 있어 용도에 따른 공간 이용이 가능했다. 천장고는 2.5m로, 아파트 평균인 2.3m보다 약 20cm 더 높아 개방감이 돋보였다. 거실과 각 방에 총 3개의 천장형 에어컨이 제공되었고, 실외기를 외부 공용 공간에 배치하는 방식이어서 이 부분 또한 공간 활용도를 극대화했음을 알 수 있었다.

침실 2곳에는 ㄷ자 구조의 넓은 드레스룸이 있었고, 최대 2대의 의류관리기를 유료 옵션으로 제공했다. 입주민을 대상으로 조식 제공을 하는 라운지는 1인 가구나 신혼부부의 거주 만족도를 높여줄 만한 포인트였다. 다만, 피트니스 센터와 라운지 외에 커뮤니티가 부족한 것은 아쉬움으로 남았다. 이곳에서 가장 아쉬웠던 점은 주차장이었다. 지하 1층부터 지하 6층까지 주차장으로 이용함에도 세대당 0.83대의 주차 대수는 편의성 부분에서 높은 점수를 주기 어려웠다.

하지만 단지 주변을 둘러보며 이 모든 게 기우라는 생각이 들었다. 힐스테이트 청계 센트럴은 CBD 6분, YBD 24분, GBD 24분

등 지하철로 3대 업무지구를 모두 30분 이내에 이동하는 것이 가능했고, 도보권에 1, 2, 6호선이 모여 있었다. 내부순환도로, 동부간선도로, 강변북로와도 인접해 업무지구 외에도 어디든 자유롭게 이동이 가능했다. 즉, 직주근접이 중요한 맞벌이 신혼부부에게 가장 특화되어 있다고 볼 수 있는데, 내부 구조와 기본 옵션, 개별 공간 분류 등이 이러한 수요를 사로잡기 위한 구성이라 생각되었다.

게다가 서울 중구의 대지가격 상승이 최근 가장 높다는 점도 반드시 짚고 넘어가야 한다. 중구에는 5년 이내 신축 아파트가 11%에 불과할 만큼 마땅한 신규 분양단지가 없기 때문에 더욱 희소성이 높으며, 왕십리 뉴타운(센트라스, 텐즈힐 대단지)과 바로 인접해 있다는 점에서도 발전 가능성이 높을 수밖에 없다. 동대문 주방용품 시장과도 인접해 있어 임대 구조로 수익을 내면서 차익도 볼 수 있는, 드문 형태의 투자처라는 것이 내가 내린 최종 결론이었다.

임장 후 실제로 표식화했던 내용을 소개하도록 하겠다. 평점은 지극히 주관적이나 다음과 같이 투자 기준을 세워 향후 임장 시 점수화하는 습관을 들이길 바란다. 글로 나열하는 것보다 평점화하는 것이 단지를 비교할 때 훨씬 효과적이기 때문이다.

힐스테이트 청계 센트럴 단지 분석

구분	분석
추천 이유	• 직주근접 및 신혼부부 생활 여건 충족

분양가(2021년 2월)	1.5룸 4.3억 원, 2룸 6.7억 원
지하철	• 2·6호선 신당역 도보 5분 • 1·6호선 동묘앞역 도보 10분 • 1·2호선, 우이신설선 신설동역 도보 12분
준공	2024년 3월 입주 예정
브랜드(건설사)	힐스테이트(현대건설)
세대수	522세대(1.5룸, 2룸) 총 1개 동
전용면적	• 1.5룸: 35m²(306세대) • 2룸: 49m²(198세대), 51m²(18세대)
주차	세대당 0.83대
직주근접	지하철로 CBD 6분, YBD 24분, GBD 24분
청약 경쟁률	12:1
교통호재	• GTX-B, C 청량리역 예정 • GTX-C 왕십리역 예정 • GTX-B 동대문역사문화공원역 추진 중
기타 호재	• 신당역 지하통로 연결 공사 중 • 중구청 신청사 건립(2025년) • 패션혁신허브 조성
인근 아파트 대비 강점	• 1·2·6호선, 우이신설선 지하철 4개 노선 인접 • 신축(중구에서 5년 이내 새 아파트 비율 11%)
단점	• 주차 대수 부족 • 서울중앙시장과 인접한 주변 환경

분양가	교통망	연식	브랜드	세대수	전용면적
8/10	10/10	10/10	10/10	9/10	5/10
주차	**직주근접**	**청약 경쟁률**	**교통호재**	**총점**	
5/10	10/10	8/10	7/10	8.2/10	

힐스테이트 판교 모비우스

다음으로 소개할 곳은 힐스테이트 판교 모비우스다. 2018년 8월에 입주한 5년 차 아파텔로, 총 280실 중 276실이 81~85m^2 3룸 구조이며 지하 3층에서 지상 8층으로 구성되어 있다. 세대수가 적고, 아직 역세권은 아니지만 판교에서 드문 아파텔 단지다. 월곶판교선 서판교역이 들어설 예정이어서 방문해보았다. 부지의 특성을 활용해 뫼비우스의 띠를 형상화한 외관 등 개성 있는 단지 설계가 돋보였고, 특히 커뮤니티가 독보적이었다. 상업지역이 아니어서 주변이 조용하지만 그만큼 생활편의시설이 부족한데, 그 점을 상쇄하고자 커뮤니티를 특화한 것으로 판단되었다.

임장을 간 곳은 가장 많은 세대(109세대)를 차지하고 있는 84m^2 A1타입 3룸 구조였다. 힐스테이트 판교 모비우스는 전용면적과 구조에 따라 약 20개의 타입으로 나뉘어져 있었다. 이렇게 다양한 타입의 아파텔은 매매 시에는 유리하지 않다. 구조가 다양해 실거래가가 뜨기 어렵고, 즉시 시세를 알 수 없기 때문이다. A1타입은 구매

힐스테이트 판교 모비우스 84m² 평면도

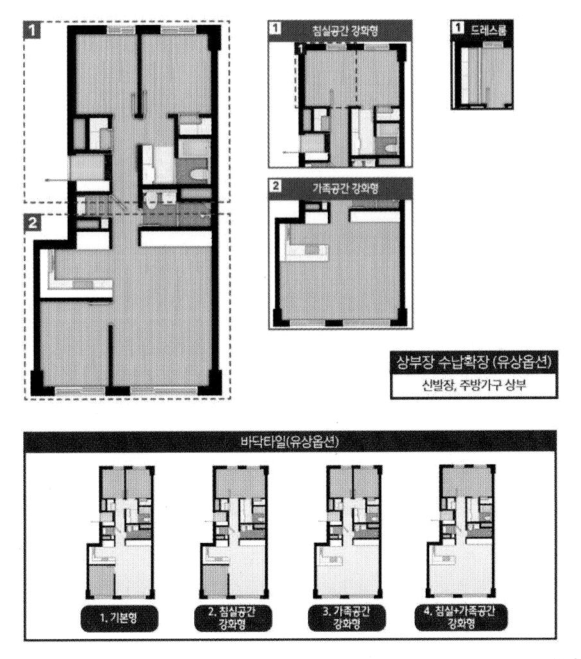

출처: 현대건설

자가 본인의 라이프스타일에 맞게 침실 개수를 1개에서 최대 3개까지 선택할 수 있게 한 것이 특징이었고, 필요에 따라 광폭 거실이나 광폭 안방을 선택할 수 있었다. 방문한 곳은 3룸 구조의 일반적인 형태였는데, 아무래도 이후 수요까지 감안하다보니 3룸으로 구성한 세대가 대부분이라고 했다.

거실 화장실과 안방 화장실은 상반된 구조였다. 거실 화장실은 변기와 세면대, 샤워부스가 일자로 연결된 일반적인 형태였고, 안방 화장실은 카운터 공간과 세면대, 변기와 욕조가 부스로 따로 구분된 형태였다. 입주 5년 차 아파텔임에도 욕조를 설치해 편의성을 높인 점이 특히 눈에 띄었고, 미끄럼 방지 타일을 시공해 안전성도 높였다.

거실 천장고가 3m 이상인 것도 강점이었다. 보통의 아파트보다 60cm 이상 더 높아 개방감과 공간감을 크게 높였다. 하지만 이런 경우, 냉난방 효율이 상대적으로 낮아질 수 있다는 점을 고려해야 한다. 이외에도 파우더룸과 드레스룸, 붙박이장, 팬트리 등의 수납 공간이 넉넉해 생활 편의성이 높을 것이라 판단되었다.

내부를 모두 둘러본 뒤 주변을 천천히 살펴보았다. 서판교 지역은 쾌적한 주변 환경이 특징인데, 인근에 타운하우스와 단독주택단지 같은 고급 주거지가 모여 있었고 녹지도 풍부해 보였다. 단지 남쪽으로 연결된 응달산 주변으로 산책이 가능하고 단지 가까이에 운중천, 금토산공원, 청계산 등이 있어 건강하고 쾌적한 생활을 즐길 수 있었다. 또한 초등학교와 중학교, 고등학교가 도보권이어서 교육환경도 우수한 편이었다.

이곳의 장점인 커뮤니티는 약 3,000m^2로 대규모였다. 입주민들이 건강과 여가, 학습을 단지 안에서 모두 즐기고 해결할 수 있도록 하기 위한 취지라고 했다. 피트니스 센터, GX룸, 실내 골프연습장, 스크린골프장, 탁구장, 당구장 등은 물론이고 입주민들의 작품을 전시할 수 있는 갤러리, 영화 감상이 가능한 미디어실, 명상실, 셰어키친, 바비큐장 등 다양한 소모임 공간이 뫼비우스의 띠 중앙을 기준으로 몰려 있었다. 뿐만 아니라 키즈카페, 스터디룸, 북카페가 있었고, 건물 옥상에는 정원 및 공동 텃밭이 조성되어 있었으며, 공간 효율을 높이기 위한 세대별 계절 창고와 코인 세탁실도 마련되어 있었다. 게스트룸은 3개 타입이 있었는데, 매일 이불과 침대 커버를 세탁하는 등 철저하게 관리되고 있었다.

세대당 1.1대의 주차 대수는 넉넉하지는 않아도 부족한 수준은 아니었다. 입주자키를 인증해 엘리베이터를 호출하고 주차 위치를 확인할 수 있는 것도 다른 아파텔과의 차별점이었다. 다만, 함께 입주한 상가가 소규모여서 편의점 외에는 인근에 생활편의시설이 부족하고, 자차 없이는 이동에 제약이 많아 아파텔 특유의 편리함을 찾는 이들에게는 감점 요인이 될 수 있을 듯했다. 그럼에도 불구하고 힐스테이트 판교 모비우스는 주변 신축 단지가 턱없이 부족하고 테크노밸리 직주근접의 수요가 지속되는 한, 어려움 없이 시세가 우상향할 것이라 생각된다. 월곶판교선 서판교역과 트램과 같은 교통호재는 이러한 분위기를 더욱 가속화시켜줄 전망이다.

힐스테이트 판교 모비우스 단지 분석

구분	분석
추천 이유	• 판교에 부족한 브랜드 신축 아파텔 • 트램, 월곶~판교선 등 교통호재 • 다양한 커뮤니티 시설
실거래가 (2022년 3~4월)	3룸 9억 원
지하철	–
준공	2018년 8월

브랜드(건설사)	힐스테이트(현대건설)
세대수	280세대(2룸, 3룸), 총 4개 동
전용면적	44~85m²
주차	세대당 1.1대
직주근접	판교 테크노밸리 차량 15분
청약 경쟁률	12:1
교통호재	• 월곶판교선 서판교역 개통 예정 • 성남 2호선 트램 추진 중
기타 호재	제3판교 테크노밸리 2024년 준공 예정
인근 아파트 대비 강점	• 트램 개통 시 인접단지 • 다양한 커뮤니티 시설
단점	• 적은 세대수 • 생활편의시설 부족 • 주변 아파트에 동일 평형대 다수

실거래가	교통망	연식	브랜드	세대수	전용면적
10/10	5/10	8/10	10/10	7/10	9/10
주차	**직주근접**	**청약 경쟁률**	**교통호재**	**총점**	
7/10	7/10	8/10	8/10	7.9/10	

킨텍스 꿈에그린

마지막으로 소개할 곳은 경기도 고양시 일산에 위치한 킨텍스 꿈에그린이다. 일산은 분당과 함께 1기 신도시의 표본과 같은 지역이지만 직주근접이 이루어지지 않아 한동안 베드타운으로 인식되었다. 하지만 그러한 분위기를 GTX-A(2024년 완공 예정)가 한순간에 바꾸어놓았다. 현재는 킨텍스역 주변 단지가 일산의 시세 상승을 견인하고 있다. 예정된 킨텍스역 주변에는 아파텔 대단지가 밀집해 있으며, 이 단지들은 주변 구축 아파트보다 3.3m² 당 시세가 40% 이상 비싸다. 입지가 모든 것을 결정한다는 대표적인 사례라 할 수 있다.

킨텍스 꿈에그린은 지인이 거주하고 있어 여러 차례 방문하기도 했고, 임장으로도 수차례 방문했다. 이곳은 아파트 약 1,100세대와

킨텍스 꿈에그린 84m² 평면도

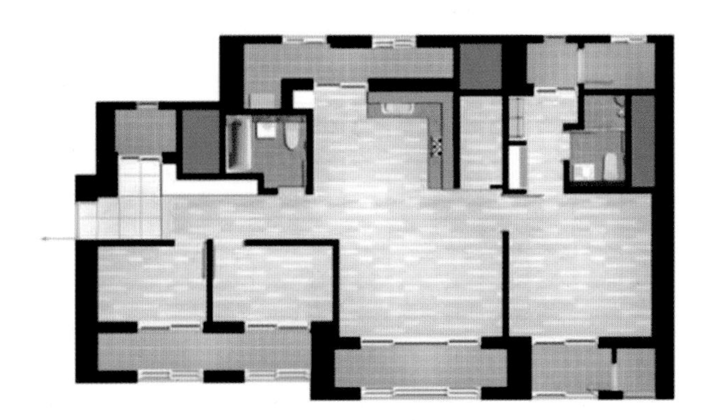

출처: 한화건설

아파텔 약 780세대가 공존하는 독특한 구조로 되어 있으며, 각 관리단이 피트니스 센터와 GX룸, 골프연습장, 탁구장, 세대별 창고 등을 철저하게 분리해 운영하고 있다. 이곳은 이러한 관리단의 노력으로 킨텍스의 시세를 견인하는 대표적인 아파텔 단지가 되었다.

반대의 사례로 인근의 O아파텔을 들 수 있다. 킨텍스 꿈에그린과 달리 아파트 약 2,000세대, 아파텔 약 170세대로 세대수 간극이 매우 크다. 또한 아파텔 단지는 3개 동으로 흩어져 있고, 단지 내 아파트가 최고 49층인 것과 달리 아파텔은 16~23층으로 층수 또한 낮아 비교가 될 수밖에 없는 구조다. 분양 당시 계약서에 O아파텔 주민들의 아파트 커뮤니티 사용 제한이 명시되어 갈등이 불거지기도 했다. O아파텔 또한 GTX-A 킨텍스 예정역과 인접해 있고, 유럽형 스트리트 상가가 밀집한 대단지임을 감안하면 참으로 아쉽다.

임장을 다녀온 곳은 킨텍스 꿈에그린 아파텔 A타입이었다. 현관 왼쪽으로 다용도실, 욕실, 주방, 거실이, 오른쪽으로 붙박이방, 작은방, 안방이 배치되어 있었다. 붙박이방에는 사이드장이 있어 활용도가 높아 보였지만 작은 방은 폭 2.4m, 길이 3m로 다소 좁았다. 이 부분은 거실을 축소하고 개인 공간을 확대하는 요즘 추세와 배치되어 다소 아쉬웠다.

거실 화장실에는 욕조가 있었고, 주방 옆에 설치된 펜트리장은 넓고 별도의 문이 달려 있어 외관이 깔끔해 보였다. 거실은 양창형 구조로, 고층이나 전면 동일수록 일산 도심과 호수공원, 킨텍스의 전망이 한눈에 들어와 미래가치가 높을 것이라는 생각이 들었다. 또 이곳은 FCU, 즉 수냉식 천장형 에어컨을 사용하는데 거실에만 2대가 설치되어 여름철 더위 부담을 한결 덜 수 있을 것 같았다.

주방의 싱크대는 ㄷ자 구조로 편리함을 강조했다. 또 전자식 가스 차단기와 후드기에 열 감지기 및 전자식 소화기를 내장해 안전성을 극대화했으며, 하단에 전자레인지 기능이 탑재된 광파오븐을 설치해 편의성을 높였다. 특히 A타입은 안방의 활용도를 극대화했는데 다른 방에 비해 월등히 넓었고, 파우더룸과 드레스룸이 있어 부부가 거주하기에 최적의 환경이었다.

다만, 용적률 689%는 옥에 티였다. 특히 동 간 거리가 유달리 좁은 편이어서 투자처로 고려한다면 전망을 가리지 않는 전면 동의 가치가 훨씬 높을 것이라 예상되었다. 주변을 둘러보니 GIFC라는 오피스 공간과 GIFC몰이라 불리는 스트리트형 상가가 눈에 들어왔다. 지하와 1층으로 구성되어 아파텔과 바로 연결되며 슈퍼마켓부터 맛집, 편의시설이 밀집되어 있어 거주민들이 이용하기에 더없이 편리해 보였다. 다만, 200여 곳이 넘는 상가에 여기저기 공실이 눈에 띄는 점은 조금 아쉬웠다. 이 부분은 GTX-A 킨텍스역이 들어서면 자연스럽게 해결될 것이라 생각한다.

근처에는 이마트타운, 현대백화점, 홈플러스와 같은 쇼핑시설과 원마운트, 일산 아쿠아플라넷과 같은 문화시설이 자리해 있었고, 일산호수공원을 도보로 이용할 수 있어 주변 환경 또한 우수했다. 단지를 모두 둘러본 뒤 중개업소를 통해 주변에 추후 공급이 전무한 상황이며, 유명한 후곡 학원가를 셔틀버스로 이용할 수 있다는 점을 추가로 알게 되었다. 다만, 초등학교는 한류초등학교까지 도보로 10분 정도가 소요되었고 큰길을 건너야 한다는 단점이 있었다.

킨텍스 꿈에그린은 아파텔이 가지고 있는 편견을 교통호재와 입지를 통해 한 번에 깨버린 상징적인 단지라 할 수 있다. GTX-A 킨텍스역은 지금도 한창 공사가 진행 중이다. 2024년 완공과 동시에 방송영상밸리, CJ라이브시티와 같은 개발호재가 작용한다면 일산은 머지않아 베드타운이라는 오명을 벗게 될 것이다.

킨텍스 꿈에그린 단지 분석

구분	분석
추천 이유	• GTX-A 교통호재 및 킨텍스 지구 추가 공급 없음 • 아파트와 아파텔 커뮤니티 별도 운영
실거래가 (2022년 3~4월)	3룸 9.2억 원
지하철	3호선 대화역 도보 15분
준공	2019년 2월
브랜드(건설사)	꿈에그린(한화건설)
세대수	780세대(전 세대 3룸), 총 3개 동
전용면적	84~85m²
주차	세대당 1.2대
직주근접	• CBD 47분(GTX-A 개통 시 15분) • YDB 52분(GTX-A 개통 시 30분) • GBD 77분(GTX-A 삼성역 개통 시 25분)

청약 경쟁률	28.4:1
교통호재	GTX-A 킨텍스역 개통 예정(2024년)
기타 호재	• 방송영상밸리 • CJ라이브시티
인근 아파트 대비 강점	• GTX-A 킨텍스역 역세권 • 이마트타운, 원마운트 등 대형 쇼핑몰 인접 • 인근 유사 평형대 아파트 부족
단점	• 동간 간격 좁음 • 용적률, 건폐율 높음

실거래가	교통망	연식	브랜드	세대수	전용면적
5/10	6/10	8/10	9/10	9/10	10/10
주차	**직주근접**	**청약 경쟁률**	**교통호재**	**총점**	
8/10	7/10	9/10	10/10	8.1/10	

14

주목해야 할 아파텔 투자 유망 지역 I 서울, 경기도

앞서 아파텔을 선택할 때 지역을 선정하는 것이 얼마나 중요한지 강조한 바 있다. 그렇다면 서울, 수도권, 지방 아파텔 중에서 어디를 선택해야 가장 만족도가 높을까? 물론 직장과 아이의 학교 등에 따라 선택지가 한정되겠지만 실거주가 아닌 투자처를 정한다면 전국에서 어디가 가장 좋을까? 저평가된 지역은 어디일까? 이번 장에서는 투자처로서의 지역 간 매력도에 대해 이야기해보고자 한다. 투자처를 찾고자 함이므로 단순히 어느 지역이 좋다, 나쁘다가 아닌 발전가치에 집중해 분석해보도록 하겠다.

서울, 신규 택지지구와 뉴타운 근처를 주목하라

서울에는 대단지 아파텔이 거의 없다. 동대문구 청량리와 중랑구, 도봉구, 중구 등의 일부 지역에 신축 단지가 입주 예정이긴 하나, 여러 개의 대단지가 모여 군락을 이루는 경우는 드물다. 이는 서울이 가지고 있는 개발 한계성 때문인데 지구단위계획, 특히 택지지구계획을 보면 그 이유를 미루어 짐작할 수 있다.

도시개발계획에 있어 지구단위계획이란, 체계적으로 도시의 기능을 증진시키고 경관을 개선하기 위해 각 지역 특성에 맞는 기준과 원칙을 적용하는 것이다. 그중에서 특히 택지지구는 특성상 주거지역, 상업지역, 학교, 공원 등의 구획을 정해놓고 그에 맞춰 형성되기 때문에 아파텔의 경우 보통은 택지지구에 한정된 준주거지역이나 상업지역 내에 위치하게 된다.

택지지구는 한 번 조성되면 정해진 기간 동안 재건축 외에는 다른 시설로 바뀌기 어렵다. 특히 상업지역은 주거지 개발이 완료된 후에 개발되는 경우가 많다. 이에 따라 택지지구 내의 아파텔은 적어도 공급량을 미리 파악하고 대비할 수 있어 유리하다. 반면 비택지지구의 아파텔은 인접지역 개발로 추가 공급이 가능함에 따라 수요가 분산될 수 있으므로 안정적으로 시세 상승을 견인하기 어렵다. 또한 비택지지구의 아파텔 주변은 각종 위락시설이 밀집될 가능성이 높아서 자녀가 있는 가정이 아파트를 대체해 거주하기에는 무리가 있다.

결국 서울은 재개발 규제 때문에 택지지구 조성에 한계가 있으므로 신규 택지지구로 확정된 곳의 아파텔 분양을 눈여겨보는 것이 좋다. 동대문구 전농동 청량리 근처와 중랑구 망우동·신내동 일대 양원지구 내에 있는 아파텔 단지가 대표적인 곳이다.

서울 동대문구 청량리역 부근 택지지구

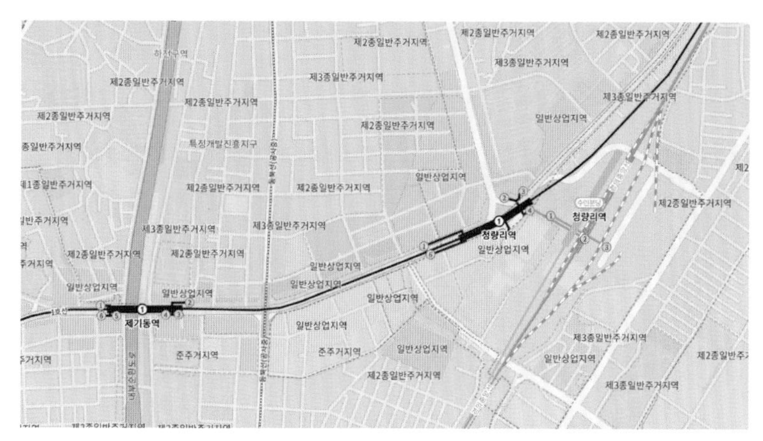

출처: 네이버 지도

다만 택지지구는 대부분 도심 외곽을 중심으로 조성되어 있으므로 왕십리 뉴타운이나 영등포 뉴타운과 같은 서울 도심 내 뉴타운 단지를 함께 검토해보는 것이 좋다. 뉴타운은 기본계획이라는 큰 틀 안에서 종합적이고 체계적으로 개발되다보니 택지지구 못지않게 도로, 학교, 공원, 상업시설 등 다양한 인프라가 갖추어지고, 기존에 조성되어 있는 인프라와의 연계도 수월하기 때문이다.

서울의 뉴타운

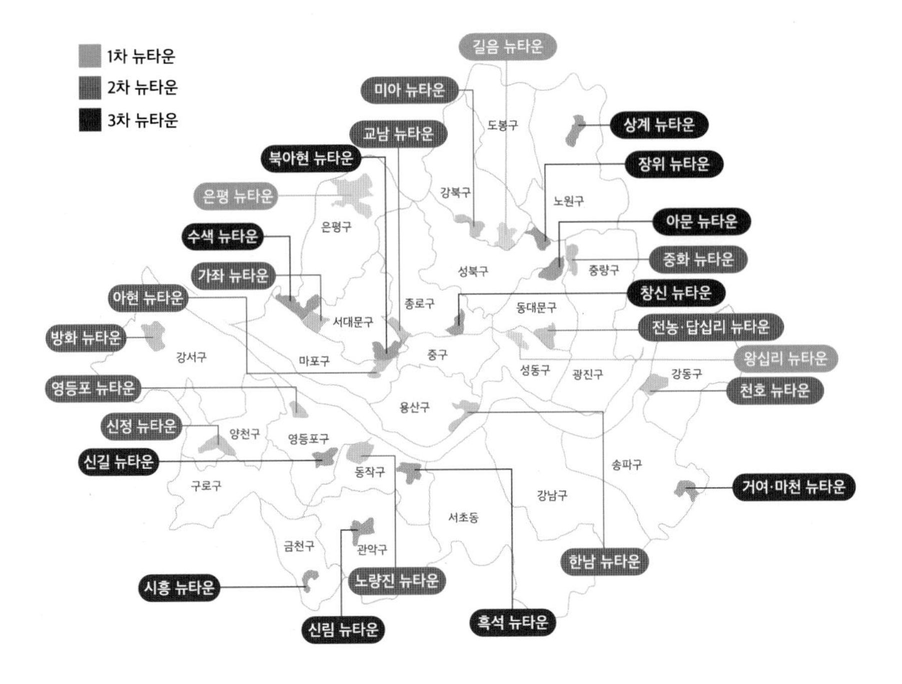

경기도, 아파텔 밀집 택지지구를 노려라

경기도는 서울과 달리 선택지가 많은 것이 단점이다. 무조건 오르는 아파텔 투자의 8가지 필수 조건에 부합한다고 해서 쉽게 매수를 결정해서는 안 된다. 경기도에서 가장 먼저 살펴봐야 하는 곳은 앞서 언급한 택지지구의 아파텔 밀집 지역이다. 안정적인 수요가 보장되면서 무분별한 공급이 불가능하기 때문이다. 대표적인 곳으로 일산 킨텍스지구, 고양 삼송지구, 성남 판교지구와 분당구, 하남 미사지구와 위례지구, 수원 광교지구와 동탄지구를 꼽을 수 있다.

그렇다고 해서 이들 모두가 유망한 투자처인 것은 아니다. 최소한 서울 3대 업무지구 중 1곳을 어떤 교통수단으로든 30분 이내에 도달할 수 있어야 한다. 즉, GTX나 신분당선과 같은 광역급행철도가 있거나 예정인 곳 또는 서울과 인접한 곳을 선별해야 한다는 것이다. 이 점이 충족되지 못하는 곳은 과감하게 걸러야 한다.

몇 가지 유의해야 할 점이 있다. 첫째, 저평가된 지역을 선점해야 한다. 대지가격의 상승으로 저평가된 곳이 드문 서울과 달리 경기도는 지역별 편차가 크기 때문에 우선 인근 아파트 단지와 비교해 전용면적 대비 시세가 더 낮은 곳을 선택해야 한다. 물론 교통이나 개발호재가 인근 아파트보다 비교우위에 있다면 단순히 수치에 집착하기보다 심층적으로 분석할 필요가 있다. 이에 대해서는 지구별 분석에서 자세히 다루도록 하겠다.

둘째, 호재가 어디까지 반영되었는지 파악해야 한다. 교통이나 개발호재는 대개 완공 시점에 도달해서는 크게 오르지 않기 때문에 이미 호재가 반영된 곳은 저평가 단지라 볼 수 없다. 장기적으로 볼 때는 호재가 확정된 직후에 진입하는 것이 저점 매수의 기회다.

셋째, 주변 인프라가 부족한 곳을 선택하는 것도 저평가 단지를 고르는 좋은 방법이다. 아파트나 빌라는 재건축이나 재개발을 예상해 먼저 실입주하고 이후 차익을 노리는 이른바 '몸테크'를 하는 경우가 많다. 아파텔은 이러한 몸테크가 불가능하다고 여기는 경우가 많은데, 결코 그렇지 않다. 아파텔 역시 택지지구라면 대부분 생활편의시설이 갖춰질 계획이 있으므로 오히려 허허벌판일 때 입주하는 것도 몸테크의 한 방편으로 활용할 수 있다. 시간이 지나면서 하나둘 들어서는 인프라들이 시세를 탄탄하게 받쳐줄 가능성이 높기 때문이다. 그럼 지금부터 본격적으로 경기도의 아파텔 밀집지구를 분석해보자.

1. 고양시

경기 서북부에서 아파텔 단지가 몰려 있는 대표적인 곳은 고양시로, 주의 깊게 살펴보아야 하는 아파텔 택지지구는 킨텍스지구와 삼송지구다. 향동지구와 덕은지구에도 아파텔이 있지만 대단지로 군락을 이룬 곳은 아직 찾기 어렵다. 현재 고양시를 지나는 지하철 노선은 2개인데 11개로 대폭 확대될 예정이다. 제4차 국가철도망 구축계획에 포함된 7개 노선을 비롯해 킨텍스~대곡~창릉을 잇는 GTX-A노선, 서해선 일산~소사 구간 등 총 9개 노선이 계획되어 있거나 공사가 진행 중이다. 따라서 현시점에서 고양시는 경기도에서 가장 저평가된 지역이며, 아파텔 투자처로서 더할 나위 없는 조건을 갖추었다고 할 수 있다.

① 킨텍스지구

킨텍스지구는 앞서 임장기에서 언급했던 바와 같이 아파텔의 성공을 최초로 견인한 곳이기에 그 상징성이 매우 크다. 2024년 개통 예정인 GTX-A 킨텍스역을 두고 3룸으로만 구성된 킨텍스 꿈에그린, 힐스테이트 일산, 일산 더샵 그라비스타, 원시티가 둘러싸고 있다. 또한 1룸, 2룸의 한류월드 유보라 더 스마트와 킨텍스역과 다소

킨텍스지구 입지

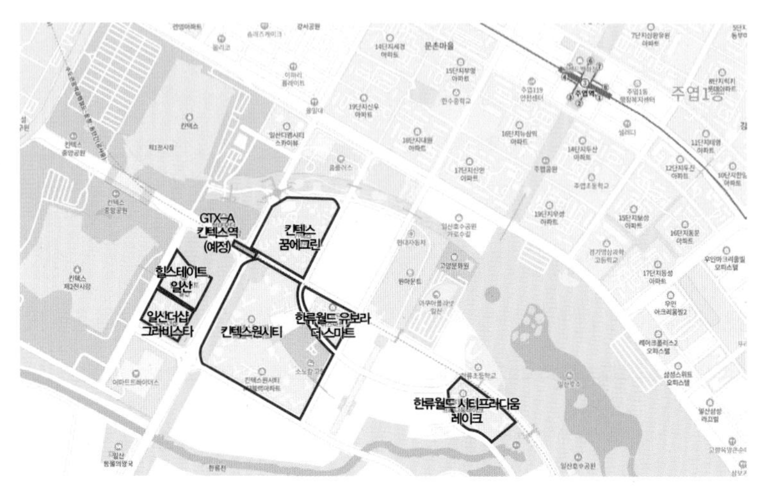

출처: 네이버 지도

거리는 있지만 초등학교 및 호수공원과 인접한 한류월드 시티프라디움 레이크 아파텔도 눈에 띈다. 전반적으로 킨텍스 예정역을 기준으로 신축 아파텔이 부동산 시세를 선도하는 모양새다. 실제로 아파텔의 평당 가격 또한 인근 지역의 구축 아파트보다 40%가량 높게 유지되고 있다(호갱노노 실거래가 기준).

생활 편의성도 높다. 이마트타운, 현대백화점, 홈플러스와 같은 쇼핑시설과 원마운트, 일산 아쿠아플라넷과 같은 문화시설이 자리해 있고, 일산호수공원을 도보로 이용 가능하다. 대표 택지지구 특성상 주변에 오피스텔이 과잉 공급될 가능성도 낮으며 후곡 학원가를 셔틀버스로 이용 가능하다는 점도 큰 장점이다. 방송영상밸리, CJ라이브시티, 테크노밸리와 같은 대규모 개발호재도 대기 중이다.

결국 킨텍스지구 아파텔의 가치는 이러한 교통호재 및 개발호재의 흐름과 함께 등락을 거듭할 것이다. 따라서 투자를 고려한다면 GTX-A의 비용은 물론 실제 탑승까지의 시간은 얼마나 걸리는지, 2024년에 무정차 예정인 삼성역이 2028년에 정상적으로 개통할지 등 시시각각 변하는 흐름을 관심을 갖고 지켜보아야 한다. 방송영상밸리와 CJ라이브시티도 이미 착공에 들어간 만큼 어느 기업이 입주 예정인지, 언제 완공될지 수시로 확인해야 한다. 이 모든 과정이 순탄하게 진행된다면 킨텍스지구 아파텔은 그 가치가 더욱 높아질 것으로 예상된다.

② 삼송지구

이미 3호선 삼송역을 중심으로 힐스테이트 삼송역, e편한세상시티 삼송, 삼송 더샵과 같은 신축 아파텔들이 도보권에 자리 잡고 있으며, 아이엠 삼송과 같은 장기일반민간임대 아파텔도 있다. 이들 단지만 합쳐도 약 6,000세대로, 아파텔 택지지구로는 전국 최대 규모다. 스타필드와 MBN 미디어시티를 중심으로 한 도심권과 창릉천과 북한산으로 대표되는 자연환경이 조화롭게 배치되어 있는 것이 특징이다.

인근 아파트보다 지하철역이나 스타필드와 같은 생활편의시설이 더 가깝다는 점도 이들 아파텔의 경쟁력을 높이는 요인이다. 실제로 이곳들은 스타필드 개장 이후 집값이 가파르게 오르는 이른바 '스타필드 효과'를 가장 크게 누렸으며, 3.3m^2당 시세도 인근의 대장 아파트보다 10% 이상 더 높다. 스타필드로 인해 불가피하게 상

삼송지구 입지

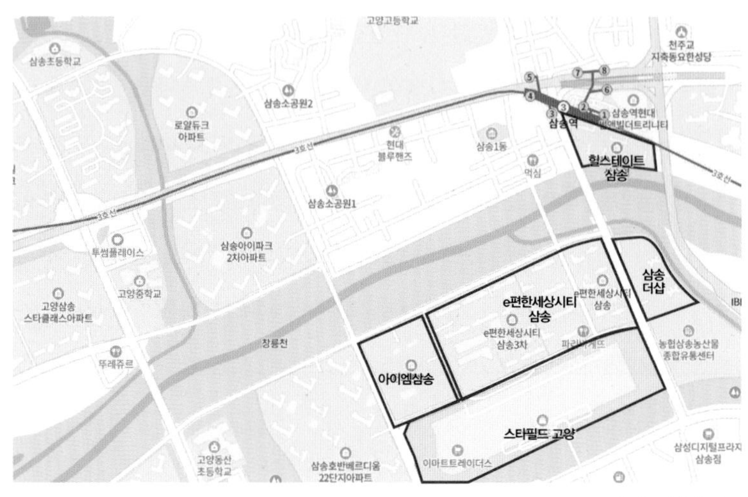

출처: 네이버 지도

업지구에 아파텔 단지가 들어선 만큼 인근에 유흥시설이 없고, 초등학교가 아파텔 단지 내에 들어서있어 교육 환경이 잘 조성되어 있는 것도 강점이다. 은평성모병원, 이케아 고양점, 롯데 아울렛과 같은 대규모 편의시설에도 차량으로 10분 이내에 도달할 수 있다.

이곳의 핵심 과제는 다름 아닌 삼송역의 '신분당선 서북부 연장'이다. GTX-A 창릉역 신설 및 BRT 연결과 더불어 신분당선이 삼송역까지 연장된다면 기존 3호선과 함께 서울 3대 업무지구로의 연계가 획기적으로 개선되기 때문이다. 현재 예비타당성조사가 진행 중이며 1년 이내에 확정 여부가 결정될 예정이다.

신분당선 서북부 연장은 삼송지구 아파텔의 현안이자 숙원 과제임이 분명하다. 서울 은평구와 바로 인접해 있지만 통일로가 상습

정체 구간이어서 자차 이용 시 제약이 많고, 3호선은 좌석 점유율이 가장 높아 출퇴근 시 불편함이 가중되고 있기 때문이다. 다만, 삼송지구 아파텔은 자체적으로 이미 경쟁력을 충분히 확보했기 때문에 교통호재가 없을지라도 장기적인 가치 상승에는 의문점이 없다. 아파텔의 경쟁력은 대단지 택지지구와 주변 환경에서 나오는 만큼 삼송지구는 여전히 투자가치가 매우 높은 곳이라 판단된다.

③ 향동지구, 덕은지구

향동지구와 덕은지구 역시 무궁무진한 가능성을 가지고 있다. 두 곳 모두 서울시 은평구, 마포구와 인접해 서울 접근성이 매우 뛰어나고, 미디어 클러스터가 조성되어 있는 상암 DMC를 비롯해 여의도 및 마곡지구 등 서울 주요 업무지구와도 가깝다. 향동지구 안에도 자족 기능을 위한 지식산업센터가 다수 들어설 예정이다.

향동지구는 8,933가구 규모의 택지지구로, 고양선 개통과 같은 교통호재를 안고 있다. 다만, 아직 대단지 아파텔이라 불릴 만한 곳이 없다. 소형 오피스텔이 고양선 예정지 인근에 들어서고 있지만 시세 차익을 볼 가능성은 적어 보인다. 그럼에도 향동지구는 서울 은평구 수색동 바로 길 건너에 위치한 만큼 향후 분양하는 대단지 아파텔이 있다면 눈여겨볼 필요가 있다.

덕은지구는 4,815가구를 짓는 택지지구다. 고양시의 대표 지구인 삼송지구(2만 4,000가구)나 지축지구(8,955가구) 등과 비교하면 규모가 작지만 서울 마포구 상암동과 맞닿아 있어 서울 접근성은 더 좋다. 반면 덕은지구에 계획된 원종~홍대선은 빨라야 2030년에

향동지구 입지

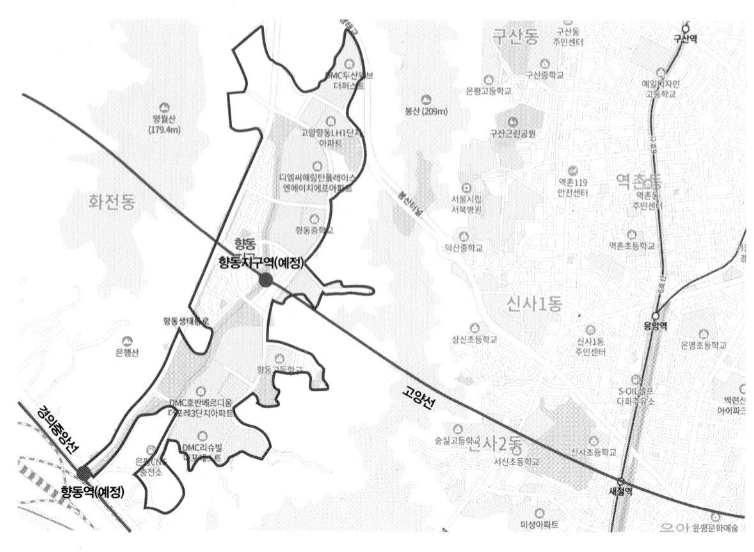

출처: 네이버 지도

덕은지구 입지

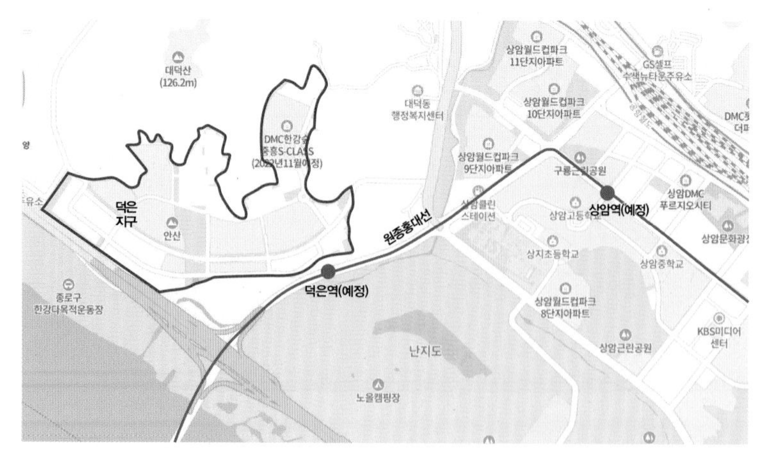

출처: 네이버 지도

개통될 예정이므로 당장 호재를 바라보는 것은 어려운 실정이다. 당분간은 교통 불편을 감수해야 한다. 학군도 약점 중 하나다. 덕은지구에는 2022년 9월 개교 예정인 유치원과 초·중학교 부지는 있지만, 고등학교 부지는 없다. 가장 가까운 향동지구의 고등학교를 버스로 통학해야 한다.

이곳의 대표적인 아파텔은 덕은동 더 지엘인데, 약 420세대로 세대수가 다소 적고, 1룸과 2룸으로만 구성되어 있다. 그럼에도 한강이 정면으로 보이는 점은 다른 단점을 상충시키고도 남는다. 덕은지구 아파텔의 가치는 한강뷰에 따라 편차가 클 것이고 투자가치도 변동될 것이다. 서울 외 지역에서 한눈에 들어오는 한강뷰를 찾기 힘든 만큼 덕은지구 아파텔 투자를 고려 중이라면 반드시 이 부분을 유념해야 한다.

2. 성남시

성남시는 경기도 동남부를 대표하는 도시다. 이곳은 전통의 1기 신도시 분당과 테크노밸리가 자리한 2기 신도시 판교가 있어 경기도의 집값을 선도하는 지역으로, 부동산의 미래가치가 높을 수밖에 없다. 아파텔은 대표적인 부촌인 판교지구와 분당구에 집중되어 있다.

① 판교지구

판교지구는 테크노밸리로 대표되는 약 1,700개 기업이 입주한 대규모 IT 산업단지를 끼고 있어 자급자족 도시로 각광받고 있다. 판교역 주변의 대표적인 아파텔은 힐스테이트 판교역으로, 2022년

8월 입주 예정이다. 이곳은 2018년 분양 당시 전용면적 84m² 타입 가격이 12억 원에 달했지만 압도적인 경쟁률로 완판되었고, 향후 랜드마크가 될 것으로 큰 기대를 모으고 있다. 신분당선 판교역과 현대백화점 그리고 알파돔시티가 지하로 연결되어 있어 생활 편의성이 뛰어나고, 상업지역이지만 초, 중, 고등학교가 모두 인접해 있어 실거주 만족도 역시 높을 것이라 예상된다.

이곳은 입지가 주택의 가치를 결정한다는 통설을 정확하게 증명

판교지구 입지

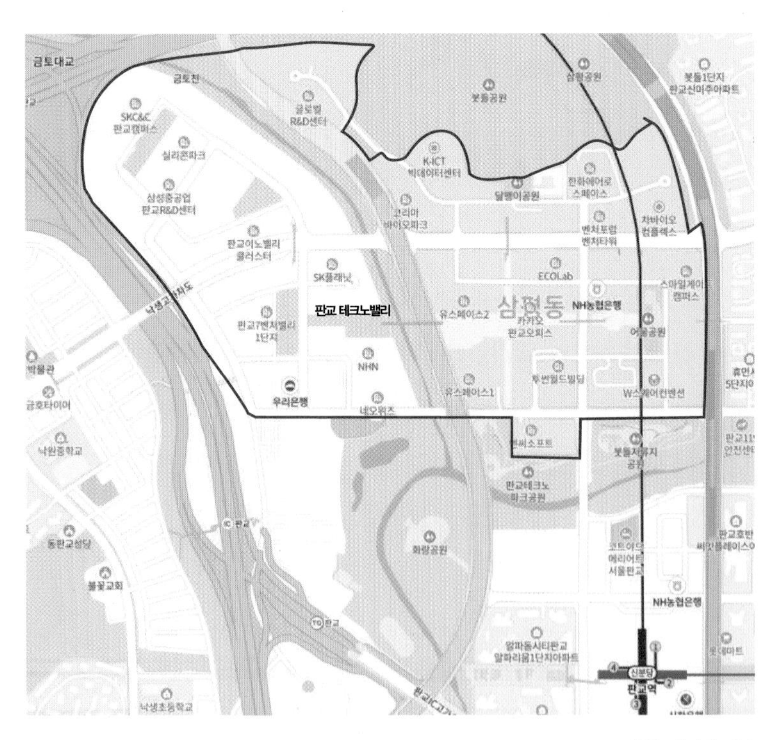

출처: 네이버 지도

하고 있다. 다만, 주변에 아파텔이 거의 없다. 도보 5분 거리에 있는 판교SK허브는 1,000세대가 넘는 대단지이지만 3룸은 52세대로 매우 적어 아쉬움이 남는다. 그럼에도 불구하고 경기도 동남부의 아파텔 매수를 고민 중이라면 힐스테이트 판교역은 항상 1순위로 생각해둘 것을 권한다. 입지나 생활 여건이 이보다 좋은 아파텔을 찾는 것은 불가능에 가깝기 때문이다.

판교 대장지구에서도 다수의 아파텔이 분양을 진행했다. 이들 단지는 소규모이고, 아직 주변 교통망이 구축되지 않아 선불리 투자 가치를 예단하기는 어렵다. 하지만 자차를 이용하고 판교나 분당에서 일하는 직장인이라면 주거지로서 충분히 대안이 될 수 있다. 판교와 분당을 아우르는 생활권을 이용할 수 있고, 교육 환경 또한 우수한 편이어서 장기적으로 볼 때 가치 상승이 기대된다.

② 분당구

분당구에는 구축 대형 오피스텔과 일부 신축 아파텔이 공존하고 있다. 특히 신분당선 정자역과 분당선 수내역 인근에 대형 오피스텔이 다수 포진해 있으며, 이들 역시 판교와 분당 생활권을 모두 누릴 수 있는 요지에 자리한 만큼 시세가 높다. 다만, 이러한 구축 대형 오피스텔을 신축 아파텔과 동일하게 볼 것인가에 대해서는 논란의 여지가 있다.

대표 단지인 정자역 두산위브 파빌리온은 약 1,500세대 18년차 구축으로, 전통적인 복도식 오피스텔의 모습을 하고 있다. 그럼에도 단지가 매우 잘 관리되어 있고, 3룸 이상의 세대가 3분의 1이

분당구 입지

출처: 네이버 지도

넘으며, 시세 또한 2019년 9월부터 2년간 약 7억 원에서 약 12억 원(전용면적 96m² 기준)으로 가파르게 올랐다.

길 건너 수내역 부근의 정자아이파크와 로얄팰리스, 판테온 등도 비슷한 흐름을 보이고 있다. 이들을 단순히 무조건 오르는 아파텔 투자의 8가지 필수 조건을 기준으로 판단하는 것은 무리다. 정자역과 수내역 부근의 아파텔 투자를 고려한다면 대지지분이 높으면서 실거주가 용이한 대형 평수 위주로 임장을 다닐 것을 추천한다. 분당구의 핵심 투자 포인트는 1기 신도시의 재건축 추진과 함께 파생될 땅값 상승이므로 신축이 아니더라도 지하철역과 가까우면서 노른자 땅을 차지할수록 더 높은 가치 상승을 기대할 수 있다.

3. 하남시

① 미사지구

하남시는 서울 강동구, 송파구와 인접해 있어 사실상 서울 생활권이라 할 만큼 입지가 뛰어나고 생활 여건도 매우 우수하다. 특히 미사지구는 그린벨트를 없애고 조성한 만큼 녹지가 많고, 신축 단지들이 즐비하며, 5호선 하남 연장으로 인해 교통호재의 수혜 또한 누리고 있다. 게다가 9호선 4단계 연장이 예정되어 있고, 5단계 또한 제4차 국가철도망 구축계획에 포함되어 기대를 한몸에 받고 있다. 미사지구의 입주가 모두 마무리되었다는 점도 고무적이다. 대개 신규 택지지구는 공급 과잉의 정점을 지나야만 시세가 상승하는 만큼 앞으로의 가치가 더욱 기대된다.

미사지구에는 5호선 미사역을 중심으로 미사호수공원 가까이에 대단지 아파텔이 몰려 있다. 힐스테이트 미사역 그랑파사쥬는 2,000세대가 넘고, 절반에 가까운 3룸 구성이 압도적인 위용을 자랑하며, 인근에 병원과 공원, 영화관 등의 시설이 밀집되어 있어 생활 편의성이 뛰어나다.

하지만 상업지역임에도 도보권에 대형 쇼핑몰이나 백화점이 없다는 점은 참으로 아쉽다. 코스트코와 스타필드 하남점이 가까이에 있기는 하지만 도보로는 이용이 어렵다. 초등학교도 다소 거리가 있어 아이가 있는 가정이라면 이 점을 고려해야 한다.

그럼에도 불구하고 불과 1km 거리에 있는 서울 고덕 재건축 단지들의 전용면적 84m²가 최대 18억 원에 거래가 이루어지는 것을 감안한다면 미사지구의 가능성은 무궁무진하다고 할 수 있다. 서울

미사지구 입지

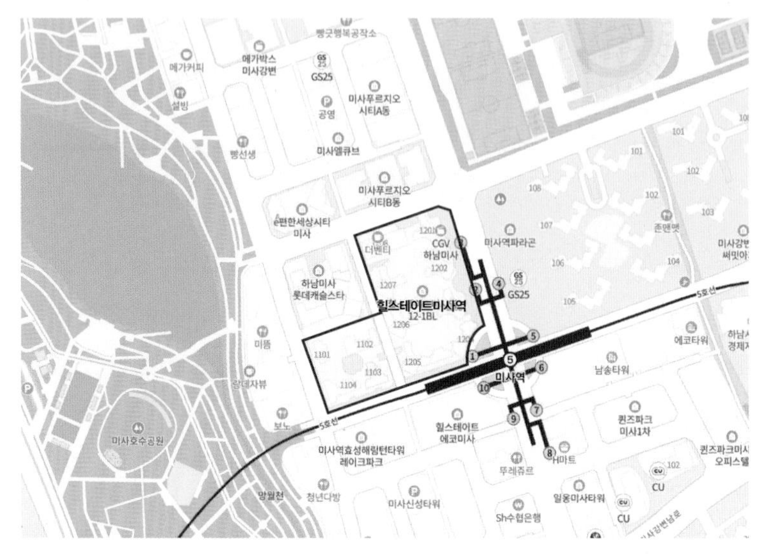

출처: 네이버 지도

강남 4구의 가치 상승을 가장 빠르게 누릴 수 있는 곳이 바로 미사 지구다.

② 위례지구

위례지구는 서울 송파구와 성남 수정구, 하남시의 경계에 있는 신도시 지구로, 서울 생활권을 그대로 누릴 수 있는 압도적인 입지를 차지하고 있다. 대부분 신축 단지이며, 그린벨트를 해제해 만든 곳이어서 환경이 매우 수려한 것이 특징이다. 동남쪽에 드넓게 펼쳐진 위례근린공원, 창곡천과 장지천으로 대표되는 하천도 도시의 완성도를 높여주고 있다.

위례지구 입지

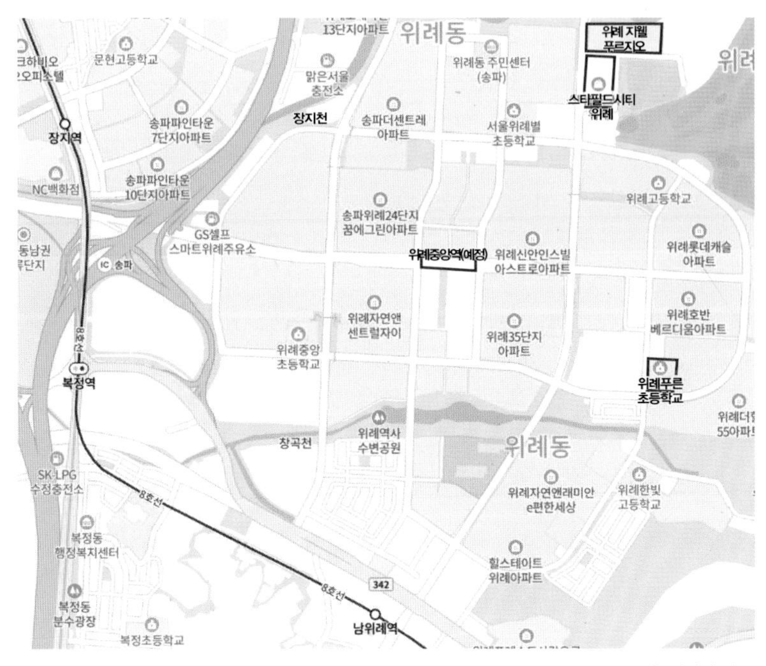

출처: 네이버 지도

장지천 북단을 북위례, 남단을 남위례라고 하는데, 상대적으로 분양이 늦은 북위례가 강남 접근성이 더 뛰어나 시세 상승을 이끌 것으로 보인다. 장기적인 교통호재도 많다. 2021년 12월에 8호선 남위례역이 개통했고, 제4차 국가철도망 구축계획에 포함된 경전철 위례~신사선과 위례~과천선도 착공을 준비 중이거나 결과를 기다리고 있다. 공급도 충분하지 않다. 2019년에 4,394가구, 2020년에 2,571가구가 공급되었지만 2021년에는 분양 물량이 거의 없었다.

반면 이와 같은 긍정적인 상황에도 불구하고 아파텔 단지가 밀집한 곳이 눈에 띄지 않는 것은 아쉽다. 스타필드 시티 위례점과 인접해 '스타필드 효과'를 제대로 누리고 있는 위례지웰푸르지오가 입지와 환경으로 큰 명성을 얻고 있지만, 인접한 H아파텔은 1룸 구조가 대부분이어서 함께 시너지를 내지 못하고 있다. 주변에 대형 쇼핑몰과 초, 중, 고등학교가 인접해 있고, 호수공원 완공을 앞두고 있는 점을 감안하면 아쉬움이 더 크다.

위례 아파텔 투자를 고민한다면 신설 예정인 지하철 역사 주변 분양을 눈여겨보자. 위례~신사선 위례중앙역 주변이나 위례푸른초등학교 주변, 위례~과천선 복정역 주변 아파텔의 분양공고를 자주 확인하는 습관을 길러야 한다.

위례지구의 투자가치는 여전히 매우 밝다. 아직 제대로 된 지하철 역사가 없음에도 이 정도 시세가 유지되는 것은 결국 입지가 가지고 있는 상징성 때문이다. 여기에 교통 편의성까지 더해진다면 앞으로 위례가 가져다줄 가치는 실로 무궁무진하다고 할 수 있다.

4. 수원시

① 광교지구

광교지구는 경기 남부권 아파텔 대단지 성공 사례로 주로 언급되는 지역이다. 원천호수를 끼고 대규모 아파텔 단지가 들어섰는데, 성공적인 분양과 가치 상승으로 이미 경기 남부권에서 가장 확실하게 입지를 구축했다 해도 과언이 아니다. 특히 호수와 백화점, 아울렛을 끼고 있고 광교중앙역과 도보권인 포레나 광교는 전용면적 84m² 실거래가가 2022년 현재 15억 원에 달할 만큼 불과 2년 만

광교지구 입지

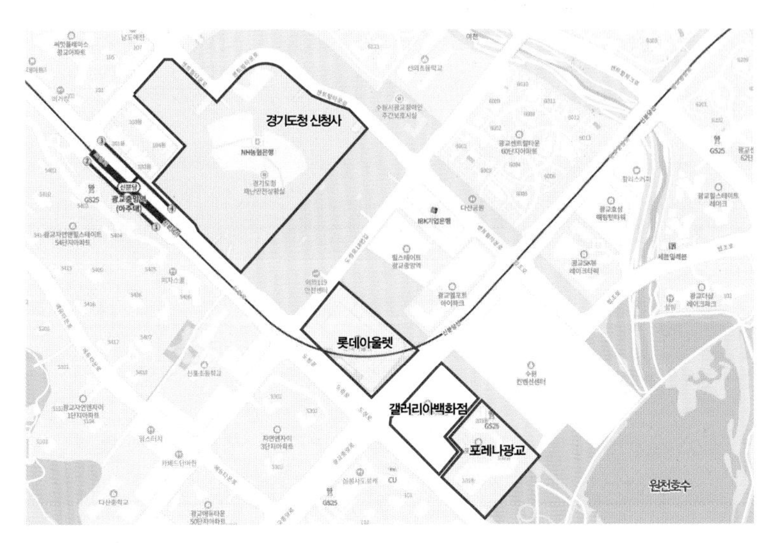

출처: 네이버 지도

에 압도적인 시세 상승을 보여주었다. 여기에 경기도청 이전과 신분당선 강남 환승 구간 연장 등 각종 호재가 끊임없이 이어질 예정이다.

길게 이어진 호수공원을 두고 아파텔이 둘러싸고 있는 모양새도 흥미롭다. 수려한 자연환경과 신분당선으로 대표되는 교통 여건, 신흥 학군지로 이름을 떨칠 만큼 학원가가 단기간에 잘 조성된 점도 눈길을 끈다. 다만, 호수뷰 신축 브랜드 아파텔이라 하더라도 모두 같은 가치를 기대해서는 안 된다. 세대수 차이가 있고, 같은 전용면적 84m²라 해도 구조가 상이하다. 실제로 임장을 다녀온 아파텔은 인근 같은 규모의 아파트보다 실면적이 훨씬 좁아 보였는데, 호수뷰로 만들고자 다소 무리하게 지었기 때문이라고 한다. 무턱대고 동일할 것이라 판단하기보다 직접 임장을 다녀와야 하는 이유다.

호수 북쪽의 시세가 다소 부담스럽다면 호수 남쪽을 눈여겨보기 바란다. 매탄동과 가까워 상대적으로 저렴하면서도 초등학교와 인접해 있고, 동탄~인덕원선 원천역 개통과 같은 호재를 누릴 수 있으며, 호수를 남향으로 바라볼 수 있다는 장점이 있다. 결국 신축 지하철 개통과 함께 시세를 맞추는 과정이 진행될 것이니 선점하는 것도 좋은 방법이다.

② 동탄지구

동탄지구는 일자리와 교통 여건을 두루 갖춘 곳으로, 최근에 큰 주목을 받고 있다. SRT 동탄역 개통과 GTX-A 착공을 통해 전국에 이름을 알렸지만, 화성시와 용인시 기흥구에 위치한 삼성전자와 삼성디스플레이 관련 산업단지의 영향으로 분양 초기부터 이미 관심이 집중되었던 곳이다. 동탄지구는 2021년 각종 호재로 인해 아파트값이 21%가량 급등했다. 특히 20~30대가 매매한 비중이 45%에 달한다. 청년층의 선호도가 높은 지역이라는 점을 주목할 필요가 있다.

동탄지구의 대표적인 아파텔 단지는 지역에 따라 크게 2곳으로 나뉜다. 첫 번째 단지는 동탄역 및 롯데백화점과 인접한 롯데캐슬과 2025년 2월 입주 예정인 동탄역 디에트르 퍼스티지이고, 두 번째 단지는 동탄 호수공원 인근의 대방 엘리움 레이크파크와 동탄 더샵 센텀폴리스다. 동탄역 인근의 아파텔은 뛰어난 교통 편의성을 자랑하고, 호수공원 인근의 아파텔은 압도적인 뷰로 인해 가치가 크게

동탄지구 입지

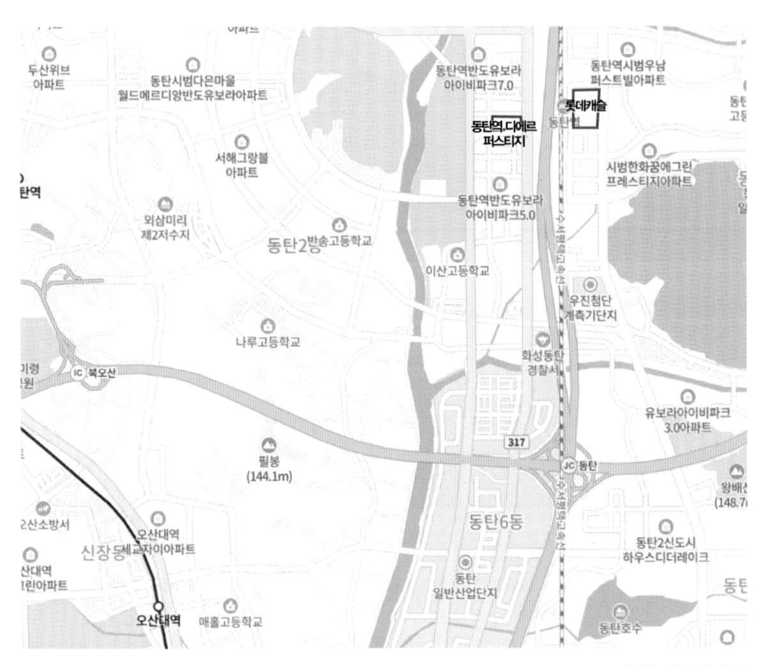

출처: 네이버 지도

상승하고 있다.

다만, 공급 물량은 동탄지구의 큰 과제다. 화성시는 2021년에 약 7,500가구가 입주했으며, 2022년에는 약 1만 1,000가구가 입주를 앞두고 있다. 분양 물량도 약 1만 3,000가구에 달한다. 당분간 부동산 시장의 약세가 우려되는 대목이다. 하지만 이 부분은 결국 공급 물량이 소화되면서 자연스럽게 해결될 전망이다. GTX-A 동탄역에서 서울 강남구 삼성역까지 불과 22분 소요되는 만큼 교통 호재와 함께 동탄지구 역시 장기적으로 유망한 아파텔 투자처가 될 것이 분명하다.

5. 기타 지역

이외에도 경기도에는 아파텔 단지가 몰려 있는 곳들이 있다. 경기도 용인 기흥역 부근, 안양 평촌역과 범계역 부근, 남양주 별내역과 별내가람역 부근이 대표적이다. 다만, 용인 기흥역 부근에는 아파텔이 다수 있지만 세대수가 적거나 전용면적이 작은 곳이 대부분이고, 남양주 별내역과 별내가람역 부근의 아파텔도 비슷한 상황이다. 안양 평촌역과 범계역 부근은 인프라가 잘 갖추어져 있으나 아직 신축 아파텔이 부족하다. 이곳들을 투자처로 고민하고 있다면 아파텔 대단지가 구성되는지, 3룸 이상의 가족 단위 거주지가 조성되는지를 알아본 뒤 결정해야 한다. 기흥역과 평촌역, 범계역 부근은 일자리가 가까우며 생활편의시설이 밀집해 있고, 남양주는 자연환경이 신축 단지와 잘 어우러져 경관이 뛰어나므로 이후 발표될 분양공고를 눈여겨볼 필요가 있다.

15

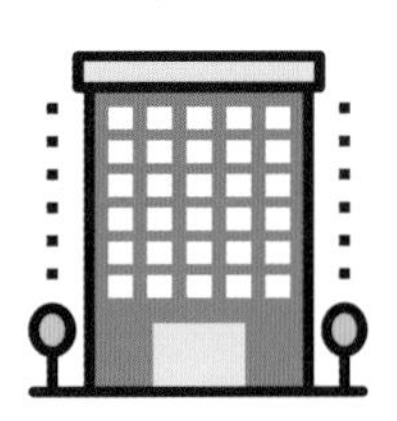

주목해야 할 아파텔 투자 유망 지역 II 인천, 지방광역시

인천, 공급 계획을 따져보되 적극적으로 투자하라

인천도 경기도와 크게 다르지 않다. 차이점이 있다면 신도시나 국제도시 같이 계획된 지구를 중심으로 움직이되 한동안 공급 계획이 많은 만큼 이를 감안해 투자처를 선정해야 한다는 것이다. 실제로 인천의 입주량은 2021년 약 2만 가구에서 2022년 약 4만 가구로 전년 대비 2배 이상 증가할 예정이다. 이는 송도, 영종, 청라 등 경제자유구역과 검단신도시 개발을 비롯해 부평구, 동구, 미추홀구 내 재개발 및 재건축 등의 사유에 기인한다. 여기에 계양 3기 신도시와 서구 검암 역세권에서도 사전청약으로 3,000가구가 공급될 예정이다.

① 송도국제도시, 청라국제도시, 검단신도시

송도국제도시 입지

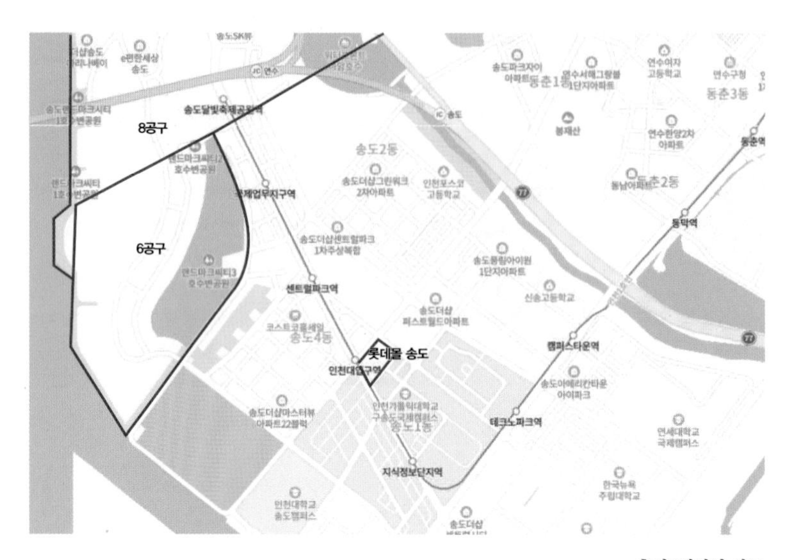

출처: 네이버 지도

대표적인 인천의 신축지구는 송도국제도시와 청라국제도시, 검단신도시다. 이들은 하나같이 대형 교통호재와 개발호재를 품고 있다. 교통호재로는 송도의 GTX-B, KTX, 7호선 청라 연장과 검단신도시의 인천 지하철 1·2호선, 서울지하철 9호선, GTX-D 등이 있으며, 개발호재로는 송도 6·8공구 개발, 롯데몰 송도, 청라의료복합타운, 영상문화단지, 금융센터, 스타필드, 코스트코 입주 등이 있다.

현재 시세는 송도국제도시→ 청라국제도시→ 검단신도시 순이지만 청라국제도시에 개발호재가 밀집해 있고, 검단신도시 또한 교통호재의 영향을 직접 보게 되어 장기적으로 이들의 순위가 어떻게

청라국제도시 입지

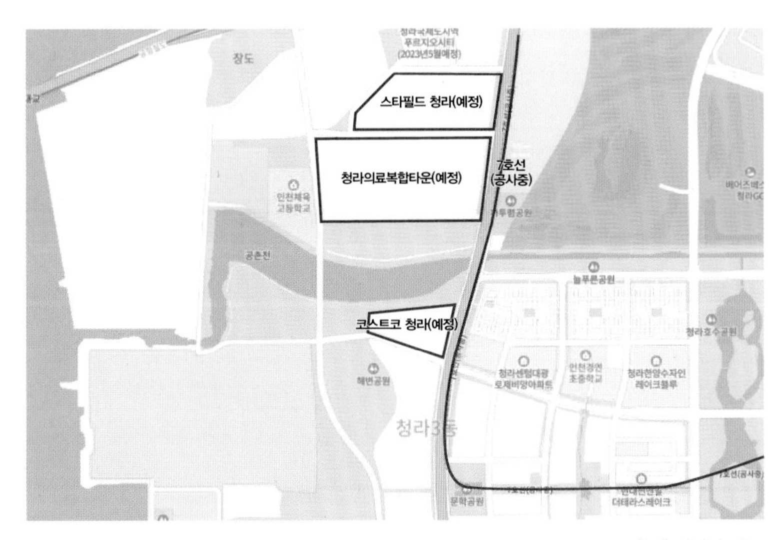

출처: 네이버 지도

바뀔지는 쉽게 짐작하기 어렵다. 다만, 아파텔의 투자가치로만 본다면 상대적으로 송도국제도시와 대비해 저평가되어 있는 청라국제도시가 좀 더 매력적인 것은 사실이다. 송도국제도시가 자급도시로서 가치가 더 높은 것은 분명한 사실이지만, 현재 저평가된 곳으로 볼 수는 없기 때문이다. 따라서 청라국제도시 중에 특히 호재가 예정된 지역을 선점할 수 있다면 기회는 아직 충분하다는 결론이다.

② 영종국제도시

영종국제도시는 영종하늘도시를 중심으로 대규모 아파트 분양을 진행했으나 아직 아파텔 대단지라 부를 만한 곳은 거의 없다. 영

영종국제도시 입지

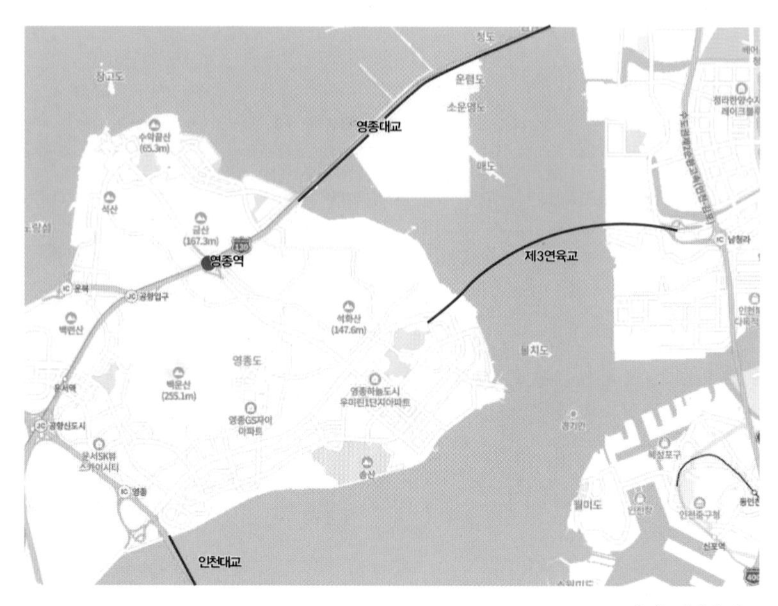

출처: 네이버 지도

종국제도시에서 가장 불편한 점은 역시 교통이지만, 공항철도 영종역 개통과 버스 노선 개편, I-MOD[4]의 도입 등으로 초기에 비하면 상당히 개선되었다. 또한 주민들에게는 영종대교, 인천대교 통행료가 지원되고, 무료로 통행할 수 있는 제3연륙교가 2025년 12월 개통을 목표로 공사 중이므로 대단지 아파텔 분양이 추진된다면 검토해볼 가치가 있다.

4 I-MOD: 인천광역시와 현대자동차 컨소시엄이 공동으로 운영하고 있는 수요응답형 버스. 정해진 노선 없이 승객의 위치와 목적지에 맞춰 실시간으로 정류장을 정해 운행한다.

③ 부평구, 미추홀구

인천 구도심 중에서는 상대적인 저평가 지역인 부평구와 미추홀구를 눈여겨보는 것이 좋다. 부평구는 2021년에 개통한 7호선 산곡역과 GTX-B가 예정된 부평역 인근을 중심으로 재개발 사업이 대규모로 추진되면서 노후화된 이미지를 탈피하고 있다. 이미 갖추어진 인프라에 신축 아파트 단지가 들어서면서 시너지가 나고 있으며, 그에 따라 아파텔 투자처 역시 늘어날 것으로 전망된다. 부평구 아파텔 투자를 고려한다면 GTX-B 부평역과 인접하면서 재건축이 예상되는 아파트 대단지와 멀지 않은 곳을 찾아보면 해답이 보일 것이다.

부평구 입지

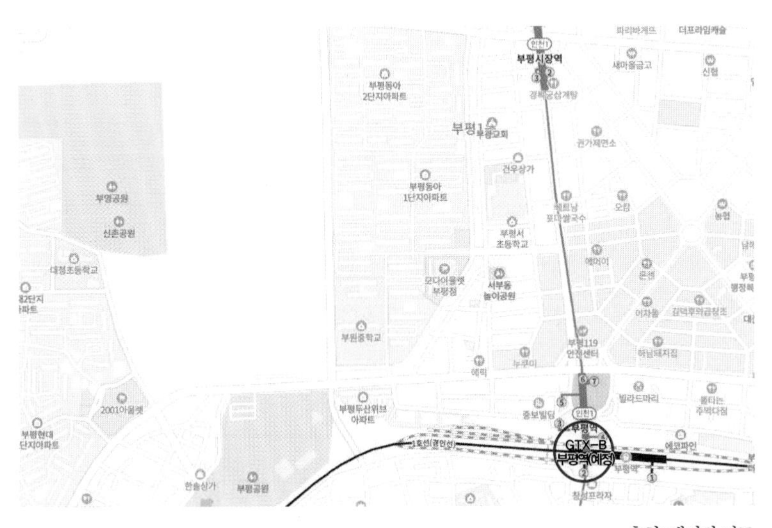

출처: 네이버 지도

미추홀구는 용현·학익 1블록 도시개발 사업이 진행 중이고, 7블록도 정비사업을 추진 중에 있다. 또한 인천 내항 재개발 사업과 스마트 오토밸리 조성 사업 등 개발호재 또한 다수 대기 중이다. 게다가 수인선 송도역~경부고속철도를 연결하는 KTX 직결 사업이 2024년까지 공사를 완료할 예정이고, 수도권 제2순환고속도로도 개통 예정이어서 차량 이동이 원활해질 전망이다.

미추홀구에서는 1호선 및 인천 2호선이 함께 지나는 주안역 주변과 2024년 개통 예정인 수인분당선 학익역 인근을 주목하자. 개발 사업이 완료되면 이 부근이 신흥 주거지역으로 탈바꿈할 예정이

미추홀구 입지

출처: 네이버 지도

므로 분양 단지가 있다면 눈여겨볼 필요가 있다.

인천은 2021년 한국부동산원 통계 기준, 전국 17개 시, 도, 광역시 중에서 아파트값이 24.5%로 가장 많이 오른 지역이다. 이를 반증하듯 2021년 전국 특·광역시에서 유일하게 인구가 유입된 곳이 바로 인천이며(294만 3,000명 → 294만 8,000명), 그에 따른 잠재력 또한 가장 큰 도시라 해도 과언이 아니다. 따라서 아파텔 투자자라면 고정관념에서 벗어나 인천 지역의 분양을 적극적으로 알아볼 필요가 있다.

지방광역시, 저평가된 곳을 찾아라

지방광역시는 특히 저평가된 곳을 찾는 것이 중요하다. 2020년 행정안전부의 자료에 따르면 대한민국의 인구는 출산율이 0.8명에 달할 만큼 빠르게 줄고 있지만, 가구 수는 전년 대비 증가세를 보이고 있다. 더 자세히 알아보면 전국 평균 2.8%에 비해 울산광역시와 대구광역시, 부산광역시의 가구 수 증가율은 1.6~2.0%대로 상대적으로 낮다. 반면 대전광역시는 3.7%, 세종특별자치시는 7.2%로 가구 수 증가율이 압도적으로 높다. 지방광역시 중에서 가구 수가 줄어드는 곳은 아파텔 투자처로서 매력도가 떨어진다. 공급이 안정적인 상황에서 아파트만으로도 수요를 충족시킬 수 있다면 아파텔의 가치가 상대적으로 낮아질 수밖에 없기 때문이다.

물론 지방광역시의 가구 수 변화가 집값의 상승과 하락을 모두

대변할 수는 없다. 지역 내 공급 물량과 일자리 신설 및 이전 등의 사례를 함께 검토해야 한다. 포항시의 포스코 수도권 이전 논란을 통해 알 수 있듯이 일자리 문제는 지방광역시가 공통으로 해결해야만 하는 숙제다. 향후 주거지의 투자가치 또한 이러한 부분을 함께 고려해야 한다.

① 부산광역시, 울산광역시

부산광역시와 인근의 울산광역시는 일자리 문제가 가장 크게 부각되는 곳이다. 부산은 매년 인구가 약 1%씩 감소해 2011년 약 355만 명에서 2021년 약 335만 명으로 6% 가까이 감소했으며, 2035년에는 약 300만 명까지 줄어들 것이라는 전망이 있다. 울산 역시 2021년 인구는 약 112만 명으로, 연평균 0.8%씩 감소하는 추세다. 두 지역의 결정적인 인구 감소 이유는 청년층에게 어필할 수 있는 양질의 일자리가 창출되지 못했기 때문이다. 실제로 이들 지역에서 'MZ세대'라 불리는 2030 청년 세대의 인구는 다른 지역에 비해 매우 빠른 속도로 감소하고 있다.

2018년부터 2021년 10월까지 울산의 청년 인구 감소율은 광역자치단체 중 1위이며, 부산 역시 세 번째로 높았다. 괜찮은 일자리는 대부분 수도권에 집중되어 있고, 코로나19로 인한 일자리 타격이 지방에서 더 심했기에 이러한 현상이 나타난 것으로 분석된다.

부산의 인구 감소 추이가 수도권, 대전권과 그 형태가 다르다는 점도 문제다. 서울의 인구는 감소하고 있을지언정 수도권의 인구는 계속해서 증가하고 있고, 대전도 지속적으로 인구는 감소하고 있지

2020~2021년 부산광역시와 울산광역시 연령별 인구 증감

(단위: 명)

구분	부산		울산	
	2020년	2021년	2020년	2021년
영유아	239,265	226,629(감)	102,217	95,327(감)
10대	277,678	268,529(감)	114,140	110,728(감)
20대	434,981	425,129(감)	146,995	141,607(감)
30대	428,546	401,267(감)	156,559	148,396(감)
40대	515,035	506,123(감)	189,546	185,524(감)
50대	578,102	559,326(감)	211,118	207,212(감)
60대	516,063	540,745(증)	138,964	150,619(증)
70대	289,080	294,051(증)	58,365	61,261(증)
80대	111,671	119,162(증)	22,039	23,300(증)
90대	14,679	14,830(증)	3,043	3,116(증)

출처: 부동산지인

만 세종특별자치시로 인해 대전권의 인구는 점점 늘어나고 있다. 반면 부산은 물론 울산과 경남의 인구는 2010년 중반 이후 지속적으로 감소하고 있다. 그동안 꾸준히 인구수가 증가했던 김해도 2020년부터 인구 감소세로 돌아섰으며, 양산은 아직까지는 인구 증대를 보이고 있지만 부산과 울산의 인구 감소분을 메울 만큼의 수준은 아니다.

이러한 청년층 및 경남권 전체의 인구 감소는 아파텔 투자 측면에서 해당 지역을 높이 평가할 수 없게 하는 근거가 된다. 아파텔의 주요 수요층은 신혼부부인데, 그 수요가 점차 줄어든다면 가치 상승을 기대하기 어렵다. 이것이 바로 부산권역의 해운대구, 수영구, 동래구, 연제구 등이나 울산 남구 지역의 아파트 시세가 오른다고 해서 똑같이 해당 지역에 아파텔 투자를 해서는 안 되는 이유다.

그렇다면 해당 지역에서는 아파텔 투자를 절대 하면 안 되는 것일까? 지방광역시들은 교통호재의 영향을 직접적으로 받지 않는 경우가 있고, 아직 아파텔에 대한 편견이 존재하기 때문에 확답을 하기 어렵다. 다만, 이곳들 또한 주택 수요 대비 공급 부족이 지속된다면 기회는 분명히 있다.

② 대전광역시, 세종특별자치시

대전광역시와 세종특별자치시의 상황은 상대적으로 나은 편이다. 대전은 인구 감소가 진행되고 있지만 세종으로의 이동이 대부분이고, 계룡시까지 대전권으로 확대되는 상황이어서 장기적인 분위기는 나쁘지 않다. 대전만 보면 첫 번째 변수는 역시 공급이다. 2022년 대전에는 일반분양과 임대를 포함하여 총 2만 7,000가구가 신규 공급된다. 2021년에 약 2만 가구가 공급된 것과 비교하면 35%가량 증가한 수준이며, 분양가 등을 이유로 연기한 재개발·재건축 단지들이 대규모 공급을 앞두고 있다.

구별로 보면 동구는 약 1,700가구, 중구는 약 2,400가구, 서구의 경우에는 용문동 1·2·3구역 재건축조합의 분양이 특히 눈에 띄

대전광역시의 연도별 아파트 입주 물량

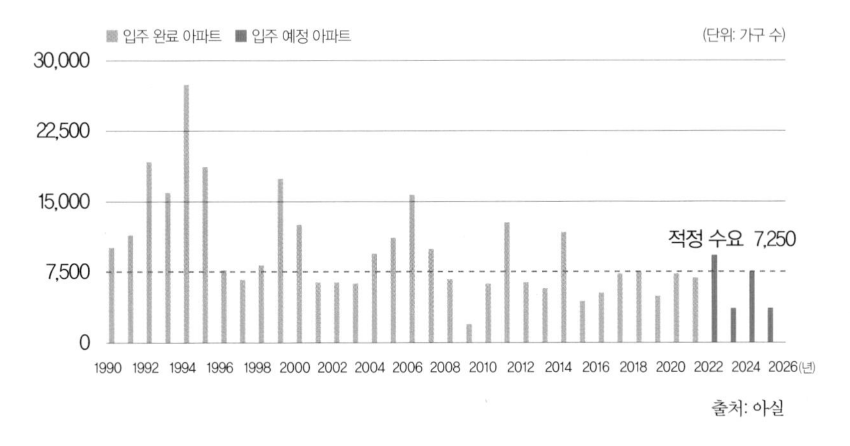

출처: 아실

는데, 조합원 물량을 제외하면 일반분양은 1,962가구(전체는 2,763가구)이며, 추가로 약 5,000가구가 더 공급될 예정이다. 유성구는 약 4,000가구, 대덕구는 약 1,600가구가 대기 중이다.

두 번째 변수는 대전 아파트의 노후화다. 부동산114의 자료에 따르면 2021년 10월 기준, 대전의 노후 아파트(15년 초과) 비율은 72.3%(35만 1,246가구 중 25만 4,088가구)로 나타났다. 이는 지방 5개 광역시 노후 아파트 평균 비율인 65.6%(250만 436가구 중 164만 657가구)보다 약 6.7%p 높은 수치이며, 모든 광역시 중에서 노후된 아파트 비율이 가장 높다.

그로 인해 2021년에 대전 내 신축 아파텔로 수요자들이 대거 몰렸다. 수요자들의 신축에 대한 열망이 아파트뿐 아니라 아파텔에도 영향을 미친 것이다. 실제로 도안신도시 더샵 도안 트위넌스의 전용면적 84m^2 분양가는 대전 전용면적 60m^2 이하 아파트 평균 가격인 2억 3,056만 원보다 3억 원 정도 더 비쌌으나 빠르게 완판되었다.

또한 한국부동산원 청약홈에 따르면 2021년 12월에 분양한 대전 도안 센트럴 아이파크는 평균 268:1, 최고 1,408:1의 청약 경쟁률을 기록했다. 이는 청약홈에서 집계한 최근 5년 이내(2018년 2월 이후) 대전에 공급된 오피스텔 중에서 경쟁률이 가장 높았으며, 청약 접수 건수도 가장 많았다. 도안신도시뿐 아니라 이후에 서구에 분양한 대전 씨엘리오 스위첸 역시 소단지임에도 불구하고 평균 72.1:1의 청약 경쟁률을 기록했다. 신규 주거시설의 공급이 도안신도시 중심에서 다수의 재개발지가 밀집되어 있는 서구 도심권으로까지 넘어가고 있는 추세다.

즉, 대전 아파텔의 투자가치는 향후 신축 아파트의 공급 일정에 따라 달라질 수밖에 없다. 재개발과 재건축이 일정대로 진행된다면 아파텔의 입지는 줄어들 수 있고, 결국 핵심지만 살아남을 것이다. 만약 그렇지 않다면 지금보다 기회는 오히려 더 많을 것이다. 대전의 아파텔 투자를 고려하고 있다면 아파트 및 빌라의 정비 계획을 면밀하게 확인해볼 필요가 있다.

세종에는 아직 마땅한 아파텔 단지가 없다. 세종호수공원 인근에 오피스텔 단지가 몰려 있긴 하지만 전용면적 50m² 이하 소규모 오피스텔이 대부분이고, 일부 대형 평형은 세대수가 극히 적어 공급이 충분하지 않다. 아파트의 시세가 가파르게 올랐던 만큼 2021년 부침을 겪다보니 아파텔에 대한 수요를 기대하기 어렵다.

한국부동산원의 주간 아파트값 동향에 따르면 세종 집값은

2021년 0.68% 떨어져 그해 전국에서 유일하게 집값이 하락한 지역이 되었다. 2021년 7월 넷째 주부터 23주 연속 내림세를 유지했으며, 현재도 비슷한 상황이다. 행정수도 이전에 따른 인프라 구축에 대한 기대감이 커졌지만 투자 수요로 인해 오른 가격을 실수요가 받쳐주지 못하는 것이 가장 큰 이유다. KB국민은행의 조사에 따르면 2022년 1월 기준 세종 아파트 전세가율은 48%로, 전국(69.8%)과 대전(71.3%)은 물론 집값이 가장 비싼 서울(57.6%)보다 훨씬 낮다. 입주량 또한 2020년 약 4,300가구에서 2021년 약 7,700가구로 크게 늘어났으며, 특히 하반기에 해당 물량의 77%가 몰린 영향이 컸다.

그럼에도 불구하고 세종의 반전 포인트는 분명히 있다. 첫 번째는 순인구의 유입이다. 2021년 20~30대 청년 인구는 27%인데, 2018년 대비 전국에서 유일하게 증가(7.6%)했다는 점을 특히 주목해야 한다. 이를 보면 서울 및 수도권과 더불어 장기적으로 수요가

2021년 세종특별자치시의 순이동 인구수

■ 순이동 감소 ■ 순이동 증가

순이동 감소 없음

대전 7,583명

경기 1,382명

충남 1,365명

충북 1,311명

출처: 부동산지인

몰리는 지역임이 분명하다. 두 번째는 행정수도 이전이다. 2022년 입주 물량이 약 2,157가구로 크게 줄어드는 만큼 공급 부담이 감소함에 따라 이후 행정수도 이전 속도를 주목해야 한다.

투자는 최소 5년 뒤의 모습을 그리며 진행해야 한다. 따라서 2028년 국회의사당 이전이 이루어지는 시점을 감안한다면 정부청사와 국회의사당 부지를 끼고 있는 세종호수공원과 중앙공원에서 멀지 않은 곳을 주목할 필요가 있다. 해당 인근 지역에 대규모 아파텔 분양이 이루어진다면 그곳은 충분히 경쟁력 있는 투자처가 될 것이다.

③ 대구광역시

이제 대구광역시로 넘어가보자. 대구의 부동산 시장 상황은 지방광역시 중에서 가장 심각하다. 대구의 아파트 입주 물량은 2021년 약 1만 6,900가구, 2022년 약 2만 가구에 달한다. 2021년에는 동구에 입주량이 집중되었고, 2022년에는 중구에서 많은 물량이 풀릴 예정이다. 문제는 지금이 아니라 그 다음이다. 현재 확정된 입주 물량은 2023년 3만 2,623가구, 2024년 2만 149가구다. 아파트 빅데이터 플랫폼 '아실'에 따르면 대구 아파트 적정 입주량은 연간 약 1만 2,000가구이지만 몇 년간 초과 공급 상태가 지속되는 것이다.

하락장의 근거가 되는 분양 성적도 좋지 않다. 2021년 12월 대구에서 신규로 분양한 아파트 6곳 중 5곳의 청약이 미달되었고, 2022년에 분양한 아파트 3곳도 1순위 청약률이 5~10%에 그칠 만

대구광역시의 연도별 아파트 입주 물량

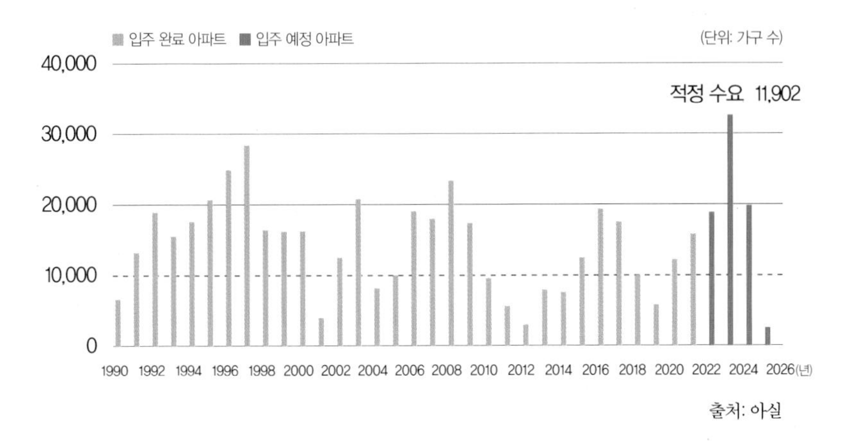

출처: 아실

큼 분양시장의 분위기가 극도로 나쁘다. 게다가 20~30대 청년 인구의 감소율은 7.8%로 부산과 울산 다음으로 높으며, 청년 인구의 비중 또한 약 25%로 전국 최저 수준이다. 경산시(28만 명)나 구미시(42만 명)의 인구수가 많은 것도 아니라서 대구로의 유입을 기대할 만한 상황은 더욱 아니다. 집값 또한 대구 평균 아파트 매매가는 약 4억 원으로, 경산시(약 2억 원)와 구미시(약 1억 5,000만 원)보다 압도적으로 비싸 오히려 유출을 우려해야 하는 형편이다.

반면 대구 아파텔 시장 상황은 그다지 나빠 보이지 않는다. 달서구 달서 푸르지오 시그니처는 164가구 모집에 799건의 청약이 접수되어 4.87:1의 준수한 경쟁률을 보였다. 동일한 단지 내 아파트가 993가구 모집에 청약이 단 66건 접수된 것과 달리 무난한 결과였다. 이곳은 전용면적 84m^2로 아파트를 대체할 만한 규모였다.

다만, 이러한 결과를 두고 대구 부동산 시장이 아파트가 아닌 아파텔 중심으로 흘러갈 것이라 예측하기는 어렵다. 달서 푸르지오 시그니처는 동일 단지 아파트와 비교했을 때 선방했을 뿐, 청약이 자유로운 오피스텔의 시스템을 감안할 때 높은 경쟁률이 아니기 때문이다. 즉, 기본적으로 아파트 미분양이 속출하는 상황에서 아파텔은 여전히 유망할 것이라 판단할 수 없다.

따라서 대구 아파텔 투자는 이러한 배경지식을 토대로 신중하게 접근해야 한다. 분양권 전매가 가능하다고 해서 소규모 단지에 함부로 투자해서는 안 된다. 공급이 지속해서 늘어나는 2024년까지는 다소 보수적으로 접근하는 것이 좋다. 단, 중구, 수성구의 글로벌 의료특구와 대구시청 복합시설 개발, 남구의 캠프워커 반환 부지 개발 및 트램 순환선, 달서구의 KTX 서대구역 개통과 함께 진행되는 철도망 연계 등 대구에도 개발 및 교통호재가 충분히 많은 만큼 아예 관심을 끄기보다는 시세와 공급 흐름을 지속해서 관찰할 필요가 있다.

④ 광주광역시

광주광역시는 어떨까? 한국부동산원의 자료에 따르면 2021년 광주의 집값 상승률은 9.0%로 평균 13.7%에 미치지 못했고, 세종, 대구에 이어 낮은 상승률을 보였다. 다만, 부동산114의 전국 아파트 분양가와 매매 시세를 보면 2021년 광주의 3.3㎡당 평균 분양가는 1,642만 원, 평균 아파트 시세는 919만 원으로 편차가 723만 원에 달해 전국에서 차이가 가장 컸다. 그럼에도 불구하고 아파트 미분양 추이는 2017년 말 707가구에서 2021년 10월 33가구로 95% 이상 축소되어 전국에서 가장 큰 감소세를 보였다. 이를 토대로 미루어볼 때, 광주 역시 신축 선호 현상이 뚜렷하고, 그 수요 또한 꾸준하게 발생하고 있음을 알 수 있다.

광주 부동산 시장의 핵심은 정비사업과 공급 계획, 도시철도 2호선이다. 상무지구를 마지막으로 외곽으로 향하던 택지 개발 사업이 원도심의 정비사업으로 방향이 틀어지면서 시장을 이끌어나갈 동력이 생겼고, 입주 물량은 2021년 약 5,400가구에서 2022년 약 1만 4,000가구로 평년 수준으로 늘어나지만 2023년에는 다시 3,900가구 수준으로 줄어들어 수급 측면의 부담도 적다.

현재 광주는 안정적인 공급 계획에 집값 상승률이 상대적으로 낮아 저평가된 상태라 해도 과언이 아니다. 이에 따라 북구와 동구를 중심으로 재개발을 위시한 정비사업과 그에 따른 신축 아파트 수요가 지역 시장을 이끌며 2022년 역시 상승세가 이어질 가능성

광주광역시의 기간별 미분양 현황

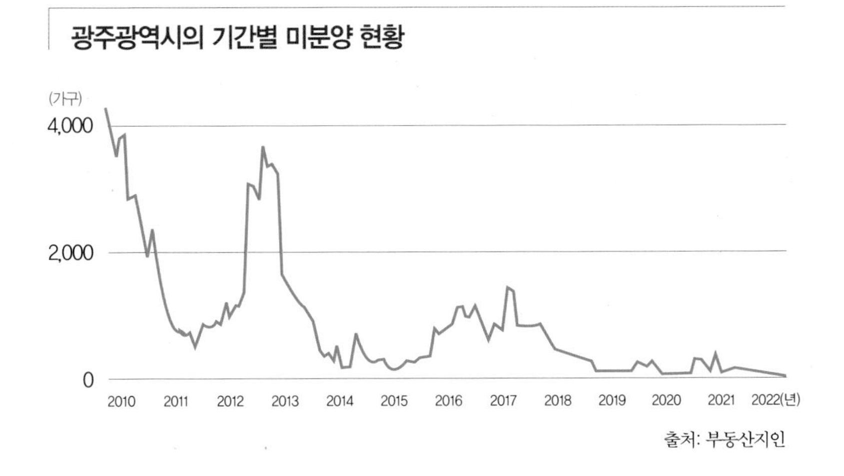

출처: 부동산지인

이 높다. 광주도시철도 2호선은 2019년에 착공한 비수도권 도시철도 최초의 순환선으로, 광주시청을 출발해 백운광장 → 광주역 → 첨단을 거쳐 시청으로 다시 연결된다. 무엇보다 개통 시 광주 인구의 73%가 수혜 대상이 되어 도심과 부도심 간의 균형 발전에 큰 영향을 미칠 예정이다.

물론 호재와 함께 악재도 있다. 서구 화정 아이파크의 신축 공사 붕괴 사고는 지역 부동산 시장에 대한 부정적인 인식을 가져왔다. 부동산은 심리 요인 역시 무시할 수 없는데, 해당 사고가 광주 지역 아파트에 대한 신뢰도를 떨어뜨려 지역 내 여타 정비사업들도 지연되거나 위축될 가능성이 있고, 수요 흐름도 부정적으로 나타날 우려가 있다.

아파텔 시장만 들여다보면 광주는 아직 불모지나 다름없다. 평형이 넓은 대단지 아파텔보다 소규모 오피스텔이 많고, 그마저도 금남로4가나 상무지구에 편중되어 있다. 다만, 여전히 신축 수요가 매우 높은 지역인 만큼 무조건 오르는 아파텔 투자의 8가지 필수 조건에 부합하는 대단지 아파텔이 주요 업무지구에 들어선다면 기존과 다른 양상을 보일 것이 분명하다. 따라서 정비사업의 흐름을 잘 관찰하면서 기존 광주 오피스텔과 다른 형태의 진정한 아파텔이 분양된다면 충분히 도전해볼 가치가 있다.

⑤ 제주특별자치도

제주특별자치도는 2010년대 중반 3%를 웃돌던 인구 증가율이 2021년 0.02%대로 크게 하락했다. 코로나19의 영향으로 지역 내

총생산 성장률이 울산에 이어 전국 최하위 수준이며, 인구 증가세마저 크게 꺾여 동력을 찾기가 힘든 실정이다. 일자리 부족에 따른 청년층의 인구 유출 또한 해결해야 하는 과제다. 2021년 제주 지역 청년 고용률은 42.6%, 청년 실업률은 7.4%로, 코로나19 이전 수준으로 회복되지 않고 있으며, 제주를 떠나는 청년들 또한 해마다 꾸준히 늘면서 2019년부터 3년간 평균 17만 명 이상이 유출되었다.

아파텔은 신제주 지역을 중심으로 e편한세상시티 노형이나 신제주 연동 트리플시티 같은 단지들이 일부 활성화되고 있다. 신제주는 노형동, 연동으로 이루어진 시가지로 도청, 경찰청, 도교육청, 북제주군청 등 주요 관공서가 자리하고 있고, 학교, 호텔, 식당, 상점, 병원 등 생활편의시설이 집중되어 있어 관광객이 많이 몰린다. 또한 상주인구 규모가 급성장해 미래 투자가치가 높다.

제주 아파텔 투자를 고민 중이라면 현재로서는 지역을 한정하는 것이 좋다. 제주국제공항과 가까우면서 생활편의시설이 밀집한 신

제주특별자치도의 연도별 인구수 변화 추이

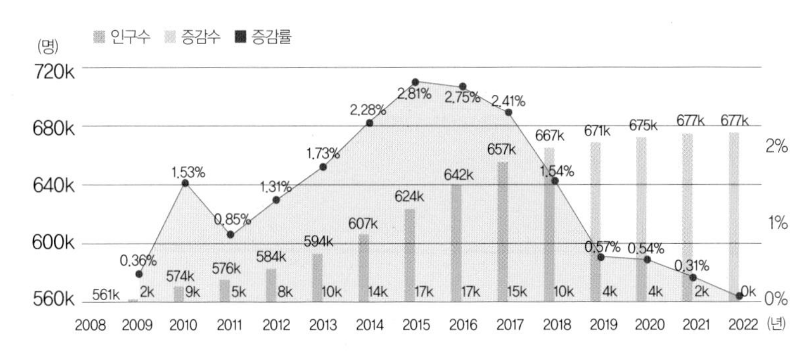

출처: 부동산지인

제주 지역이 상대적으로 유망하다. 다만, 해당 단지에 투자 수요가 몰리는지, 실거주 수요가 몰리는지 면밀히 관찰해볼 필요가 있다. 관광지 및 휴양지로 각광받는 제주의 특성상 부동산 경기가 불황이 되면 언제라도 투자 수요가 빠져나갈 수 있으므로 아파텔 투자라면 특히 유의해야 한다.

앞서 아파텔은 아파트의 대체재로 머물 것이 아니라 그 이상의 가치가 있어야 수익을 거둘 수 있다고 언급했다. 그런 관점에서 볼 때 지방광역시와 특별자치시는 아파텔에 적합한 투자처라 판단하기 애매하다. 지방의 경우, 수도권과 비교했을 때 지하철의 중요도가 상대적으로 낮고, 그마저도 주요 업무지구로 연결되지 않는 경우가 많다. 부산처럼 일자리 문제로 인구가 지속적으로 감소하기도 한다.

이제 아파텔도 입지에 따른 가격 양극화가 심해질 수밖에 없다. 상공회의소에 따르면 전국 100대 기업 중 91%, 1,000대 기업 중 74%가 수도권에 밀집되어 있는 만큼 수도권이 우선적으로 생각해야 하는 투자처라는 사실은 변함이 없다. 지방광역시와 특별자치시는 지역 내에서도 편차가 심하므로 아파텔 투자는 반드시 직장 근처나 주거 밀집 지역, 즉 택지지구에 한정해 접근해야 위험 부담을 줄일 수 있다.

지방 거점도시, KTX역 인근을 주목하라

지방 거점도시에는 아직도 얼마든지 오피스텔을 공급할 부지가 있다. 그래서 가능하면 KTX역을 따라 움직이되, 신설되는 역이 있다면 투자해봐도 좋다. 현재 투자가치가 높은 지역은 KTX역이 있으면서도 비규제지역인 곳들이며, 바로 인근이 규제지역이라면 더 유망할 수밖에 없다.

대표적인 곳이 바로 KTX천안아산역 주변이다. 이곳에서 KTX를 타면 서울역까지 단 40분이면 도달할 수 있다. 단순 계산으로는 경기 남부에서 서울 도심으로 가는 것보다 시간이 적게 걸린다. 월 20만 원대의 KTX 정기권이 다소 부담스러울 수 있지만 이것도 하나의 선택지가 될 수 있으므로 충분히 경쟁력이 있다. 다만, 소형 평형이라면 서울이나 경기도에도 얼마든지 대체재가 있으니 최소 3룸 이상을 선택해야만 실거주 만족도와 시세 차익을 함께 누릴 수 있을 것이다.

강원도 역시 규제에 따른 대표적인 수혜 지역이다. 최근 부동산 시장의 거래 절벽 현상이 심화되고 있지만 비규제지역인 강원도의 아파트 거래는 활발하게 진행되고 있다. 한국부동산원에 따르면 2021년 1월부터 11월까지 강원도에서 이루어진 아파트 매매 거래는 2만 8,807건으로, 2020년 동기간(2만 2,878건)보다 약 25.9% 증가했으며, 관련 통계 작성이 시작된 2006년 이후 동기간 거래량 중 가장 많다.

지역별로 보면 원주시가 1만 1,114건으로 가장 많고, 춘천시

(5,483건), 강릉시(3,730건), 속초시(2,590건)가 그 뒤를 이었다. 이처럼 수도권과 가깝거나 바다와 인접한 도시에서 아파트 매매가 많이 이루어졌다. 2021년 1~11월 전국의 아파트 매매량이 2020년 동기간 대비 22.9% 감소한 63만 8,698건으로 집계된 것과 비교하면 이례적인 수준이다. 실제로 서울 아파트 매매량은 2020년 8만 5,020건에서 2021년 4만 8,117건으로 절반 수준에 그쳤다.

강원도 아파트 매매 시장의 온도는 다른 지역과 확연히 다르다. 한국부동산원에 따르면 2022년 1월 기준 강원도의 아파트 매매수급지수[5]는 102.4로, 전국 17개 시·도 중 전북(102.8)에 이어 두 번째로 높았다. 지수가 100을 초과할수록 집을 사려는 사람이, 100 미만일수록 팔려는 사람이 많다는 것을 의미하는데, 참고로 동기간 수도권의 아파트 매매수급지수는 98.8에 불과했다. 비규제지역인 강원도는 상대적으로 규제에서 자유롭고, 대다수의 아파트가 고가주택 기준인 9억 원과 거리가 있어 대출을 받기에도 용이하다. 이러한 점들이 집값 상승을 견인한 것으로 보인다. 또한 KTX 강릉역과 동해역, 신설 예정인 속초역 등의 교통호재가 수도권과의 이동 시간을 크게 단축시켜 투자 수요를 자극한 영향도 크다.

반면 강원도 아파텔 시장은 활성화되어 있지 않다. 수도권에서 가까운 춘천이나 원주에서도 기존 단지는 물론 대단지 아파텔 분양을 찾아보기 어렵다. 비규제지역의 특성상, 아파텔의 강점이 상대적

5 매매수급지수: 한국부동산원이 회원 중개업소 설문 및 인터넷 매물 건수 등 분석한 자료를 토대로 수요와 공급 비중을 점수화한 수치를 말한다.

으로 축소되는 만큼 수요 자체가 부족한 영향이 크다. 따라서 강원도 아파텔 투자는 아직까지는 시기상조라고 생각한다.

16

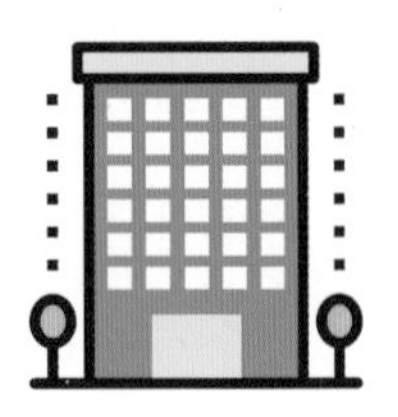

아파텔 투자 시 주의 사항

아파텔에 투자할 때 주의해야 할 사항은 무엇일까? 대표적인 것은 바로 세금이며, 분양과 관련해서도 조심해야 할 부분이 있다. 이외에도 간과하기 쉽지만 아파텔 투자 시 꼭 확인해야 할 사항을 정리하도록 하겠다.

세금: 취득세, 양도세, 종부세

아파텔 투자와 관련된 세금으로는 취득세, 양도세, 종부세가 있다. 이 3가지 세금을 잘 이해해야만 절세가 가능하다.

세금 1. 취득세

취득세는 오피스텔의 경우, 지방세와 농어촌특별세 및 교육세를 모두 포함하여 4.6% 고정이지만 2020년 7·10 대책 이후 오피스텔이 주택 수에 포함되면서 기존 주택에 대해 취득세 중과가 되는 경우가 있다. 다만, 2020년 8월 12일 이전에 취득한 오피스텔이라면 취득세가 중과되지 않는다. 혼선의 여지가 많은 세금이니 실제 사례를 예로 들어보도록 하겠다. 사례는 규제지역을 기준으로 한다.

주택분 취득세 표준세율(2021년 기준)

<table>
<tr><th colspan="2">과세표준</th><th>취득세</th><th>지방교육세</th><th>농어촌특별세</th></tr>
<tr><td colspan="2">6억 원 이하</td><td>1.0%</td><td>0.1%</td><td rowspan="8">전용면적
85m² 초과 시
0.2% 과세</td></tr>
<tr><td rowspan="6">6억 원 초과
9억 원 이하</td><td>6억 5,000만 원</td><td>1.33%</td><td rowspan="6">0.1~0.3%</td></tr>
<tr><td>7억 원</td><td>1.67%</td></tr>
<tr><td>7억 5,000만 원</td><td>2.0%</td></tr>
<tr><td>8억 원</td><td>2.33%</td></tr>
<tr><td>8억 5,000만 원</td><td>2.67%</td></tr>
<tr><td>9억 원</td><td>3.0%</td></tr>
<tr><td colspan="2">9억 원 초과</td><td>3.0%</td><td>0.3%</td></tr>
<tr><td colspan="2">원시취득(신축), 상속*</td><td>2.8%</td><td>0.16%</td><td>0.2%</td></tr>
<tr><td colspan="2">무상취득(증여)</td><td>3.5%</td><td>0.3%</td><td>0.2%</td></tr>
</table>

* 무주택 가구가 주택을 상속받은 경우에는 0.8% 세율 적용

출처: 국세청, 행정안전부

다주택자 · 법인 등 중과세율

취득세	유상취득				무상취득 (3억 원 이상)
	1주택	2주택	3주택	4주택~법인	
규제지역	1~3%	8%	12%	12%	12%
비규제지역	1~3%	1~3%	8%	12%	3.5%

※ 지방교육세: 중과분(8% 및 12%) 모두 0.4%
※ 농어촌특별세: 8% 중과분 0.6%, 12% 중과분 1%

출처: 국세청, 행정안전부

사례로 이해하는 오피스텔 취득세

① 무주택자가 오피스텔을 매수한다면? → 취득세 4.6%
② 2020년 8월 12일 이전에 취득한 오피스텔 보유자가 아파트를 매수한다면? → 취득세 1.1~3.5%
③ 2020년 8월 12일 이전에 취득한 오피스텔 보유자가 오피스텔을 매수한다면? → 취득세 4.6% 고정
④ 2020년 8월 12일 이후에 취득한 오피스텔 보유자가 아파트를 매수한다면? → 취득세 8%
⑤ 2020년 8월 12일 이후에 취득한 오피스텔 보유자가 오피스텔을 매수한다면? → 취득세 4.6% 고정
⑥ 아파트 보유자(몇 채를 보유하든 관계없음)가 오피스텔을 매수한다면? → 취득세 4.6% 고정

※ 아파트는 85m² 이하 기준

즉, 아파트를 2채 보유한 경우 추가로 오피스텔을 몇 채 매수하더라도 취득세는 4.6% 고정이다. 그런데 아파트 2채를 가진 사람이 아파트를 추가로 매수한다면 3주택 중과로 취득세가 12%에 이르게 되니 오피스텔을 매수하는 것이 세금 측면에서 유리하다.

오피스텔은 계약 시 업무용인지, 주거용인지 확정되는 것이 아니기에 미리 주택으로 간주할 수 없으므로 주택 수에서 배제된다. 이에 따라 2020년 7·10 대책 이후 오피스텔이 주택 수에 포함되었다 하더라도 실제 취득세가 중과되는 상황은 ④의 사례에만 국한되니 이 경우만 유의하면 된다.

결국 오피스텔을 포함한 부동산 투자를 계획 중이라면 취득세 절감을 위해 매수 순서가 중요하다. 먼저 아파트를 구매한 뒤 오피스텔을 추가로 취득해야 유리하다는 것을 명심하기 바란다.

세금 2. 양도세

양도세는 실제 발생한 양도차익에 대해 부과하는 세금이다. 만약 6억 원에 매수한 아파텔을 8억 원에 매도한다면 2억 원의 양도차익이 발생하는데, 이 2억 원에 대해 세금을 부과하는 것이다. 따라서 차익이 없다면 양도세가 부과되지 않는다. 아파텔의 양도세는 아파트와 동일하다. 다음 표를 참고하기 바란다.

아파텔 투자자가 알아야 할 양도세는 총 3가지로, 1가구 1주택 양도세 비과세 요건과 장기보유 특별공제, 일시적 1가구 2주택 제도다. 먼저 1가구 1주택 양도세 비과세는 1주택을 2년 이상 보유(규제지역인 경우에는 2년 이상 실거주 및 보유)하여 양도할 경우, 양도

양도세 기본세율(2021년 기준)

과세표준	기본세율	누진공제액
1,200만 원 이하	6%	–
4,600만 원 이하	15%	108만 원
8,800만 원 이하	24%	522만 원
1억 5,000만 원 이하	35%	1,490만 원
3억 원 이하	38%	1,940만 원
5억 원 이하	40%	2,540만 원
10억 원 이하	42%	3,540만 원
10억 원 초과	45%	6,540만 원

출처: 국세청, 행정안전부

다주택자 등 중과세율(2021년 기준)

구분		세율	
		2021년 5월 31일까지	2021년 6월 1일 이후
조정대상지역 소재 주택	2주택자	기본세율 + 10%	기본세율 + 20%
	3주택 이상자	기본세율 + 20%	기본세율 + 30%
	분양권	50%	• 1년 미만: 70% • 1년 이상: 60%(조정대상지역 내외 구분 없음)

주택 보유 기간별	1년 미만 주택 · 조합원 입주권	40%	70%
	1년 이상 2년 미만 주택 · 조합원 입주권	기본세율	60%
	2년 이상 주택 · 조합원 입주권	기본세율	기본세율
미등기 양도주택		70%	70%

※ 단, 보유 기간 2년 이상인 규제지역 내 주택을 2022년 5월 10일부터 2023년 5월 9일까지 양도 시 기본세율 및 장기보유 특별공제 적용(중과세 한시적 유예)

출처: 국세청, 행정안전부

세를 면제해주는 제도다. 다만, 2년 이상 보유한 1주택이라 하더라도 양도금액이 12억 원 이하인 주택에 대해서만 비과세 혜택을 받을 수 있다(12억 원 이하 주택 매도 시 양도세 비과세는 2021년 12월 8일부터 시행. 종전 9억 원 이하). 12억 원을 초과한 경우, 초과한 금액에 대해서는 양도세가 발생한다. 또한 다주택자의 경우 1가구 1주택이 된 날로부터 2년이 지나야 비과세 혜택을 받을 수 있던 규정이 2022년 5월 10일부터 최종 1주택의 취득 시점 기준으로 완화되었으니 특히 유의해야 한다.

장기보유 특별공제는 오랜 기간 하나의 주택을 보유했을 시 양도세를 할인해주는 제도다. 기존에는 양도일을 기준으로 3년 이상 보유한 주택의 경우 1년에 8%씩, 10년 동안 최대 80%까지 공제받을 수 있었다. 하지만 2021년 1월 양도분부터 연 8% 공제율을 보유 조건 4%와 거주 조건 4%로 구분하여 공제 혜택을 받도록 변경

1가구 1주택 양도세 비과세 요건(2022년 6월 기준)

구분	내용
기본 요건	• 양도금액 12억 원 이하 • 취득일로부터 2년 이상 보유 • 2017년 8월 3일 이후 규제지역에서 취득한 주택은 보유 기간 중 2년 이상 실거주
다주택자에서 1주택자가 된 경우	• 최종 1주택의 취득 시점부터 2년 이상 보유 • 규제지역에서 취득한 주택은 최종 1주택의 취득 시점부터 2년 이상 실거주
보유 기간, 거주 기간 상관없이 비과세가 적용되는 경우	건설임대주택, 공익사업으로 사용한 주택, 해외 장기 거주, 진학/이직/1년 이상 치료 등의 사유로 양도하는 주택

장기보유 특별공제 개선안(2021년 1월 1일 시행)

보유 기간		3~4년	4~5년	5~6년	6~7년	7~8년	8~9년	9~10년	10년 이상
1주택	합계	24%	32%	40%	48%	56%	64%	72%	80%
	보유	12%	16%	20%	24%	28%	32%	36%	40%
	거주	12%	16%	20%	24%	28%	32%	36%	40%
다주택		6%	8%	10%	12%	14%	16%	18%	20~30%*

* 다주택자는 기존과 동일하게 15년 이상 보유 시 최대 30% 공제 가능

출처: 국토교통부

되었다(예시: 보유 기간이 3~4년[12%]이고 거주 기간이 동일한 경우 총 24% 공제). 결국 이제는 10년 동안 보유하는 동시에 10년간 실거주를 해야 최대 80%까지 장기보유 혜택을 받을 수 있다.

일시적 1가구 2주택 제도 또한 필수적으로 알아야 한다. 이 제도는 1주택자가 일시적으로 2주택을 보유하는 경우에 한해 양도세 비과세 혜택을 받을 수 있도록 하는 정책이다. 실제로 하나의 주택을 보유하고 있는 상황에서 이사를 가기 위해 청약에 당첨되어 분양권을 얻거나 기축 주택을 매수하게 되는 경우가 많다. 대개 부동산 거래는 정해진 날짜에 바로 진행되지 않으므로 기존에 보유하던 주택이 거래되지 않아 일시적으로 1가구 2주택이 될 수도 있다.

일시적 1가구 2주택 양도세 비과세 요건

① 종전 주택을 취득한 날로부터 1년 경과 후 신규 주택 취득

② 양도일 기준 종전 주택 2년 이상 보유
규제지역의 경우 2년 실거주 요건 추가

③ 신규 주택 취득 후 3년 이내 기존 주택 양도
규제지역의 경우 2년 이내

출처: 국토교통부

말 그대로 의도치 않게 일시적으로 2주택자가 되는 것이므로 예외로 적용되어 비과세 혜택을 받을 수 있는데, 이를 위해서는 3가지 조건을 모두 충족해야 한다. 우선 기존에 보유하고 있던 주택의 보유 기간이 2년 이상이어야 한다(규제지역에서는 2년 이상 실거주 필

수). 두 번째로 중요한 것은 새로운 주택을 취득하는 시기다. 새로운 주택을 취득한 시기가 기존 주택을 매매하고 1년이 채 지나지 않은 경우에는 비과세 혜택을 받을 수 없으므로 반드시 1년 이상의 시간을 두고 신규 주택을 매수해야 한다. 마지막 조건은 3년 이내에 기존 주택을 매도해야 한다는 것이다(규제지역은 2년 이내에 기존 주택 매도).

다만, 아파트 분양권은 주택 수에 포함되기 때문에 1주택자가 아파트 분양권을 얻게 되면 분양권 취득 시점으로부터 3년 이내(규제지역은 2년 이내)에 기존 주택을 매매해야 일시적 1가구 2주택 혜택을 받을 수 있다. 반면 아파텔 분양권은 주택 수에서 배제되므로 입주 시점부터 계산하면 되기 때문에 상대적으로 유리하다.

일시적 1가구 2주택은 결혼이나 증여, 합가 등의 예외적인 상황에서도 발생할 수 있다. 우선 각각 1주택 소유주들이 결혼을 하게 되면 자동으로 2주택이 되므로 유예 기간을 부여받는다. 2주택 중 하나의 주택을 혼인신고일로부터 5년 이내에 처분하면 비과세 혜택을 받을 수 있다. 단, 매도하려는 주택에서 2년 이상 거주한 경우에만 적용되므로 반드시 어떤 주택을 먼저 처분하는 것이 유리한지 확인한 뒤에 매도해야 한다.

증여를 통해서도 2주택자가 될 수 있다. 이때는 3년 이내에 매도가 이루어져야 하고 주택가격은 9억 원 이하여야 하며 보유 기간이 2년 이상이어야 비과세 혜택을 받을 수 있다. 마지막으로 부모님을 모시기 위해 합가를 하는 경우, 두 주택 중 어떤 주택이든 10년 이내에 매도해야 비과세 혜택을 받을 수 있다.

세금 3. 종부세

종부세 과잉 부과 논란이 계속 불거지고 있지만 아파텔은 상대적으로 종부세에서 자유롭다. 하지만 몰라서 납부하는 경우도 많으므로 다음 3가지 사례를 잘 살펴 세금 중과가 되지 않도록 해야 한다.

첫 번째, 아파텔은 일반임대사업자를 내면 종부세 합산에서 배제된다. 분양을 받고 계약 후 한 달 이내에 등록하거나 기존 일반임대사업자의 아파텔을 포괄양도양수[6] 조건으로 매수해도 적용된다. 분양 후 일반임대사업자로 등록하면 입주 시점에 주택임대사업자로도 변경이 가능하며(이 경우에는 종부세 합산), 중도금 납부 시 부가세 10%를 환급받을 수 있다.

두 번째, 주거용으로 실거주를 하더라도 재산세를 업무용으로 내고 있다면 종부세 합산에서 배제된다. 일반적인 아파텔 실거주인 경우 본인이 변경하지 않으면 재산세는 기본적으로 업무용으로 나가므로 주택을 다수 보유하고 있거나 보유할 예정이라면 종부세 합산 배제를 위해 계속 업무용으로 세금을 낼 것을 추천한다. 단, 업무용 재산세가 주거용보다 비싸기 때문에 주택 수를 확대할 계획이 없다면 주거용으로 변경하는 것도 좋은 방법이다.

세 번째, 종부세는 다른 세금과 달리 가구당 합산이 아닌 개인별 합산이므로 공동명의로 등록하면 과세구간이 낮아져 절세에 유리하다. 세부적인 세금 계산은 인터넷 사이트 '부동산계산기.com'이

---

6 포괄양도양수: 사업에 관한 일체의 권리와 의무를 이전 권리자(임대사업자)가 새로운 권리자에게 양도하거나 양수받는 것을 말한다.

나 동일한 이름의 모바일 애플리케이션을 이용하면 편리하다.

아파텔 분양권을 갖고 있다면 입주 전까지 활용 폭이 더 커진다. 아파텔 분양권은 아파트 분양권과 달리 주택 수에서 배제되기 때문인데, 해당 기간 동안 매수나 매도를 진행해도 취득세나 양도세 중과를 받지 않는다. 또한 일시적 1가구 2주택의 조건이나 장기보유 특별공제, 종부세 합산 등에도 영향을 미치지 않으므로 입주 시기를 잘 따져 포트폴리오를 짠다면 운영의 묘를 최대한 활용할 수 있다.

신혼부부 특별공급을 노린다면 자산 기준을 확인하라

아파텔 투자를 하면서 신혼부부 특별공급을 노린다면 반드시 숙지해야 할 것이 있다. 신혼부부 특별공급 시 아파텔은 무주택으로 간주되나, 자산 기준에는 포함되므로 특히 유의해야 한다.

우선 자격 요건부터 살펴보자. 국토교통부의 자료에 따르면 신혼부부 특별공급은 주민등록등본에 등재된 세대원 모두가 무주택 상태여야만 한다. 이때 세대원은 과거에 주택을 보유한 이력이 있어도 상관없지만 신혼부부는 혼인신고일부터 입주자모집공고일까지 주택을 보유한 이력이 있어서는 안 된다. 만약 보유하고 있는 주택이 있다면 혼인신고 전에 처분해야만 신혼부부 특별공급 대상이 될 수 있다. 또한 배우자는 세대 분리가 되어 있어도 동일 세대로 판단하므로 분리된 세대 중 주택을 보유하고 있는 세대원이 있다면 신청이 불가하다는 점을 유의해야 한다. 반면 오피스텔은 주택법이 아

신혼부부 특별공급 조건(2021년 기준)

구분	공공분양(국민주택)	민간분양(민영주택)
청약통장 가입 기간	6개월, 월 납입금 6회 이상 납입	6개월 + 예치금 기준 충족
자산 요건	적용 • 부동산 + 자동차 • 공공주택특별법이 적용되는 국민주택의 경우에만 해당	30% 추첨제 물량에만 적용 • 부동산가액
혼인 기간	입주자모집공고일 현재 혼인 기간이 7년 이내	
소득 요건	적용	적용
세대주 요건	미적용	미적용
배정 비율	30%	20%
점수 계산	13점 만점	없음
당첨자 선정	점수	자녀 수
동점자 처리	추첨	추첨

출처: 국토교통부

닌 건축법 대상이므로 신혼부부가 오피스텔을 몇 채 보유하고 있어도 무주택으로 간주되어 신혼부부 특별공급을 신청할 수 있다.

두 번째로 확인할 부분은 자산 요건이다. 이는 국민주택이냐 민영주택이냐에 따라 달라진다. 국민주택은 LH나 SH처럼 공공주택 특별법이 적용되는 단지가 대상이며, 자산 중 부동산과 자동차의 가격만 합산한다. 부동산은 주택이 있을 경우 자격 대상이 아니므로 제외하고 건물과 토지를 합한 금액을 기준으로 한다.

건물은 공시가격이 기준이 되는데, 가액이 공시되지 않은 경우에는 시가표준액을 적용한다. 토지 역시 공시지가에 보유한 면적을 곱해 계산한다. 오피스텔 역시 공시가격이나 시가표준액을 적용하고, 부동산 합산액은 2억 1,550만 원을 넘지 않아야 한다. 자동차는 차량기준가액 또는 차량 등록 시 과세표준인 취득가액을 기준으로 하며, 후자인 경우 경과 연수에 따라 매년 10%씩 감가상각을 해 산출하고 차량이 2대 이상이라면 가액이 높은 차량이 3,496만 원 이하여야 한다.

민영주택은 산정 방식이 다르다. 소득 기준을 따지지 않는 30%의 추첨제 물량에만 부동산가액이 적용되는데, 금액을 산정하는 방식은 국민주택과 동일하지만 합산액 기준이 3억 3,100만 원 이하여야 한다는 점에서 차이가 있다. 오피스텔도 시가표준액이 3억 3,100만 원이 넘으면 신청 대상이 되지 못한다.

고분양가 아파텔 투자 시 주의 사항

최근 오피스텔의 고분양가 논란이 지속되고 있다. 대부분은 아파트 분양가 상한제 때문인데, 그럼에도 불구하고 아파텔들은 완판을 이어가고 있으며 일부 지역에서는 아파트 분양가를 역전하는 일도 발생하고 있다. 이러한 고분양가에는 어떻게 대처하는 것이 좋을지 알아보도록 하자.

① 100실 미만 아파텔은 분양권 전매보다 입지가 우선이다.

첫 번째로 소개할 사례는 신길 뉴타운과 과천 등 분양권 전매가 가능한 100실 미만의 아파텔 단지다. 이들 단지는 입지뿐 아니라 분양권 전매가 가능한 점을 적극 홍보하여 신길 AK푸르지오의 경쟁률은 1,312:1, 힐스테이트 과천청사역의 경쟁률은 1,398:1을 기록했다.

오피스텔 청약은 자격 요건이 단순하다. 청약통장이 필요하지 않고, 가점제가 아닌 추첨제여서 만 19세 이상이면 누구나 신청이 가능하며, 거주지나 주택 소유 여부를 따지지 않는다. 아파트의 청약 1순위 자격 요건은 비규제지역은 청약통장 가입 1년 이상, 12회 이상 납입이고, 규제지역(조정대상지역 및 투기과열지구)은 청약통장 가입 2년 이상, 24회 이상 납입이다. 이와 비교하면 오피스텔 청약 요건은 상대적으로 매우 간단하다. 단, 그로 인해 실제 수요보다 경쟁률이 높게 나타나거나 분양시장을 과열시키는 경우가 있어 유의할 필요가 있다.

100실 미만 분양권의 전매 조건은 실거주 만족도가 높은 아파텔을 선택하려는 본질에서 벗어나 단타 중심의 투자를 유도하기도 한다. 물론 신길 AK푸르지오나 힐스테이트 과천청사역은 입지가 우위에 있지만 앞으로의 분양시장이 전매 가능한 물건을 중심으로 움직인다면 경계를 늦춰서는 안 된다. 상품성이 떨어지면서 전매가 가능한 점만을 강조하는 사례가 심심치 않게 나올 것임이 분명하기 때문이다.

100실 미만 아파텔은 필연적으로 환금성이 떨어지는 문제를 야기한다. 투자 목적으로 단기간 거래를 통해 수익을 보고자 해도 부동산 하락장에 직면하면 팔지 못할 수 있으니 매력도가 높은 물건을 선택해야 한다.

② 분양가 역전 현상에 유의하자.

두 번째는 동일 단지, 동일 면적의 아파트 분양가보다 아파텔 분양가가 더 높은 사례다. 바로 아파트 분양가 상한제 때문인데, 이는 아파트 택지비와 기본 건축비, 가산비를 더한 분양가의 상한을 주변 시세의 70~80%로 설정해 고분양가를 억제하는 제도다. 집값 안정을 위한 일종의 분양가 통제 장치이지만 최초의 의도와 달리 건설사의 수익이 낮아짐에 따라 아파트 공급이 줄어드는 부작용을 낳고 있다. 그로 인해 건설사는 분양가 상한제가 적용되지 않는 아파텔을 지어 수익을 보전하고 있고, 동일 단지의 동일 면적이지만 아파트 분양가보다 아파텔 분양가가 더 높아지는 역전 현상이 종종 발생하고 있다.

대표적인 곳이 2021년에 분양한 경기도 화성 동탄역 인근의 D 아파텔이다. 해당 단지의 분양가는 동일 단지 내 D아파트 분양가보다 2배 가까이 높아 실수요자들의 원성이 자자했다. 불과 한 달 전에 청약을 진행한 D아파트의 전용면적 84m²는 4억 원 중반대에 공급되었지만 D아파텔의 84m²는 9억 1,000만 원대에 분양된 것이다. 그럼에도 불구하고 D아파텔은 평균 82.91:1의 경쟁률을 기록하며 완판되었다.

이뿐만이 아니다. 아파트와 아파텔의 전용면적 84m²는 실제 면적이 상이하다. 아파트의 실평수 면적에는 거실과 방, 욕실 등에 발코니, 다락과 같은 서비스면적의 확장분이 포함되지만 아파텔은 그렇지 않다. 따라서 아파텔 84m²는 아파트의 59m²(발코니 확장 시)인 25평과 평형이 비슷하다고 봐야 한다. 결국 D아파텔은 D아파트보다 면적 대비 약 2.6배 높은 수준으로 분양한 것이다.

물론 이 아파텔 단지는 SRT 동탄역과 GTX 동탄역을 도보 5분 이내에 누릴 수 있는 황금 입지를 차지하고 있다. 롯데백화점과 영화관 등이 있어 생활 편의성도 매우 뛰어나다. 인근의 동탄역 롯데캐슬 아파텔이 성공적으로 분양한 영향도 클 것이고, D아파트 분양가가 주변과 비교했을 때 낮은 부분도 일부 작용한 것으로 보인다. 하지만 안정적으로 시세 차익을 얻고자 한다면 이러한 곳은 냉정하게 접근할 필요가 있다.

PART
5

부동산 전망과 아파텔의 미래

17

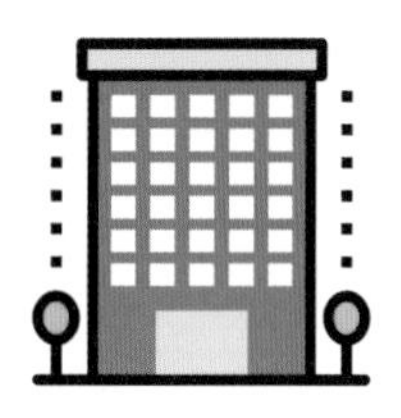

부동산 규제의 역설

앞으로 아파텔 가격은 어떻게 변화할까? 이 질문에 대한 해답은 결국 부동산 시장의 흐름이 결정할 수밖에 없다. 아파텔은 트렌드에 민감한 주택이며, 수요와 공급의 영향을 받는 건축물이기 때문이다. 따라서 이번 장에서는 부동산 시장을 움직이는 요소들에 대해 이야기해보고자 한다. 이 요소들을 잘 파악한다면 앞으로의 시장 흐름을 예측하는 것이 어렵지 않을 것이다.

먼저 짚고 넘어가야 할 부분은 바로 정부 정책이다. 일반적으로 부동산 정책은 시장의 흐름에 따라 반대 양상을 보인다. 하락장에서는 주택 공급을 줄이면서 규제를 축소하는 등의 부양책을 제시하고, 상승장에서는 반대로 공급을 늘리면서 규제를 강화하는 쪽으로 정책 방향을 정한다. 다만, 공급은 바로 대안을 수립해 착공한다 해도 최소 3년이 걸리므로 정부는 주로 즉각 효력을 발휘할 수 있는 부동산 정책을 통해 주택시장을 안정화시키고자 한다.

역대 정부의 부동산 규제 효과

그렇다면 역대 정부의 부동산 정책은 효과를 발휘했을까? 다음 표를 통해 알 수 있듯 규제를 강화하고 정부 개입이 많을수록 서울 및 수도권의 아파트값이 평균 임금 상승률보다 빠르게 올랐다.

왜 이런 현상이 발생했을까? 일반적인 상식으로는 규제가 많을수록 시장이 침체되어 가격이 하락하는 것이 정상이다. 하지만 부동

정권별 서울·수도권 3.3㎡ 아파트값 변화

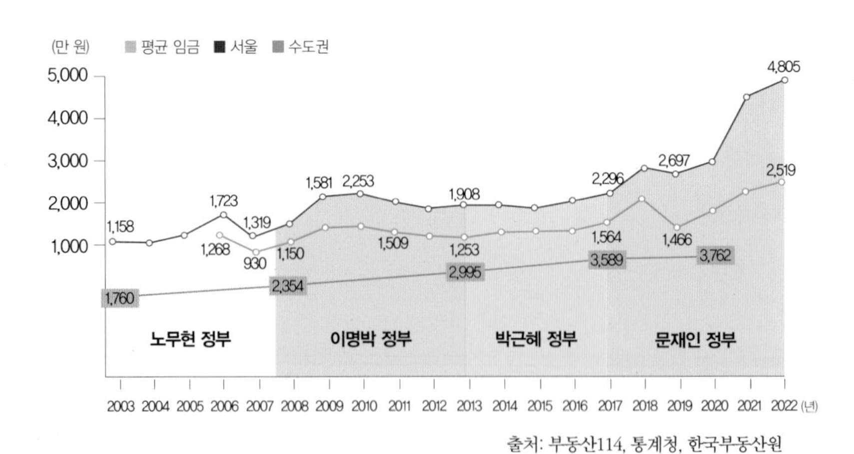

출처: 부동산114, 통계청, 한국부동산원

산 시장에서는 이 상식이 잘 통하지 않았다. 그동안의 규제가 공급을 확대하는 것보다 수요를 줄이는 것에 집중했기 때문이다. 문재인 정부에서는 총 30여 차례의 부동산 정책을 발표했다. 하지만 다주택자 양도세 중과, 분양가 상한제 확대, 신규 임대사업자제도 폐지와 같이 공급을 축소하는 정책이 다수여서 일시적으로는 시장의 경색을 가져왔지만 궁극적으로는 수요를 자극해 집값 상승을 견인하는 역효과를 낳았다. 이른바 '규제의 역설'이다.

집값 급등을 막지 못했던 정부들은 공통점을 가지고 있다. 첫 번째는 노무현 정부와 문재인 정부 모두 공급이 충분하다는 기조하에 일관되게 수요 억제책을 썼다는 점이다. 문재인 정부는 출범 직후부터 집값 상승의 원인을 다주택자의 영향으로 보고 강화된 규제책을 일관되게 유지했다. 다주택자에게 주택 보유세와 양도세 부담을 늘리고 대출을 조였다. 실제로 박근혜 정부 시절 2%대였던 종부세의 최고 세율은 6%대까지 높아졌다. 이는 노무현 정부 시절(3%)보다도 강력한 조치였다. 대출은 15억 원 이상 주택 구매 시 아예 불가하도록 막았다. 이러한 정책은 코로나19 이후 막대한 유동성으로 인해 결국 실제 시장 수요가 폭발하는 결과를 야기했다.

두 번째는 규제지역의 확대 및 강화다. 토지거래허가제를 도입해 잠실, 삼성, 청담, 대치 등 강남의 핵심지 아파트를 구입할 때 지자체의 허가를 받도록 했다. 이러한 정책은 노무현 정부 시절의 '버블세븐과의 전쟁'을 떠올리게 한다. 2006년 노무현 정부는 7개 지역, 즉 강남, 서초, 송파, 목동, 분당, 평촌, 용인의 집값 거품이 심하다고 규정하고 이곳을 '버블세븐'으로 지정했다. 그리고 이곳을 집중적으로 규제했으며, LTV와 DTI 개념을 도입해 대출을 옥죄였다. 규제지역의 범위 또한 동일하게 확대되었다.

두 정부 모두 규제지역의 범위를 전국으로 확대했다는 점도 유사하다. 문재인 정부는 집값이 과열됐다고 판단되는 지역이 나타날 때마다 조정대상지역과 투기과열지구 등으로 규제했으나 인근 비규제지역의 집값이 대신 오르는 이른바 '풍선 효과'가 지속해서 발생했다. 조정대상지역이 되면 9억 원 이하 주택담보대출 비율은 50%로 낮아지고 9억 원 초과분은 30%로 제한된다. 분양권 또한 전매 제한에 따라 최소 6개월 또는 입주 시까지 사고팔 수 없다. 노무현 정부 시절에는 투기과열지구로만 묶어서 관리했는데, 이 지역에서 집을 살 때는 주택담보대출이 제한되었다. 최초 투기과열지구는 서울에 한정되었지만 이후 집값이 전국적으로 오르자 대도시로 확대되었고, 2004년 여름에 들어서는 전국 지자체의 절반 정도가 투기과열지구로 묶였다.

물론 부동산 정책이 당장 효과를 보기는 어렵다. 장기적인 흐름을 예측하고 준비해야 한다. 노무현 정부와 문재인 정부 모두 집권 말미에 공급의 필요성을 인지하고 확대정책을 준비하기에 이르렀다. 2006년의 2기 신도시, 문재인 정부의 3기 신도시와 재개발·재건축 계획 또한 이러한 대응의 일환이다. 그러한 점에서 문재인 정부가 출범 초기 실수요를 투기 수요로 판단해 공급을 확대하지 않고 수요 억제책만을 고집했다는 점은 참으로 아쉽다. 결국 부동산 시장에서는 투자와 투기 그리고 투자 수요와 실수요를 제대로 구분해야만 정책이 효과를 발휘할 수 있다.

규제는 예측이 아니라 대응의 영역이다. 어느 누구도 정부의 정책을 미리 예측할 수 없고, 예단할 필요도 없다. 역대 정부의 사례를 통해 알 수 있듯 고정 불변이라고 생각했던 정책들도 얼마든지 변경될 수 있다. 문재인 정부는 집권 초기에 임대사업자를 장려했으나 말미에 들어 갑자기 폐지했고, 박근혜 정부 때 완화되었던 대출 규제가 문재인 정부 때 강화되는 등 정책은 시시각각 변한다. 따라서 정책을 예측해 움직이는 것은 위험 부담이 크다.

아파텔 정책 또한 마찬가지다. 주택법이 아닌 건축법의 영향을 받는 아파텔의 특성상, 단기간에 세금이나 대출, 청약과 같은 제도를 아파트와 완전히 동일하게 규제하기는 어렵다. 실제로 2020년 3월 헌법재판소는 재판관 전원 일치 의견으로 주거용 오피스텔은 건축법 대상이므로 주택법을 따르는 아파트의 취득세를 적용할 수 없다는 판단을 내린 바 있다. 만약 이러한 규제를 아파트와 동일하게 바꾸려면 법 개정이 필요하므로 당분간은 아파텔이 보유한 청약, 대출, 세금과 관련된 강점들이 유지될 것이라 생각한다. 그러므로 미리 걱정하기보다 현재 누릴 수 있는 아파텔의 특성을 잘 이해하고, 그에 맞게 투자 방안을 준비하는 것이 어떨까?

DSR 시대의 향변

앞으로의 부동산 시장은 대출 규제의 연장 여부에 영향을 받을 가능성이 높다. 특히 2022년부터는 비주택(오피스텔, 상가, 토지, 빌딩 등)에도 DSR 40% 규제가 적용되면서 아파텔 시장에 얼마나 영향을 미칠지 논쟁이 이어지고 있다. 실제로 2022년 이전에 분양을 고시한 아파텔은 중도금은 물론 잔금대출까지 DSR 규제가 적용되지 않아 2021년 말에 분양이 집중되기도 했다.

DSR 규제 대상 제외 대출

① 분양주택에 대한 중도금대출
② 재건축 · 재개발 주택에 대한 이주비대출
③ 분양오피스텔에 대한 중도금대출
④ 서민금융상품
⑤ 300만 원 이하 소액 신용대출
⑥ 전세자금대출(전세보증금담보대출은 제외)
⑦ 주택연금(역모기지론)
⑧ 정책적 목적에 따라 정부, 공공기관, 지방자치단체 등과 이차보전 등 협약을 체결하여 취급하는 대출
⑨ 자연재해지역에 대한 지원 등 정부 정책 등에 따라 긴급하게 취급하는 대출
⑩ 보험약관대출
⑪ 상용차 금융
⑫ 예적금담보대출
⑬ 할부, 리스 및 현금 서비스, 카드론

※ 단, 상기 항목에 해당하지 않는 대출을 신규 취급하는 경우, 상기 항목의 대출을 DSR 산출을 위한 기존 부채에 포함

출처: 금융위원회

윤석열 정부에서 LTV 한도 완화를 검토 중이지만 DSR 규제가 바뀌지 않으면 대출이 나오지 않는 것은 동일한 상황이다.

아파트담보대출은 만 30년이며, 부부합산 소득 기준으로 대출을 받을 수 있다(단, 증빙소득 합산만 가능하며 부채도 합산됨). 반면 아파텔과 같은 비주택담보대출은 만기가 10년에서 최대 8년으로 변경되었고, 부부합산 소득 기준 적용도 불가하다. 만기가 줄어들면 매년 갚아야 하는 원리금이 늘어나므로 DSR 규제를 감안하면 실제 대출액은 더 줄어든다. 또한 2022년 1월부터 총부채 2억 원 이상, 7월부터는 1억 원 이상 대출에 DSR 40% 규제를 적용하면서 가용액은 갈수록 줄어들 전망이다.

실제로 2021년까지는 5억 원의 아파텔을 살 경우, 기존 대출이 있어도 최대 4억 원까지 오피스텔담보대출이 나왔다. DSR 규제가 아파텔에는 적용되지 않았고 규제지역 여부와 관계없이 LTV 최대 70~80%가 적용되었기 때문이다. 하지만 이제는 쉽지 않다.

예를 들어 연소득이 5,000만 원인 외벌이 직장인 A씨가 있다고 가정하자. 그는 2022년 1월 이후 시세 5억 원 아파텔의 담보대출을 받고자 한다. 비주택담보대출은 8년(96개월) 만기이므로 4억 원 대출에 대한 연원금상환액은 5,000만 원이고, 이자부담액(4% 기준)은 연 1,600만 원이므로 매년 6,600만 원의 원리금상환액이 발생한다(만기일시상환이라 해도 DSR 계산 시에는 매년 원금과 이자를 함께 갚아나가는 것을 기준으로 함). 이 경우 DSR이 연소득의 132%가 되므로 40%의 제한을 초과한다. 따라서 실제로 받을 수 있는 대출액은 DSR 40% 수준인 1억 2,000만 원이 전부다. 만약 신용대출이 껴 있다면 해당 금액만큼 대출액도 줄어든다.

직장인 A씨의 DSR 계산 예시

구분	4억 원 대출 시	1억 2,000만 원 대출 시	비고
연소득	5,000만 원		–
총대출 건수	1건		본 건 포함
대출	4억 원	1억 2,000만 원	주택담보대출, 만기일시 상환, 금리 4%
대출 기간	96개월		전체 기간
연원금상환액	5,000만 원	1,500만 원	대출 총액/8년
연이자상환액	1,600만 원	480만 원	실제 납부 이자
총원리금상환액	6,600만 원	1,980만 원	대출 원금 + 이자상환액
DSR	132%	39.6%	총원리금상환액/연소득 ×100
가능 여부	불가	가능	–

DSR 규제를 피하는 3가지 방법

그렇다면 이제 대출을 활용한 아파텔 투자는 완전히 불가능할까? 그렇지 않다. 대출 규제는 결국 축소되기 마련이다. 하지만 그때가 언제가 될지 예측하기는 어려우므로 아파텔 투자를 고민 중이라면 대안을 찾아야 한다. 현시점에서 DSR 규제를 피하거나 덜 받는 방법은 총 3가지다.

첫 번째 방법은 임대사업자대출을 활용하는 것이다. 현재 아파트는 임대사업자의 신규 등록이 불가하기 때문에 오직 아파텔만 가능한 방법이다. 일반임대사업자를 내면 사업자대출을 통해 DSR 40% 규제를 받지 않으므로 LTV 70~80%만큼 기존대로 대출이 가능하다. 신규로 분양을 받으려면 계약 후 1개월 이내에 임대사업자를 등록하고, 기존 주택을 매수한다면 임대사업자의 포괄양수양도를 통해 사업자 자격을 인수받으면 된다. 다만, 이 방법은 실거주를 할 수 없다는 한계가 있다.

두 번째 방법은 전세를 안고 갭투자를 하는 것이다. 아파트의 사례와 같이 아파텔 역시 입지가 좋은 곳이라면 얼마든지 매매가와 전세가의 갭을 이용하여 차액만 투자해두고 이후에 시세가 오르면 실거주가 가능하다. 어차피 갭투자 방식은 기존에도 대출을 받을 수 없었으므로 규제 대상이 아니다. 단, 이 방법은 초기 투자비용이 적게 들어간다는 장점이 있는 반면, 당장 실거주를 할 수 없고 하락장이나 조정장에서는 역전세[1] 등의 위험 부담이 따른다는 단점이 있다.

마지막 세 번째 방법은 실거주를 해야 하나 DSR 규제 영향으로 자금이 충분치 않다면 제1금융권을 고집하기보다 수협이나 신

1 역전세: 주택가격이 하락하면서 전세 시세가 계약 당시보다 낮아져 임대인이 임차인에게 보증금을 돌려주는 것이 어려워지는 상황을 말한다.

협, 새마을금고, 메이저 보험사와 같은 제2금융권의 문을 두드려보는 것이다. 제2금융권 대출은 DSR을 기존 40%가 아닌 최대 50%까지 적용하며 신용도에도 영향을 미치지 않으니 충분히 대안이 될 수 있다.

DSR 규제는 단기적으로 아파텔 시장을 위축시키는 요소임이 분명하다. 하지만 부동산 시장을 호재를 보고 들어갔다가 악재를 보고 빠져 나오는 주식시장의 단타 거래처럼 생각해서는 안 된다. 장기적으로 대출 규제는 영원할 수 없고 시장의 자연스러운 흐름을 막을 수 없기 때문이다. 실제로 DSR 규제의 긍정적인 영향도 일부 나타나고 있다. 해당 규제가 시행되자 일부 사업지에서는 아파텔 분양가를 낮추려는 움직임을 보이고 있다. 아파트 분양가 상한제의 영향으로 오피스텔 분양가 과잉 논란이 있었던 만큼 다시금 합리적인 수준으로 변화하길 기대한다.

18

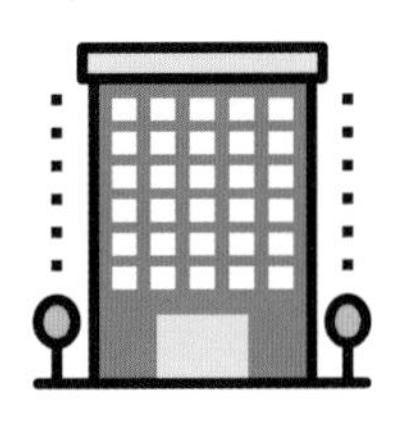

윤석열 정부 시대의 아파텔

2022년 5월 윤석열 정부가 들어섬에 따라 아파텔 시장에는 어떤 영향을 미칠지 파악해볼 필요가 있다. 다만, 앞서 이야기했듯 정책은 대응이 더 중요한 영역이기에 예측을 맹신해서는 안 된다.

대출 규제, 과연 완화될까

① LTV 규제 완화

윤석열 정부는 대출 규제 완화를 공약으로 제시했고, 실제로 그러한 움직임을 보이고 있다. 특히 LTV 조정이 눈에 띄는데, 지역과 무관하게 모두 70%를 적용하고 생애최초 매수자는 80%, 1주택자는 70%, 다주택자는 30~40%까지 완화하는 것을 고려 중이다. LTV는 집값을 기준으로 한 담보대출 비율을 의미한다. 기존에는 9억 원 이하 아파트의 경우 투기과열지구는 40%, 조정대상지역은 50%로 제한되었고, 9억 원 이상 아파트의 경우 투기과열지구는 20%, 조정대상지역은 30%만 대출이 가능했으며, 15억 원 이상 아파트는 대출이 아예 불가능했다.

윤석열 정부는 2022년 3분기부터 생애최초 주택매수자에게 LTV 80%(기존 50~70%)를 적용하는 정책을 발표했다. 대출한도 역시 기존 4억 원에서 6억 원으로 높이기로 했다. 다만 이는 아파트나 빌라와 같은 '주택'을 처음 매수하는 세대에만 적용되므로 오피스텔의 과거나 현재 보유 여부는 영향을 주지 않는다. 따라서 오피스텔을 먼저, 심지어 여러 채를 매수하더라도 생애최초 LTV 80% 적용을 그대로 받을 수 있다. 결국 아파텔의 활용방안이 더욱 다양해진 셈이다.

② DSR 기준 완화

현재 대출은 LTV뿐 아니라 DSR 또한 적용되고 있다. DSR은 총부채원리금상환비율로, 2022년 1월부터 총부채 2억 원 이상, 7월부터는 1억 원 이상 대출에 모두 DSR 40%를 제한할 예정이다. 특히 아파텔과 같은 비주택에도 최초로 적용되는 만큼 아무리 LTV 규제가 완화되어도 DSR 기준이 동일하면 대출액이 늘어나지 않으므로 큰 의미가 없다. 물론 앞서 언급한 바와 같이 아파텔은 임대사업자를 등록하거나 제2금융권을 통하면 DSR 제한을 피하거나 대출을 더 받을 수 있지만 모든 투자자가 활용할 수 있는 방법이 아닌 만큼 한계가 있다.

그래서인지 윤석열 정부는 DSR 40% 제한은 그대로 두되, 한도 기준을 기존 2억 원(2022년 7월부터는 1억 원)에서 최대 5억 원까지 높이는 방안을 검토 중이라고 한다.

2022년부터 비주택담보대출에도 DSR 제한이 적용되면서 투자에 어려움이 예상되었던 만큼 규제가 완화되면 아파텔에는 당연히 긍정 요인으로 작용할 것이다. 특히 DSR 기준 5억 원까지의 대출을 감안한다면 수도권의 6~8억 원대 아파텔이 가장 큰 수혜를 받을 것이다.

또한 금융당국은 LTV 규제 완화가 고소득자에게만 유리하다는 지적을 감안하여 소득이 낮은 청년층은 DSR 산출 시 미래소득을 반영하겠다는 의지를 내비쳤다. 하지만 이 정책은 실효성에 대한 의문이 제기되고 있다. 청년층의 대출 만기가 짧아 매달 갚아야 하는 원리금이 많으므로 DSR 40% 규제로 인해 결국 필요한 금액만큼 대출을 받지 못할 가능성이 높다는 것이다. 따라서 미래소득 반영 시 대출 만기를 늘리는 규제가 먼저 재정비되어야 DSR 기준 논란이 줄어들 것으로 보인다.

달라질 제도가 아파텔 시장에 불러올 효과

① 청약제도 개편

기존 아파트 청약제도는 부양가족 수와 무주택 기간이 점수화되는 가점제 방식의 당첨 비율이 높아 청년층에게 불리한 구조였다. 신혼부부 특별공급 등의 대안이 있으나 조건이 까다로워 당첨이 쉽지 않았다. 그러한 청약제도를 추첨제 비중을 늘려 운영하자는 것이 윤석열 정부의 대표적인 공약이다. 물론 가점제 비율을 낮추면 중장년층이 그동안 쌓아온 점수의 가치가 낮아져 세대 간 갈등을 부추길 우려가 있다. 새 정부에서는 이러한 문제를 재건축·재개발과 같은 정비사업을 통해 공급량을 늘림으로써 해결할 방침이다.

아파트 청약 가점제 비율 변경은 아파텔 시장에도 영향을 미칠 것이다. 단기적으로는 신혼부부의 매수세가 일부 줄어들어 부정적일 것이라 판단할 수도 있으나 결국 아파텔은 선별 과정을 통해 투자를 진행해야 하는 대체재이므로 단순히 청약 가점 비율 변경에 따른 영향치는 크지 않을 것이다. 실제로 가점제 비율이 아직 정해지지 않았으나 형평성 문제로 대폭 낮추기는 어려울 전망이며, 공급 또한 여전히 부족하므로 추첨제를 통한 당첨률도 크게 개선될 수 없다. 게다가 아파텔은 보유를 해도 청약 시 무주택자 자격을 유지하는 만큼 그 특장점이 알려질수록 아파트 청약 당첨을 위해 아파텔을 먼저 매수하려는 신혼부부가 증가할 것이다.

② 공급 확대

윤석열 정부의 부동산 정책 핵심은 임기 5년간 주택 250만 호 이상 공급이다. 서울에 50만 호, 수도권에 130~150만 호를 공급하는 것이 주요 내용이며, 주택의 공급 방식은 공공 50만 호, 민간 200만 호로 구분된다. 다만, 이전 정부의 연평균 주택 공급량을 보면 문재인 정부 55만 호, 박근혜 정부 45만 호, 이명박 정부 36만 호, 노무현 정부 36만 호로 이미 150~250만 호의 주택이 공급되었음을 알 수 있다. 특히 최근 공급량이 점차 늘어났음에도 집값이 계속해서 상승한 것은 결국 재건축·재개발 규제로 인해 수요가 몰리는 수도권에 다수가 선호하는 주택의 공급이 제대로 이루어지지 않았기 때문이다.

따라서 윤석열 정부의 주요 핵심 과제는 몇 호를 공급하느냐보다 어디에 어떤 주택을 공급하느냐가 될 것이다. 재건축·재개발 규제 완화를 공약으로 내세운 만큼 아파트 '재건축 초과 이익 환수제' 완화나 30년 이상 노후화된 아파트의 정밀 안전 진단 면제 등의 정책이 적용된다면 실제 선호도가 높은 주택의 수도권 공급량이 증가할 것이라 예상된다.

재건축·재개발 규제 완화 정책은 단기적으로는 해당 단지들이 이끄는 가격 상승을 가져올 것이고, 장기적으로는 수도권 아파트의 집값 안정화를 가져올 것이다. 다만, 이러한 정책이 적용되더라도 당장 거주할 수 있는 집이 늘어나는 것은 아니며 수도권 공급 부족은 새 정부 임기 내내 지속적인 화두가 될 것이다. 이들 규제 완화가 아파텔 시장에 미치는 영향은 크지 않을 것이라 전망하는 이유다.

윤석열 정부는 6 · 21 부동산대책을 통해 규제를 완화하여 임대차 시장을 안정화시키고 민간 공급을 늘리기로 했다. 여기에는 분양가 상한제 개편안도 포함되었는데, 분양가에 세입자의 주거 이전비용, 영업손실 보상비, 명도 소송비 등을 포함하고, 자재 가격 조정 항목을 교체하며 철근 · 레미콘 등 필수자잿값 변동에 따른 기본 건축비도 조정하겠다는 내용이다. HUG가 담당하는 고분양가 심사 제도도 현실에 맞게 개선하기로 했다. 또 분양가 상한제 아파트에 적용하던 실거주 의무도 입주 시점에 대한 규제를 완화하기로 했다. 공공택지는 주변 시세보다 80% 미만이면 5년, 80~100% 미만이면 3년을, 민간택지는 80% 미만이면 3년, 80~100% 미만이면 2년의 실거주 기간을 채워야 한다. 지금까지는 최초 입주 가능일부터 의무 기간을 채워야 했지만, 주택을 양도 · 상속 · 증여 전까지만 의무 기간을 채우면 되도록 조건을 완화했다.

분양가 상한제 개편안은 아파텔 시장에 복합적인 영향을 미칠 것이다. 분양가가 현실화되면 이른바 '로또청약'의 선호도가 낮아져 수요가 아파텔로 넘어올 수 있다. 반면 아파텔의 강점 중 하나인 무주택자 자격으로 아파트 청약이 가능하다는 점이 약화될 수도 있다. 실거주 의무 완화 역시 자유롭게 임대가 가능했던 아파텔의 강점이 상대적으로 줄어든다고 볼 수 있으나 아파트의 실거주 의무가 여전히 남아있는 만큼 그 영향치가 미미할 것이라고도 전망할 수 있다. 결국 분양가 상한제 개편안은 건설사의 공급량을 자연스럽게 확대시킨다는 취지에서 비롯되었기에 앞서 언급한 어떤 공급정책보다 더 높은 효과를 발휘할 것이다. 다만 개편안이 얼마나 건설사의 공급 의지를 자극할지는 여전히 미지수이므로 실제 공급흐름을 예의 주시하면서 시장을 전망하는 것이 필요한 시점이다.

③ 아파트 임대사업자제도 부활

임대사업자제도는 2017년 문재인 정부에서 장려 정책의 일환으로 제시되었으나 2020년 신규 등록을 폐지하며 규제를 강화하는 쪽으로 방향을 선회했다. 이에 따라 기존 임대사업자의 양도세 중과 배제, 종부세 합산 배제, 재산세 감면 혜택이 사라졌으나 윤석열 정부에서 이를 다시 부활시키겠다고 공약했다.

아파트 임대사업자제도 부활은 공공의 개입만으로 감당하기 어려운 공급을 민간을 통해 보충한다는 취지에서 집값 안정을 위해 긍정적인 방향임이 분명하다. 다만, 현재 오피스텔만 신규 임대사업자 등록이 가능했던 만큼 정책이 적용된다면 분명 아파텔 시장에 영향을 미칠 것이다. 양도세나 종부세의 중과·합산 배제를 위한 수요가 아파트로 이전될 수 있다는 뜻이다. 하지만 임대사업자제도는 민간 임대주택에 관한 특별법 대상이어서 국회의 동의가 필요해 시일이 상당히 소요될 수밖에 없으므로 추이를 지켜볼 필요가 있다.

④ 상생임대인 제도 개정

윤석열 정부는 전월세 시장의 불안 요인을 줄이고자 상생임대인 제도의 혜택을 확대하는 방안을 발표했다. 이 제도는 주택 임대차 신규 계약 시 임대료를 5% 이내로 인상하는 '상생임대인'에 대해 1가구 1주택 양도소득세 비과세 혜택을 위한 2년 실거주 의무를 면제해주는 정책이다. 또한 향후 주택을 처분해 1주택자가 될 계획이 있는 다주택자도 상생임대인 제도에 참여할 수 있다. 다만, 임대차 3법에 따른 계약 갱신 청구로 임대차 재계약을 한 경우와 노후 재건축 단지와 같이 전세금이 하락세인 단지에도 같은 기준이 적용되어 논란이다. 또한 갭투자를 위한 정책이라는 우려도 있다. 2022년 안에 집을 사고 세입자를 구한 뒤 제도 기한인 2024년 말까지 재계약을 하면 상생임대인이 되기 때문이다.

반면 임차인에게도 4년간 전세가격 상승폭을 감안하여 버팀목 전세대출의 보증금과 대출한도를 늘려주기로 했다. 결국 임차인과 임대인 모두에게 혜택을 주고자 하는 정책인 만큼 전월세 가격의 상승 분위기를 고려한다면 불가피한 선택이라 판단된다. 해당 제도는 오피스텔에도 동일하게 적용되는 만큼 아파텔 시장에도 기회는 열려있다. 아파텔 실거주는 어렵지만 양도세 비과세 혜택을 받고자 한다면 충분히 검토해 볼 수 있는 선택지가 될 것이다.

⑤ 규제지역 해제

윤석열 정부는 6월 30일 자로 지방광역도시 및 거점도시 중심의 조정안을 발표했다. 이에 따라 2022년 7월 5일 기준 전국 투기과열지구는 기존 49곳에서 43곳으로, 조정대상지역은 112곳에서 101곳으로 축소되었다. 이에 대해 일부 지역은 거래 침체가 심각하여 규제지역을 추가로 해제해야 한다는 의견이 있는 반면, 안정세를 찾던 전국 집값을 자극할 수 있다는 우려도 나오고 있다. 실제로 2021년 4분기부터 대출 규제가 강화되고 금리가 오르면서 집값 하락이 발생한 만큼 파주·양주·김포·청주·대구·울산·전주시 등이 국토부에 조정대상지역의 해제를 공식적으로 요청하기도 했다. 규제지역의 해제는 여러 이해관계가 얽혀 있는 만큼 쉽지 않은 문제다. 규제를 강화할수록 이른바 '풍선효과'가 우려되고 그렇다고 일부를 완화하자니 형평성 논란을 피하기 어렵다. 다만 일부 규제지역 해제는 피할 수 없는 수순이 될 것이다.

윤석열 정부의 부동산 정책이 시장의 자율성을 최대한 보장한다는 것이 전제인만큼 그 흐름을 막기는 어렵다. 규제가 해제된 지역은 대출과 세금 측면에서 혜택을 받을 것이기에 기존에 반사이익을 누리던 아파텔 시장에 영향을 줄 수 있다. 반면 규제지역 아파텔의 경쟁력은 오히려 높아질 것이고 이에 따라 입지별 가격 양극화는 더 심화될 것이다.

세금 제도의 개편은 실인가, 득인가

① 다주택자 양도세 중과 유예 및 재검토

다주택자의 양도세 중과에 따른 매물 잠김 현상은 문재인 정부 때부터 계속 지적되어왔다. 특히 2020년 7·10 대책에서 양도세 중과 폭을 높여 최대 75%(지방세 포함 시 82.5%)까지 세율이 높아졌다. 2016년까지만 해도 주택 수와 관계없이 최고 40%였던 세율이 2배 가까이 오른 것이다.

반면 윤석열 정부는 다주택자 양도세 중과세율 적용을 최대 2년간 한시적으로 배제해 다주택자의 주택 매각을 유도하겠다고 공약했고, 향후 양도세 중과 정책 자체를 재검토하겠다고 밝혔다. 실제로 다주택자의 보유 기간 2년 이상 주택은 2022년 5월부터 1년간 양도세 중과를 유예하기로 결정하면서 당장 공급이 부족한 수도권에 효력을 발휘할 것으로 예상된다.

다주택자 양도세 중과 유예는 모든 주택에 공통적으로 적용되는 내용이며, 결국 이러한 정책은 상대적인 하급지 주택의 공급이 증가하는 효과를 보일 것이기에 아파텔 시장 또한 입지에 따른 가격의 양극화 속도가 빨라질 것이다.

② 취득세 인하

윤석열 정부는 취득세 인하 정책의 일환으로 2022년 3분기부터 생애최초 주택매수자에게 취득세를 200만 원 감면해주기로 했다. 기존에는 연소득 7,000만 원 이하(부부합산) 가구 중 수도권 4억 원, 비수도권 3억 원 이하 주택을 처음 구매할 때만 취득세가 감면됐는데 앞으로는 이 같은 제한이 사라지는 것이다. 하지만 증여 · 상속·신축 취득으로 생애 첫 주택을 갖게 되는 경우에는 적용되지 않는다. 결국 단편적인 조건의 감세만으로는 부동산 시장의 흐름을 바꿀 수 없다는 부정적인 반응이 나오고 있다. 현재 취득세 논란의 쟁점은 다주택자 누진과세이기 때문이다. 이에 따라 윤석열 정부는 규제지역 2주택 이상 다주택자에 대한 취득세 누진 과세도 완화할 계획을 갖고 있다.

현재 규제지역의 2주택은 취득세 8%, 3주택 이상이나 법인은

12%의 중과세율이 적용되고 있는데, 이를 낮추겠다는 것이 새 정부의 방향이다. 취득세를 낮춰 거래 활성화를 도모하겠다는 의도다. 실제 세율이 어느 정도이냐에 따라 아파텔 시장에 크든 작든 영향을 미칠 수밖에 없다. 아파텔의 취득세는 4.6% 고정이므로 세율 인하 폭이 3% 이상으로 높다면 1주택자의 선택지가 늘어나는 만큼 해당 수요가 줄어들 가능성이 높다. 반대로 1~2% 수준으로 높지 않다면 아파텔의 취득세 4.6%는 여전히 시장에 매력적인 수치로 남을 것이다.

③ 종부세와 재산세 통합

종부세는 다주택자에 대한 과세 강화 목적으로 노무현 정부 시절에 도입되었으나 최근 공시지가 급등에 따른 세금 부담과 이중과세 논란이 쟁점이 되고 있다. 이에 따라 윤석열 정부는 종부세와 재산세를 통합하고 공시지가를 2020년 수준으로 환원시켜 세금 부담을 줄이겠다는 정책을 추진하고 있으나 난관이 예상된다.

종부세는 정부가 직접 걷는 국세이고 재산세는 각 지방자치단체가 징수하는 지방세이므로 상충하는 구조이기에 종부세 자체를 없애려면 체계를 완전히 새로 짜야 한다. 게다가 수도권의 집값이 상대적으로 높은 만큼 종부세가 이곳에 집중되는데, 국세인 종부세를 지방세인 재산세와 통합하면 지역 간 세금 편차가 심해져 갈등이 우려된다. 이명박 정부 초기에 논의되었으나 무산된 이유다.

아파텔은 상대적으로 종부세의 영향을 적게 받는 주택이다. 업무용으로 재산세를 내면 종부세가 부과되지 않고, 일반임대사업자의 경우에도 합산 배제가 된다. 따라서 종부세와 재산세가 통합된다면 그만큼의 수요 이탈을 막기 어렵다. 하지만 납세자의 부담을 줄인다는 새 정부의 취지를 관철시키려면 지방자치단체와의 협의가 필수적이므로 6월 지방선거 결과가 영향을 미칠 것이다. 또한 다양한 이해관계가 얽혀 있는 만큼 종부세와 재산세 통합은 빠른 결과를 내기는 어려울 전망이다. 따라서 아파텔에 직접적인 영향을 미칠 것이라 판단하기는 너무 이르다. 다만, 공시지가의 2020년 환원은 야당과 여당이 한목소리를 내는 사안이므로 2022년 한 해의 세 부담은 상대적으로 줄어들 것이라 예상된다.

2022년 6월 지방선거가 끝난 지금 모든 불확실성이 해소되어 윤석열 정부는 각종 부동산 제도의 개혁안을 준비 중이거나 발표하고 있다. 실제로 언급한 정책 이외에도 오피스텔의 주택 수 제외와 같은 예측 뉴스가 이어지고 있다. 하지만 각종 정책에 일희일비하여 이에 편승하기보다는 장기적인 본인만의 기준을 세우는 것이 중요하다. 언급한 8가지 조건을 갖춘 아파텔이라면 '실거주 만족도'라는 본질은 전혀 달라지지 않기 때문이다.

19

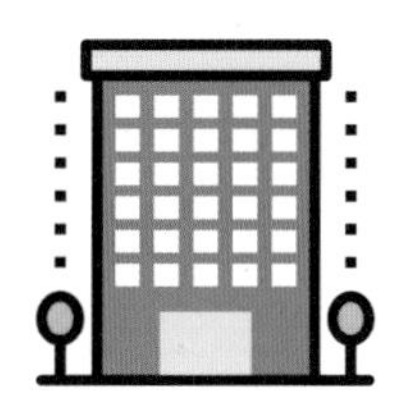

아파텔 시장은 우상향할까

금리와 집값의 상관관계

많은 전문가가 2022년 부동산 시장과 관련하여 엇갈린 예측을 내놓으면서 투자자들의 고민이 깊어지고 있다. 특히 2022년은 부동산 시장의 흐름을 예측할 때 금리 인상을 주요 변수로 언급하는 경우가 많았다. 실제로 코로나19의 여파로 단행되었던 제로금리가 20개월 만에 1%대로 올라간 가운데, 시장에서는 이 같은 금리 인상 기조가 집값에 영향을 미칠지 관심이 쏠리고 있다. 대출 이자 부담이 커지면 그만큼 매수세가 줄어 하방 압력으로 작용하는 데다 향후 금리 추가 인상 가능성도 매우 높기 때문이다.

과연 금리가 집값에 어느 정도 영향을 미칠까? 과거의 흐름으로 미래를 예측해보자. 노무현 정부 시절에 각종 규제에도 집값 상승세가 누그러지지 않자 부동산 수요를 억제하기 위해 금리 인상 카드를 꺼내든 바 있다. 2004년 11월 3.25%로 낮춘 채 동결했던 기준금리를 2005년 10월에 3.5%로, 그해 말에 3.75%로 인상했고, 2006년에는 4.5%로 크게 올렸다. 하지만 서울 아파트값은 이를 비웃기라도 하듯 2006년 한 해에만 31.4%가량 가파르게 치솟았다.

반대의 사례도 있다. KB부동산의 자료에 따르면 2008년 9월 글로벌 금융위기 이후 5.25%였던 기준금리는 2009년 2월 2%대까지 낮아졌고, 2011년 6월에는 다시 올라 3%를 넘겼다. 서울 아파트값도 2008년 10월부터 2009년 3월까지 하락세를 보이다 다시 반등하며 결국 2008년과 2009년 서울 아파트 매매가는 각각 3.2%, 2.6% 상승했다. 집값은 2010년부터 본격적으로 하락하기 시작했는데, 금리 인하 및 인상 시점에 맞춰 반비례하며 움직였음을 알 수 있다.

중립적인 입장도 있다. 금리가 어떤 시기에 오르느냐에 따라 그 양상이 달라진다는 것이다. 집값 상승기와 금리 인상기가 겹칠 경우 금리가 집값을 하락시킬 가능성이 낮으나, 집값 하락기와 금리 상승기가 겹칠 경우 하락 가능성이 매우 높다고 주장한다. 즉, 금리는 집값에 영향을 미치는 요인 중 하나인 것은 분명하지만 집값의 방향을 좌우하는 결정적인 요소라 보기는 어렵다는 것이다.

실제로 미국에서 1%의 단기 금리 인상 효과가 2년 후 집값에 미치는 영향을 연구한 결과, 최소 1.7%, 최대 10.4%까지 집값을 하락시킨다고 밝혔다. 금리 인상이 주택담보대출 원리금 상환 부담을 늘려 주택 수요를 감소시키고, 이는 가격 하락 요인으로 작용할 수 있다. 다만 주택시장 상황에 따라 하락 폭의 편차는 클 수 있다는 것이다. 국내 대출 규제 또한 금리가 집값에 영향을 적게 미친다는 논리를 뒷받침한다. 현재 아파트는 투기과열지구 기준으로 시세의 40%까지밖에 대출이 되지 않으므로 국내 여건상 금리가 올라도 가구별로 느끼는 부담이 기존보다 훨씬 적다.

결국 금리는 집값에 영향을 미치기는 하지만 부가적인 요소에 불과하다는 것이 내 판단이다. 집값은 단순히 금리의 오르내림뿐 아니라 주택 공급 물량과 수요의 변화, 유동성, 정부의 부동산 정책, 국내외 경제 상황 등 여러 변수가 복합적으로 작용하기 때문이다.

그럼에도 아파텔 시장을 긍정적으로 보는 이유

지속되는 금리 인상에도 대부분의 국내 전문기관은 2022년 역시 집값이 상승할 것이라 전망하고 있다. 한국건설산업연구원은 수도권 주택시장은 3.0%, 전국은 2.0% 상승을 전망했고, 주택산업연구원은 전국 2.5% 상승을 전망했다. 앞서 집값의 상승 혹은 하락은 금리뿐 아니라 여러 변수가 복합적으로 작용한다고 말한 바 있다. 아파텔은 이러한 영향을 더 밀접하게 받는 주택이다. 그렇다면 이제 막 태동한 아파텔 시장은 과거 아파트가 그랬던 것처럼 우상향하는 패턴을 만들어낼 수 있을까? 아니면 일시적인 트렌드 상품으로 전락하여 과거의 영광을 곱씹게 될까?

윤석열 정부 정책의 흐름을 정확히 예상하기는 어렵다. 취득세 완화, 종부세 폐지, 대출 규제 완화, 오피스텔 주택 수 배제 등이 언급되고 있지만 어떤 시점에 어떻게 영향을 미칠지를 예단하기가 쉽지 않다. 공급 대책도 변수다. 재건축·재개발 관련 규제 역시 완화될 예정이나 그에 따른 이주 수요와 집값 상승을 고려한다면 한꺼번에 모두 풀어주는 것도 논란이 될 것이다.

그럼에도 불구하고 아파텔 시장은 향후 크게 3가지 흐름을 보일 것이다. 바로 희소성과 가격 양극화 그리고 인플레이션에 따른 수요의 증가다.

우리는 희소성에 많은 의미를 부여한다. 2,100만 개만 채굴되는 비트코인에 대한 관심이나 한정적인 금에 대한 수요, 리미티드 에디션 운동화나 명품백의 가치가 지속적으로 상승하는 것을 보면 희소성의 경제적 가치를 미루어 짐작할 수 있다. 물론 오피스텔은 어디에서나 쉽게 볼 수 있고 역세권 단지도 흔하므로 '희소성'이라는 말이 낯설게 들릴지도 모른다. 하지만 대표적으로 GTX-A역이 예정된 일산 킨텍스지구와 같은 곳들은 8가지 조건에 부합함은 물론 이미 택지지구가 조성되어 추가 공급이 없으므로 충분히 희소성이 있으며, 신규 진입 역시 어려운 구조를 만들고 있다.

또한 이러한 희소성은 필연적으로 가격 양극화 현상을 불러일으킨다. 같은 아파텔이라 하더라도 입지에 따라 가격 차이가 날 것이다. 현재 강남 아파트를 아무나 사기 힘든 것처럼 아파텔도 그렇게 간극이 생길 것이라는 의미다. 특히 GTX나 신분당선과 같이 종점부터 서울 중심부까지 30분 이내에 이동할 수 있는 광역급행철도를 끼고 있는 곳과 아닌 곳의 차이가 크게 갈릴 것이며, 지방광역시나 거점도시 역시 KTX역 주변을 주목할 필요가 있다.

마지막은 물가 상승, 즉 인플레이션에 따른 아파텔 수요의 증가다. 그동안 집값은 꾸준히 우상향해왔다. 단기간의 하락이나 조정은 있을지언정 장기로 보았을 때 결국은 상승을 반복했다. 이러한 현상은 단지 투기꾼들이 내세우는 논리에 불과할까?

집값이 오르는 것은 결국 물가가 올랐기 때문이다. 물가가 오른 것은 통화량이 증가한 영향이 가장 크며, 화폐는 찍어낸 실제 통화량 이외에도 부채와 이자에 따라 전산에서 늘어난 부분을 모두 감

2000~2021년 전국 아파트 미분양 물량 현황

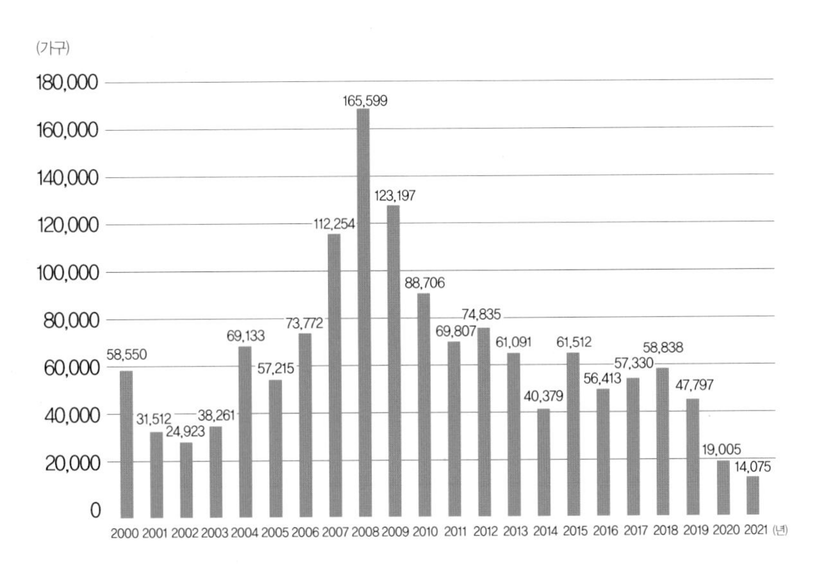

출처: 국토교통부

안해야 한다. 따라서 통화량은 우리가 체감하는 것보다 훨씬 빠르게 증가했으며 이는 물가에 고스란히 반영되었다. 실제로 자장면 한 그릇의 평균 가격은 1980년에 800원에 불과했지만 2010년에 4,500원이 되었고 현재는 6,000원에 육박한다. 자장면의 품질이 급격히 좋아진 게 아니라 통화량의 증가로 돈의 가치가 떨어졌을 뿐이다. 결국 자장면값이 오르는 것처럼 집값 상승도 자연스러운 수순이다.

게다가 최근 유동성 증가와 러시아-우크라이나 전쟁의 여파로 인플레이션의 우려가 그 어느 때보다 높다. 건설산업연구원에 따르면, 2022년 5월 현재 철근 가격은 2021년 1분기 대비 약 42%, 시멘트 가격은 약 24% 급등했다. 그로 인해 신축 단지 공사가 중단되었고, 둔촌 주공 1만 2,000세대와 같은 대단지 재건축 아파트도 공사가 멈추거나 입주가 지연되고 있다.

그럼에도 신축 선호 현상은 전혀 줄어들지 않았다. 앞의 그래프를 통해 알 수 있듯 전국 아파트 미분양 물량은 매년 꾸준히 줄어들고 있고, 신축과 구축 아파트의 매매가 비율도 갈수록 벌어지고 있다. 즉, 인플레이션의 영향으로 아파트의 공사나 입주가 지연되는 최근 분위기를 고려하면 신축이 대다수인 입지 좋은 아파텔의 수요는 갈수록 증가할 것이라 예상할 수 있다.

미래의 아파텔은 아파트와 다를 바 없어질 것이다. 물론 지금의 아파트가 그래왔듯 선별 과정을 통해 상·하급지로 나뉠 것이고, 그 시점은 이제 얼마 남지 않았다. 지금 당장 가치 있는 아파텔을 선별할 수 있는 안목을 길러야 하는 이유다.

신축 · 구축 아파트 매매가 비율 추이

서울 일반 아파트 대비 신축 · 구축 매매가격 비율

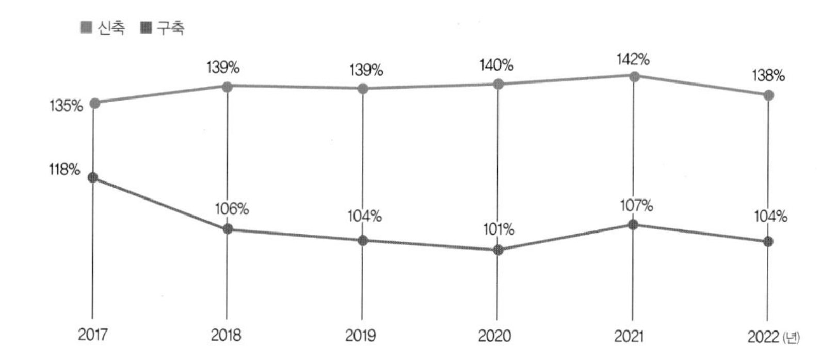

2022년 지방 일반 아파트 대비 신축 · 구축 매매가격 비율

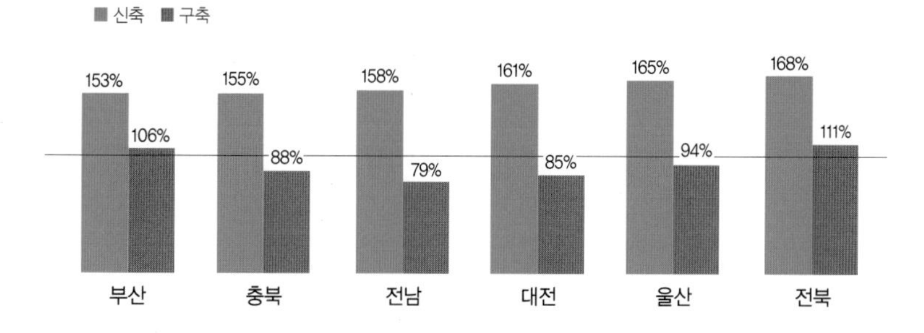

* 일반(입주 5~29년), 구축(입주 30년 이상), 신축(입주 5년 미만)

출처: 직방

스태그플레이션의 도래

물가가 상승하는 인플레이션과 경기침체가 함께 일어나는 현상을

스태그플레이션이라고 한다. 정부가 시중에 돈을 풀어 경기 활성화를 도모하는 것은 불황에 대응하는 가장 기본적인 정책이다. 반면 이러한 대응이 효과를 보지 못하면 정부 입장에서 추가적인 정책을 활용하기 어렵다.

2022년 국내외 경제 상황은 바로 이러한 스태그플레이션 시대의 도래를 예견하고 있다. 코로나19의 영향으로 경기 활성화를 위해 많은 돈이 시중에 유통되었고, 그 결과 유동성의 폭증과 함께 자연스럽게 인플레이션이 유발되었다. 여기에 러시아-우크라이나 전쟁이 원자재 및 유가의 가격 상승을 촉발시키면서 기존의 유동성만으로 경기를 활성화시키는 데 제약이 생겼다. 인플레이션을 줄이고자 금리를 높여 시중의 돈을 다시 회수해야 하지만 경기 불황으로 인해 돈을 더 써야 하는 모순에 빠진 것이다.

1970년대 초부터 1980년대 초까지 미국의 경제 상황은 이러한 스태그플레이션의 흐름을 명확히 보여준다. 약 12년 동안 미국의 주택가격은 무려 4배 가까이 상승했다. 경기는 침체되었지만 공급이 제한적이며 누구나 실거주해야 하는 주택은 원자재 가격 상승으로 가치가 급등할 수밖에 없었다. 실물자산인 금 역시 위험 회피 수단으로 인식되어 해당 기간 동안 약 11배 상승했다. 반대로 당시 미국의 기업가치를 반영한 주식시장은 하락과 상승을 반복하며 12년간 거의 제자리걸음을 했다. 당시 국내는 주택가격 통계가 작성되기 이전이므로 미국의 사례를 통해 미래를 예측해야 하는 점은 아쉽지만 이번에도 큰 줄기는 바뀌지 않을 것이 분명하다.

즉, 스태그플레이션 상황에서는 물가 폭등으로 인해 금이나 부동산과 같은 실물자산의 가격은 상승하지만 경기침체의 영향으로 실업률이 높아지고 노동소득, 즉 현금가치의 하락을 막을 수 없다. 결국 이러한 시대에는 실물자산 투자가 필수이며, 나는 그러한 방법 중 하나로 이자만 갚으면서 본인의 레버리지와 타인의 자본을 최대한 활용할 수 있는 아파텔이 대안이 될 것이라 생각한다.

20

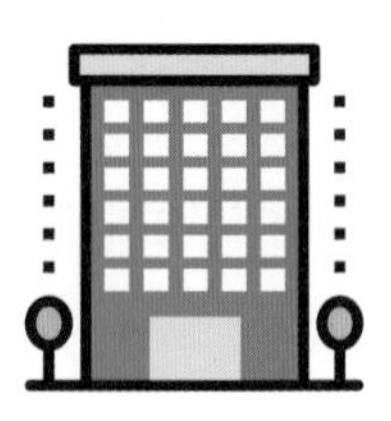

아파텔 시장, 광목상대에서 청출어람까지

한국의 부동산, 일본의 전철을 밟을까

서울 아파트값은 평균 12억 6,000만 원이다(2022년 1월 기준). 반면 2021년 말 도쿄 도심 23구의 아파트값은 평균 8,300만 엔, 한화로 약 8억 6,000만 원이었다. 세계 3대 경제대국의 수도인 도쿄의 아파트값이 서울의 3분의 2 수준인 것이다. 일본의 부동산 시장은 1980년대 후반부터 5년간 3배 이상 폭등하며 버블 상태에 돌입했고, 1991년을 정점으로 거품이 걷히면서 부동산 가격은 3분의 1로 급락했다. 1990년대 초반 버블경제가 꺼지면서 도쿄 도심과 수도권 아파트는 2021년 들어 겨우 당시의 가격 수준을 회복했다. 그야말로 잃어버린 30년이었다.

일본의 중앙은행은 1980년대 말 2.5%까지 낮춘 기준 금리를 1990년 8월에 6%까지 급격하게 올렸고, 여기에 부동산 대출을 제한하는 총량규제제도를 도입해 부동산 버블 붕괴가 촉발되었다. 그렇다면 한국 역시 일본의 잃어버린 30년 전철을 답습하게 될까?

한국의 생산인구 감소와 부동산 시장의 급격한 상승, 저금리에서 고금리로의 전환, 유동성 확대는 일본의 1990년대 초와 상당 부분 닮아 있다. 이를 보고 한국도 일본과 같은 결과를 낳을 수밖에 없을 것이라 말하는 이들도 있다. 하지만 내 의견은 다르다. 한국과 일본의 부동산 시장이 동일하지 않을 것이라 판단하는 데는 3가지 이유가 있다.

첫째, 양국 간 정부 규제의 차이 때문이다. 현대경제연구원의 자료에 따르면 1990년대 초반까지 일본의 부동산 버블은 무분별한 대출 확대가 가장 큰 요인이었다. 당시 일본의 은행은 LTV 120%를 적용하여 1억 엔의 땅을 사면 1억 2,000만 엔을 대출해줬을 만큼 한국과 같은 엄격한 기준을 적용하지 않았다. 이러한 대출 방식은 제2, 제3의 투자를 야기했고, 자연스럽게 부동산 시장은 급격히 과열되었다.

반면 한국의 대출 규제는 여전히 엄격하다. 9억 원 이하 아파트의 경우 투기과열지구는 40%, 조정대상지역은 50%, 9억 원 이상 아파트의 경우 투기과열지구는 20%, 조정대상지역은 30% 대출이 가능하다. 15억 원 이상 아파트는 대출이 완전히 불가능하다. 여기에 강화된 DSR 규제로 인해 이마저도 전액 대출이 불가할지도 모른다. 애초부터 버블이 발생하기 쉽지 않은 구조라는 뜻이다.

둘째, 주택 공급 여건이 상이하다. 일본은 1980년대부터 1990년대 초반까지 15년간 연평균 160만 호를 공급했다. 당시 일본의 인구는 약 1억 2,000만 명이었는데, 3억 인구의 미국이 30년간 연평균 150만 호를 공급한 것과 비교하면 주택 공급의 과잉 규모를 미루어 짐작할 수 있다. 게다가 버블 붕괴 초에 지가가 하락하면서 주택 건설 여건이 오히려 개선되며 해당 시기에도 공급량이 늘어남에 따라 주택시장 침체를 더욱 부추겼다. 실제로 일본의 1980년대 연평균 공급 가구 수는 136만 호였지만 버블이 붕괴한 1990년대에는 오히려 144만 호가 공급되었다.

반면 한국의 여건은 이와 정반대다. 수요가 집중되는 서울 아파트 입주 물량은 2021년과 비교해 2022년에 약 36%, 2023년에 약 30%씩 급감하게 된다. 분양가 상한제와 재개발·재건축 지연으로 인해 단기간에 공급 여건이 개선되기 어려운 점도 이러한 사실을 뒷받침하고 있다. 즉, 주택 공급이 획기적으로 개선되지 않는 한, 일본의 상황을 답습하리라 예상하기는 어렵다.

셋째, 양국 부동산 버블의 주요 대상과 주체가 다르다. 일본의 부동산 시장은 주로 오피스용 토지가 대상이었으며, 중소 부동산업자가 버블 형성의 주체였다. 1980년대 후반 일본 6대 도시의 평균 지가는 3배 이상 급등하기에 이르렀고, 해당 기간 주택보다 오름 폭이 훨씬 높았다. 반면 한국의 상황은 확연히 다르다. 한국의 투자처는 주로 주택, 특히 아파트가 대상이며 가계가 시장가격 형성의 주체인 셈이다.

또한 국내 부동산 시장은 주로 아파트에 집중되어 해외 사례를 동일하게 적용할 수 없는 특징을 발견할 수 있다. 아파트는 단독주택과 다르게 원자재 비용, 즉 건축비 비중이 높기 때문에 가격 하락이 적고, 땅값의 비중이 높은 단독주택과 다른 추이를 보일 수밖에 없다. 공급 조절도 유리한 측면이 있다. 아파트 단지의 인허가나 착공 시기를 조정하면 물량에 대한 부담을 덜어낼 수 있기 때문이다. 대부분의 아파텔 역시 이와 같은 아파트의 특징을 갖고 있다. 건축비 비중이 높으며, 공급 역시 택지지구의 대단지 아파텔이라면 조절할 수 있다. 따라서 한국의 여건이 아파트나 아파텔처럼 관리가 용이한 주택을 중심으로 유지된다면 버블 붕괴 당시 일본의 상황을 따라가지 않으리라는 것을 쉽게 예측할 수 있다.

2021년 아파텔 시장 요약: 괄목상대

지금까지 아파텔의 키워드는 '괄목상대(刮目相對)'였다. 이는 상대의 학식이나 재주가 갑자기 크게 늘어난 것을 뜻하는 사자성어인데, 최근 아파텔의 인식 변화 과정과 몹시 흡사하다. 2020년까지만 해도 '오피스텔 살까요?'라는 글에 '오피는 사는 거 아니라고 배웠습니다', '오피를 왜 사요?'라는 답글이 수도 없이 달렸다. 몇 년 전부터 아파텔에 투자해온 내 입장에서는 이해가 되지 않았다. 부동산은 무조건 입지라고 하면서 왜 아파텔만은 안 된다고 하는 건지 궁금했다. 이유는 간단했다. 아파트와 토지, 빌딩 등으로 차익을 낸 사람은 많은 반면, 오피스텔로는 임대 수익을 얻긴 하지만 차익을 낸 경우는 찾아보기 힘들었다. 그때부터 나는 성공 사례를 만들어야겠다고 생각했다.

2021년은 아파텔이 본격적으로 상승장을 맞이한 해였다. 이제 아파텔을 추천해달라는 글에 부정적인 답글이 별로 달리지 않는다. 오히려 반대 여론에 일침을 가하는 경우가 많아졌다. 왜일까? 바로 성공 사례를 만들어냈기 때문이다. 실제로 아파텔 가격 상승률을 보면 그 성과를 미루어 짐작할 수 있다. KB부동산의 자료에 따르면 2021년 전국 주택가격 상승율은 15.0%이며 서울 아파트값은 16.4% 오른 반면, 서울 오피스텔은 9.9%, 경기도 오피스텔은 19.8%, 인천 오피스텔은 23.4% 올랐다. 특히 경기도 및 인천의 오피스텔 가격이 크게 오른 것은 2룸 이상 대단지 아파텔의 거래가 많았기 때문이다. 이렇듯 수도권 아파텔의 가격 상승률은 서울 아파트의 가격 상승률을 훨씬 앞질렀다.

아파트 투자자는 매달 원금과 이자를 함께 갚아야 하고 기존 주택담보대출이 있으면 추가 대출이 되지 않으며, 사실상 청약 기회도 사라졌다. 자금조달계획서에 더 이상 아파트를 사지 않겠다는 서명도 했다. 반면 아파텔 투자자들은 매달 이자만 갚고 있으며, 대출 70~80%를 통해 레버리지를 최대한 활용하고 있다. 또한 실제 본인의 돈이 적게 들어갔으므로 그 여력을 모아 1순위 무주택 자격으로 청약에도 계속해서 도전하고 있다. 그만큼 많은 기회를 부여받은 셈이다. 실로 '괄목상대'라 할 만하다.

2022년 아파텔 시장 예측: 청출어람

2022년 아파텔의 키워드는 '청출어람(青出於藍)'이다. 아파트의 대체재로 태어났지만 이제 단일 존재만으로도 충분히 가치가 있고 입지에 따라서는 평당 가격이 쪽빛을 뛰어넘어 초록이 되는 것, 그것이 바로 아파텔의 방향이라고 생각한다. 다시금 부동산 시장이 조정을 받으면 오피스텔부터 폭락할 것이라는 의견도 있다. 하락장이 온다면 과거 2010년에 그랬듯 모든 오피스텔이 폭락할까? 나는 절대 아닐 거라 생각한다. 그 당시에는 지금과 같이 아파트와 동일한 구조를 가진 2룸 이상의 아파텔이 거의 없었다. 1룸이나 기껏해야 1.5룸이 대부분이었다. 그래서 많은 사람이 임대를 줬던 소형 오피스텔을 가장 먼저 정리했고, 그로 인해 시세가 가파르게 하락할 수밖에 없었다.

하지만 지금의 아파텔은 실거주 목적으로 매수하는 경우가 많을 뿐만 아니라 이자만 내면 되기 때문에 집값이 떨어져도 하우스 푸어가 되는 것을 막을 수 있다. 즉, 아파텔 투자자들은 하락장이 와도 기존과 똑같이 이자만 내며 언젠가 다가올 상승장을 기다리면 되는 것이다.

그렇다면 비역세권 나홀로 구축 아파트 투자자는 어떨까? 6억 원에 산 아파트가 5억 원이 되고 4억 원이 되는데 원금과 이자를 매달 똑같이 갚아나가야 한다면 과연 버틸 수 있을까? 나는 감히 아파텔 시장은 이제 시작이라고 생각한다. 2021년이 아파텔의 기반을 다진 해였다면 2022년은 비로소 초록 꽃을 피울 것이다.

향후 5년간 주목해야 할 아파텔의 3가지 포인트

향후 5년간 아파텔 시장은 다음 3가지를 주의 깊게 살펴봐야 한다.

포인트 1. 광역급행철도

광역급행철도란 근교와 도심의 주요 거점을 고속으로 연결하는 철도로, 통근 불편이 심화되면서 등장한 개념이다. 국토교통부에서는 광역급행철도를 '대도시권의 주요 거점을 30분대에 연결하여 권역 내 고속 통행을 실현하기 위한 광역철도망'이라 정의하고 있다. GTX나 신분당선처럼 고속으로 경기도 외곽에서 서울 도심권까지 30분 이내에 도달할 수 있는 철도라고 생각하면 된다.

2022년에는 광역급행철도망과 관련된 정치적·경제적 이슈가 많다. 지방선거 등의 정치적 이슈들은 광역급행철도망을 쟁점화하고 있으며, GTX-B의 기본 계획 고시나 GTX-C 착공과 같은 경제적 현안들도 시기를 조율 중이다. 아파텔 역시 교통호재의 영향을 크게 받는 상품이다. 특히 교통 문제가 심각한 수도권에서는 그 비중이 더욱 크다. 향후 5년간 광역급행철도 인근이나 해당 교통망을 다른 수단으로 5분 이내에 이용할 수 있는 입지의 아파텔은 가치가 크게 오를 것이다.

포인트 2. 소비 중심지

코로나19는 많은 것을 바꿔놓았다. 특히 온라인 소비가 크게 늘면서 오프라인 대면 시장은 오랜 침체기를 맞았다. 하지만 결국 바이러스는 잡힐 것이고, 억눌려 있던 소비세는 다시금 폭발할 것이다. 이제 아파텔도 대형 상권과 인접한 곳이 더욱 인기를 끌 것이다. 따라서 향후 5년을 바라본다면 대형 쇼핑몰이나 백화점, 아울렛 등을 도보로 이용할 수 있는 아파텔을 주목해야 한다.

포인트 3. 주변 환경(언택트의 시대)

대규모 공원이나 강, 하천 등이 인접한 자연친화적인 단지도 유망한 아파텔이 될 것이다. 거실에서 조망할 수 있는 곳이라면 더욱 좋다. 서울숲이나 한강, 호수공원이 보이는 단지는 물론이고, 산책을 할 수 있는 넓은 부지가 있는 아파텔일수록 가치가 올라갈 것이다.

아파텔FAQ
고라파덕90에게 묻는다!

온라인상에서 문의가 많았던 질문 중 이 책에서 다루지 못한 내용을 선별해 정리해보았다. 아직은 아파텔이 생소하다보니 특히 세금, 장단점, 유망 지역에 대한 문의가 많았는데, 대부분 이 책을 통해 설명되었으리라 믿는다.

Q1. 아파텔의 단점은 무엇인가?

A. 아파텔의 단점은 크게 5가지로 나눠 설명할 수 있다. 단, 이 5가지는 대부분 편견에서 비롯된 것이며 실제 단지별 상황은 다른 경우가 많다.

첫 번째는 취득세다. 처음 주택을 매수할 때 아파트는 취득가액에 따라 1.1~3.5%로 나뉘지만 아파텔은 4.6% 고정이므로 상대적으로 부담스럽다. 물론 아파트의 경우 2주택자는 8%, 3주택자 이상과 법인은 12%이므로 다주택자에게는 오히려 아파텔이 유리한 측면도 있다.

두 번째는 관리비다. 관리비는 대단지 아파텔이라면 아파트와 큰 차이가 없다. 게다가 그런 대단지라면 소유주 중심의 관리단이 조직되어 감시가 가능하므로 원룸이 대다수였던 오피스텔과 달리 마음대로 관리비를 부과할 수도 없다. 일반적으로 전용면적 84m²(아파트 기준 약 25평) 아파텔은 500세대 이상인 경우, 한

여름이나 한겨울을 제외하면 15~25만 원 정도의 관리비가 나온다. 물론 단지별로 편차가 크니 입주 전에 부동산 애플리케이션을 통해 대략적인 비용을 확인해 보는 것이 좋다.
세 번째는 환금성이다. 아파텔은 아파트처럼 거래가 쉽지 않을 것이라는 편견에서 비롯된 것인데, 역세권 신축 브랜드 대단지 아파텔이라면 오히려 구축 비역세권 아파트보다 거래량이 많다. 실제로 2021년 수도권의 오피스텔 매매 거래량은 한 해 동안 36.6% 증가했다. 2021년 전국 아파트 거래량이 30% 감소했고 서울 아파트 거래량 역시 48% 감소한 것과 비교하면 압도적으로 높다.
네 번째는 환경이다. 준주거역이지나 상업지역에 지어진 오피스텔은 소음이 있고 유흥시설이 가까이에 있는 경우가 있어 비롯된 편견이다. 유흥시설이 없고 학교나 도서관과 같은 시설이 가까이에 있는 단지를 선별하면 아무 문제가 없다. 오히려 지하철역이나 복합 쇼핑몰, 대형 병원과 같은 생활편의시설 접근성이 주변 아파트보다 우위에 있는 경우도 많다.
마지막 다섯 번째는 구조다. 아파트의 실평수 면적에는 실제로 사용되는 전용면적에 발코니와 같은 서비스면적의 확장분이 포함되지만 아파텔은 그렇지 않다. 따라서 아파텔 84m²는 아파트 59m²(발코니 확장 시)와 실제 평형이 비슷하다. 즉, 발코니와 같은 서비스면적이 없는 것은 분명 단점이다.
또한 아파텔은 상대적으로 건폐율이 높아 아파트형 단지는 아파트보다 동 간 거리가 좁은 경우가 많다. 다만, 동 간 거리는 아파트 역시 축소되는 추세다. 과거 건축법에 따르면 아파트의 동 간 거리는 높은 건물 높이의 0.4배, 낮은 건물 높이의 0.5배 중에서 먼 거리로 정해졌다. 각각 80m와 30m 높이의 아파트라면 80m의 0.4배인 32m의 동 간 거리를 두어야 했던 것이다. 하지만 2021년 11월에 시행된 개정안에서는 낮은 건물을 기준으로 삼아 그 거리가 15m로 줄어들었다.

Q2. 생활형 숙박시설이나 도시형 생활주택의 전망은 어떤가?

A. 오피스텔에 프리미엄이 붙고 차익형 부동산으로 거듭나기까지 무려 20년 이상이 걸렸다. 이제 겨우 역세권 신축 대단지 브랜드 오피스텔이 그 가치를 인정받게 된 상황에서 생활형 숙박시설(이하 '생숙')이나 도시형 생활주택(이하 '도생')에 무리하게 투자하는 것은 아직 리스크가 크다.

오피스텔, 생활형 숙박시설, 도시형 생활주택 비교

구분		오피스텔	생활형 숙박시설	도시형 생활주택
법 기준		건축법	건축법	주택법
입지		중심상업지(역세권)	관광지, 중심상업지	주거밀집지
관련법	용도	업무 · 주거	주거 · 숙박	주거
	바닥 난방	전용 $85m^2$ 이하 (2021년부터 $120m^2$까지 확대)	가능	가능
	욕실 · 취사	가능	가능	가능
	기준	전매 제한 없음	전매 제한 없음	전매 제한 없음
주차장법	법정 주차 대수	호실당 1대 이상	호실당 0.7대 이상	원룸형 주택은 가구당 주차 대수 0.9대(전용 $30m^2$ 미만인 경우 0.7대) 이상
담보대출		규제 대상 아님	규제 대상 아님	규제 대상

거주		가능	불가능	가능
세금	부가가치세	환급	환급	연세, 비과세
	재산세	가격의 0.25%	가격의 0.25%	전용 40m² 이하 면제
	취득세	분양가의 4.6%	분양가의 4.6%	전용 60m² 이하 면제
	종부세	합산 배제 (업무용 재산세 납부 시)	비과세 (상가와 동일 취급)	5년 이상 임대사업자 유지 시 합산
	양도세	• 6억~9억 원 이하 5년 이상 임대 시 주택 면제 • 5년 이전 매도 시 1가구 2주택 과세 대상	1가구 2주택 과세 해당 없음	• 6억~9억 원 이하 5년 이상 임대 시 주택 면제 • 5년 이전 매도 시 1가구 2주택 과세 대상
	1가구 2주택	임대인, 임차인 주소 이전 시 적용	미적용	• 1가구 주택임대사업자 등록 적용 • 20m² 이하 무주택 간주

출처: 매일경제신문

생숙은 취사와 세탁이 가능한 숙박시설을 말한다. 아파텔처럼 건축법 대상이어서 부동산 규제로부터 비교적 자유롭고, 청약통장이나 청약 가점과 상관없이 분양받을 수 있으며, 분양권 전매 또한 가능하다. 주택 수에 포함되지 않으므로 종부세나 양도세 중과 대상에서도 제외된다. 내부 구조나 평면도 아파텔과 흡사하며 숙박 용도로 월세나 전세와 같은 임대 등 다양한 운영이 가능하다. 그러나 가장 큰 문제는 주거 용도의 사용이 불가하다는 것이다. 즉, 실거주가 불가하므로 아파트의 대체재 역할을 할 수 없다. 그로 인해 정부는 한시적으로 2년간, 2023

년 10월 14일까지 생숙의 주거용 오피스텔로의 용도 변경을 허용했다. 그러나 이 경우에도 2021년 10월 기준으로 이미 분양을 했거나 분양공고를 한 생숙에 한해서만 용도 변경을 허용하므로 신규로 분양하는 생숙은 대상이 아니다.

도생은 전용면적 85m² 이하, 300가구 미만의 공동주택을 말한다. 2009년 서민의 주거 안정을 위해 도입된 주택의 한 종류로 주차장, 부대시설 등의 각종 건설 기준을 완화한 것이 특징이다. 도생은 청약통장이 필요하지 않고 재당첨 제한이 없는 점이 오피스텔과 동일하지만 세대당 전용면적이 넓고 발코니 확장이 가능해 언뜻 아파트와 오피스텔의 장점을 모두 갖고 있는 것처럼 보인다.

하지만 들여다보면 한계가 명확하다. 우선 주택법 대상이므로 주택 수에 포함되어 청약과 세금 규제의 영향을 받고, 세대당 법정 주차 대수가 1대 이상인 오피스텔과 달리 세대당 0.7~0.9대의 기준을 적용해 주차 공간이 훨씬 부족하다. 대부분 커뮤니티 시설이 없는 점도 단점이다.

생숙과 도생은 테마형 부동산으로 아직 초기 단계다. 대단지 입주 사례도 적을 뿐만 아니라 각종 규제안이 추가되어 실거주 수요를 감당하기 어려운 상황이 되었다. 따라서 조건에 따라 상이할 수는 있지만 현재 아파텔만큼의 입지를 구축하기에는 넘어야 할 산이 많고 검증에도 시간이 필요하다.

Q3. 아파트와 아파텔의 평수는 어떻게 다른가?

A. 아파텔과 아파트의 실평수는 계산법이 다르다. 주택법 대상인 아파트와 건축법 대상인 아파텔의 기준이 달라 발생한 문제인데, 아파텔 전용면적 84㎡는 아파트의 59㎡(발코니 확장 시)인 25평과 실제 평형이 비슷하다. 이는 아파트의 실평수 면적에는 실제로 사용되는 거실, 방과 같은 전용면적에 발코니, 다락과 같은 서비스면적의 확장분이 포함되지만 아파텔은 전용면적만 계산하기 때문에 발생하는 차이이다.

Q4. 아파텔 관련 세금은 어떻게 되는가?

A. 개인이 처한 상황에 따라 내야 하는 세금이 천차만별이다. 주택에 투자하려면 취득세, 양도세, 종부세, 재산세, 증여세, 상속세 등 세금에 대한 지식을 필수로 갖추어야 하는 시대가 되었다. 세금 관련 문의는 최소 3명 이상의 세무사에게 하는 것이 좋다. 소중한 재산이 걸린 사안이 만큼 세무 상담비(1시간에 약 10~20만 원)를 아끼지 말고 적극적으로 세무사 사무실을 이용하기 바란다. 개인적으로 공부하고 싶다면 국세청에서 발간한 《주택과 세금》을 추천한다.

Q5. 아파텔은 지금 고점 아닌가? 규제가 나오지 않을까?

A. 그렇게 생각하지 않는다. 막대한 유동성에 따른 화폐가치의 하락과 서울의 공급 부족은 변할 수 없는 사실이다. 지금 누군가가 열심히 노력한다 해도 바뀔 수 없다. 특히 서울 및 수도권 주요 거점도시의 아파텔은 아파트의 신축 부족이 당분간 이어지는 한, 대체재로서 충분히 강점을 유지할 것이다.

규제는 예측이 아니라 대응의 영역이다. 예측한다 해서 그대로 나오지 않을 뿐만 아니라 그에 맞게 투자한다 해서 기대에 따라 지수가 움직이지도 않는다. 나는 아파텔에 대출 규제를 강화한다 해도 상승 추세가 꺾이지 않을 것이라 생각한다. 오히려 아파텔에도 빈부 격차가 커질 것이다. 입지가 좋지 않거나 무조건 오르는 아파텔 투자의 8가지 필수 조건에 맞지 않는 곳, 특히 1룸이나 1.5룸의 인기는 빠르게 식을 것이고 반대로 조건에 부합하며 현재 인기가 많은 2룸 이상의 아파텔은 매수가 더 힘들어져 지금보다 청약 경쟁률이 더욱 높아질 것이다.

Q6. 지방 아파텔은 어떨까?

A. 지방 아파텔은 언급한 8가지의 조건 중 교통호재의 영향을 적게 받으므로 보수적인 접근이 필요하다. 게다가 많은 지역에서 2030 청년 인구의 이탈과 인

구 및 가구 수 감소가 이뤄지고 있는 만큼 신축의 희소성이 보장되는 곳을 선택해야 한다. 전국 광역시 중에서 노후된 아파트가 가장 많은 곳은 대전이며, 광주광역시 또한 신축 선호도가 높은 지역이다. 이러한 곳의 도심에 입지가 뛰어난 아파텔이 들어선다면 좋은 기회가 될 수 있다.

또한 KTX역 주변, 특히 수도권을 1시간 이내에 도착할 수 있는 곳도 눈여겨볼 필요가 있다. 대표적인 곳이 KTX천안아산역 인근이며 이러한 지역은 반드시 3룸 이상을 선택해야 실거주 만족도와 향후 수요를 기대할 수 있다.

Q7. 오피스텔은 주택인가?

A. 오피스텔은 상황에 따라 주택이기도 하고 아니기도 하다. 아파트 청약 시에는 오피스텔을 몇 채 보유하더라도 모두 주택으로 간주되지 않으므로 무주택자 자격을 유지할 수 있다. 또한 대출 시에도 오피스텔은 비주택으로 간주되어 아파트 담보대출이 있어도 추가 담보대출이 가능하다.

취득세나 양도세 계산 시에는 주거용이냐 업무용이냐에 따라서 그 기준이 달라진다. 주거용 오피스텔은 취득세나 양도세 계산 시, 주택 수에 포함되므로 세금이 중과되지만 업무용은 주택으로 보지 않아 보유를 해도 세금에 영향을 주지 않는다.

Q8. 아파텔의 실거주 만족도는 어떤가?

A. 아파텔은 준주거지역이나 상업지역에 지어져 대부분 역세권이고 주변에 생활 편의시설이 밀집되어 있다. 또한 아파트와 동일한 구조는 물론이고 신축이 갖고 있는 편의성 및 대단지의 커뮤니티를 고려한다면 비슷한 시세의 비역세권 구축 아파트보다 실거주 만족도는 훨씬 뛰어나다. 다만, 전용면적 $84m^2$ 아파텔은 전용면적 $59m^2$(25평) 아파트에 해당하는 평형인 만큼 5인 이상 가구의 경우

에는 공간에 대한 충분한 이해와 계획이 필요하다.

Q9. 8가지 조건에 부합하지 않는 곳은 걸러야 하나?

A. 물론 조건에 전부 해당하지 않더라도 시세가 상승하는 곳은 얼마든지 있다. 하지만 기회비용을 고려한다면 아파텔의 본질인 '실거주 만족도'가 가장 높은 곳을 찾는 것이 과제가 될 것이며 나는 투자 과정에서 이러한 본질에 부합하는 조건을 8가지로 요약할 수 있었다. 따라서 아파텔 매수를 고려한다면 되도록 8가지 조건에 모두 부합하는 곳을 찾는 것을 추천한다.

Q10. 아무리 그래도 아파트를 사야 하지 않을까?

A. 투자금이 전혀 다른데 동일 선상에서 비교하는 것부터가 어불성설이다. 우리는 2억 원을 투자해 2억 원을 번 경우와 8억 원을 투자해 3억 원을 번 경우를 보고 후자를 더 성공적인 투자라 판단하지 않는다. 서울에서 6억 원의 아파텔과 아파트를 분양받는다면 아파텔의 투자금은 1억 8,000만 원, 아파트의 투자금은 3억 6,000만 원이다. 아파트를 분양받으면 실거주 의무가 있고 무주택자 청약 가점도 없어진다. 또, 담보대출을 추가로 받을 수 없고 자금조달계획서도 필수이기에 자금의 투명성도 확보해야만 한다. 매달 원금과 이자를 함께 갚아야 하고, 아파트 분양권이 바로 주택 수에 포함되어 다른 주택을 사거나 팔 때 세금이 크게 늘어난다. 이 경우에는 투자가치가 높은 아파텔 2채를 분양받는 것이 낫다. 투자금도 동일한 3억 6,000만 원이다.

반면 아파텔은 청약통장도 필요하지 않고 청약 당첨 시 실거주 의무도 없으며, 무주택자 자격으로 다른 아파트 청약도 가능하다. 자금조달계획서도 내지 않는다. 또한 아파텔 분양권은 주택 수에 포함되지 않아 입주 전까지 기존 주택을 팔거나 신규로 매수할 때도 세금 부담이 없다. 대출금도 매달 이자만 내면 되고,

신규로 아파트를 매수해도 조건이 맞다면 추가로 담보대출을 받을 수 있다.

무조건 오르는 아파텔 투자의 8가지 필수 조건을 갖춘 아파텔을 매수했다면 2021년 1년간의 수익률로 볼 때, 단언컨대 웬만한 서울 비역세권 구축 아파트보다 수익률이 높을 것이다. 이것이 바로 아파텔을 가성비 시대에 최고의 투자처라 판단하는 이유다.

호흡은 느리게, 실행은 빠르게

아파텔 시장이 호조를 보이면서 단지들이 우후죽순 생겨나고 있고, 과거에 입주한 곳들도 다시금 조명을 받고 있다. 이럴 때일수록 투자 원칙을 잘 지켜야 한다. 3장에서 언급한 무조건 오르는 아파텔 투자의 8가지 필수 조건에 본인만의 기준을 추가하거나 수정하는 것도 좋은 방법이다. 단, 처음 투자하는 것이라면 8가지 필수 조건을 그대로 참고해도 좋다.

앞서 아파텔 시장은 이제 시작이라고 이야기했다. 그런데 많은 사람이 아파텔은 이미 한 고개 넘었으니 떨어질 일만 남았다고 말한다. 물론 그런 아파텔도 있다. 그러나 8가지 조건에 부합하는 아파텔이라면 결과는 전혀 달라질 것이다.

요즘 부쩍 온라인에서 아파텔 투자 자문을 해주고서 고맙다는 인사를 많이 받는다. 어렵게 모은 돈을 투자하려는데 어찌 부담이 없겠는가. 그래서 나는 20~30대의 '패닉 바잉'이라는 용어를 별로 좋아하지 않는다. 최소한 내가 접한 젊은 세대들은 누구보다 더 꼼꼼하고 현명하게 미래를 대비하는 사람들이었다. 나는 2021년 한 해 동안 그들에게 아파텔이라는 선택지를 통해 희망을 보여준 것 같아 기쁘면서 동시에 강한 책임감도 느낀다. 앞으로 젊은 세대들이 어떤 하락장이 오더라도 굳건히 버틸 수 있는 똘똘한 아파텔을 선별하여 미래를 꿈꾸었으면 한다.

최근에는 예비부부들의 아파텔 문의가 늘었다. 아무래도 코로나19로 미뤄왔던 결혼을 다시 서두르게 되면서 주거에 대한 고민을 할 수밖에 없는 시기라 그런 듯하다. 이들에게 고민 없이 무조건 아파트를 사라고 말하는 것은 참 쉽다. 하지만 아무도 대출 제한이나 원리금 상환, 청약 불가, 그리고 비역세권 구축 나홀로 아파트에 살면 겪게 되는 누수나 방음과 같은 생활의 불편함에 대해서는 설명해주지 않는다.

나는 앞으로도 계속 아파텔에 투자할 것이며 임장을 더욱 자주 다닐 생각이다. 그리고 여러분에게 도움을 주고자 8가지 조건 외에도 입지나 주변 환경, 주차장 등의 요건을 평점화해 개인 블로그(blog.naver.com/surutan80)에 공유할 생각이다.

지금은 하락장이니 기다렸다가 더 내리면 투자하겠다는 사람들도 있다. 하지만 그러한 말은 결단력 없는 변명일 뿐 실제로 그들이 집을 샀다는 이야기를 들어본 적이 없다. 그래서 초보자가 부동산 시장의 바닥을 보고 진입할 수 있다는 것은 어불성설이며, 이를 극복하기 위해서는 부단히 많은 투자 경험이 필요하다. 따라서 부동산은 느린 호흡으로 기다리되, 빠른 실행으로 투자를 결정해야 한다. 이 책이 아파텔 투자를 망설이는 모든 이들에게 실행을 앞당길 수 있는 불씨가 되었으면 하는 바람이다.